日本禁酒・断酒・排酒運動叢書 2

増補版 安藤太郎文集

安藤太郎――著
日高 彪――編
伊東裕起――解題

慧文社

日本禁酒・断酒・排酒運動叢書の刊行に寄せて

アメリカの所謂「禁酒法」について、鼻で笑い馬鹿にするが如き態度をとる日本人は多い。だが、アメリカの道徳的改良主義に源を発する同法が、結果的には失敗に終わったとはいえ、如何に真摯な問題意識から起こった、人類史上稀にみる「実験」であり「試行錯誤」であったのかを我々は改めて確認する必要がある。日々目の当たりにする「酒害」の問題に、目を背けることなく、世に警鐘を鳴らし、それと戦い続けた慧眼の持ち主は、米国のみならず我が国にも多数存在した。しかも、米国の「禁酒法」より遥か昔、古代からわが国では、「禁酒運動」が細々ながら連綿と続けられてきたという事実は、本叢書第一巻「日本禁酒史」において明らかになるであろう。

本叢書は、そのような先人諸賢の言葉に謙虚に耳を傾け、今後の「禁酒運動」発展の一助となるよう、広く古今の名著を収集して編纂されたものである。「運動」といっても、何もプラカードを掲げて市中を行進するばかりが「運動」ではない。我々の周りの問題飲酒者に注意を喚起し、手を差し伸べることもまた、立派な「運動」なのである。

酒害は真っ先に「人間関係」を破壊するが、酒害からの回復もまた「人間関係」によって齎される。或る種の目的を遂げるべく、国や社会、地域コミュニティー、家族などにおける「人間関係」に一定の影響を与えんとすること、それを広い意味で「運動」と呼んで差し支えないとの理由から、本叢書に「運動」の語を冠した次第である。

本叢書が、我が国におけるこれからの「禁酒運動」を理論的に後押しし、一人でも多くの酒害者やその家族の方々に希望の光が兆すことを祈るばかりである。

平成二十八年十二月吉日

編者　日高　彪

改訂版刊行にあたって

一、本書は一九二九年に発行された安藤太郎・著、永田基・編『安藤太郎文集』（日本禁酒同盟）および、一九二四年に発行された私家版の『安藤太郎氏昇天記念』（安藤記念教会）を底本として編集・改訂を加えたものである。また、一八九〇年に刊行された安藤太郎・著、小方仙之助・編『在布哇受洗之始末』（メソヂスト出版舎）も参考にした。貴重な資料を提供いただいた禁酒文化研究会の望月雅彦氏には深く感謝を表する。

一、原本における明らかな誤植、不統一等は、これを改めた。

一、原本の趣を極力尊重しながらも、現代の読者の便を図って以下の原則に従って現代通行のものに改めた。

i　「旧字・旧仮名」は原則として「新字・新仮名」に改めた。（例…畫→画、いふ　→いう、等）。ただし、文語訳聖書の引用や漢字片仮名表記の候文などは漢字のみ新字に改め、仮名遣いはそのままに留めた。

ii　踊り字は「々」のみを使用し、他のものは使用しない表記に改めた。

iii　引用の送り仮名や句読点は、読みやすさを考えて適宜取捨した。

iv　難読と思われる語句や、副詞・接続詞等の漢字表記は、ルビを付すか、一部　かな表記に改めた。

v　外来語、国名、人名など一部の語句を、現代の一般的な表記に改めた。（例…布哇→ハワイ、等）

vi　人名のフルネームや欧文表記、聖書箇所など［　］内に注釈を付した。

慧文社

序

過日永田［基］氏、鎌倉の寓居《ぐうきょ》に余を訪れられて、故安藤太郎翁遺稿集出版の挙を告げられた。近来、世俗に疎《うと》く、隠棲《いんせい》をつづけている余にとって、この報は何物にも勝る感激であり、且つ悦びであったのは言うまでもない。久方ぶりにあの背の高い男の涙を見たような心地がして、余の胸は万感交々《ばんかんこもごも》迫り、しばしは心のままに語り出ずることすらも出来ないくらいであった。

余が翁と相会ったのは明治二十年のことである。余はその頃、米国サンフランシスコのメソジスト教会に在って、他の二、三の友人と共に苦学をつづけていたのであったが、たまたま神戸にて発行されていた『六合雑誌《りくごうざっし》』を読んで、ハワイ在住の日本人移民が、非常なる虐待を受けつつあることを知り、他の友人等と共に大いに憤慨《ふんがい》し、同胞の義務として傍観する能わず、遂にこれが視察旁々《かたがた》慰問のために、余がハワイに出かけることになった。

もとより苦学生のこととて、一同出来るだけの拠金《きょきん》はしたものの、財政的には何等の用意なきも同様にて、正に冒険的旅行とも言うべく、船の甲板に寝たり、馬に食わせる人参を食べたりしながら、漸《ようや》くホノルルに着したのは、明治二十年九月三十日のことであった。

当時の副領事たりし鳥井《とりい》［忠文《ただふみ》］子爵の令息が、サンフランシスコから書生のゴロツキが来たくらいのことで、船まで迎えに来られ、翌日始めて領事の安藤翁にお目にかかったが、その時次の様な珍問答がとり交わされた。

翁「君は何しに来たのか？」

余「キリスト教の伝道に参りました」

翁「伝道はマアよいが、お上の御厄介になる了見では困るが……」
余「それは絶対にありません。ただ伝道さえさせて貰えばよろしい。兎《と》に角《かく》島を一巡したいからその便宜を与えて下さい」
翁「至極結構な話である。それくらいならしてやってもよい」
かくして余はまずハワイ群島を一巡したのであるが、その成績は意外なる好成績をあげ、その結果遂に安藤夫人、翁と次々に禁酒をされ、更に日本人禁酒会の組織を見、移民の風俗は大いに改まり、その能率もまたすこぶる高くなったのであるが、それ等のことは、いずれ本書の内容によって詳細であることと思う。
今、翁の遺稿の出版さるるに当たり、最初の神意的な翁との出会を追憶して、感慨無量である。殊《こと》にあの禁酒運動としての未開時代に、翁夫妻の如き偉大なる吾等の開拓者が現われて、今日の盛況を艱難辛苦の裡に築き上げられた、その功績を思う時、いよいよ翁との最初の知遇の、神の意志に依るものたることを確信するものである。
翁の遺稿出版にあたり、当時を追憶し、またその後に於ける翁と余との関係に思い及んで、今更ながら新たに翁の涙にうるおされた心地がする。茲《ここ》に謹《つつし》んで本書の刊行を慶ぶものである。

昭和四年六月

鎌倉の寓居にて

美 山 貫 一

序

故安藤先生は、明治二十年前後に於ける我国名領事の一人として、園田孝吉《そのだこうきち》、吉田二郎、藤島正憲《ふじしままさのり》、原敬《はらたかし》の諸氏と共に、当時内外の信頼すこぶる厚かった。たまたまハワイ移民増加のため、同総領事の使命甚だ重大なるに鑑《かんが》み、井上［馨《かおる》］外務卿は特に先生を抜擢《ばってき》して、総領事兼外交事務官として同島に派遣せしめられた。即ち先生には明治十九年一月着任され、爾来《じらい》カラカウア王を戴くハワイ王国政府との交渉、移民の保護、官民との社交等に鋭意尽力せられ、遂に今日隆盛を極めつつあるハワイ移民計画の基礎を確立されたのである。その治績の詳細、禁酒及び受洗の始末等は、人口に膾炙《かいしゃ》せし美談で、多くの人の知るところであるから、茲にはあまり人に知られていない一、二の思い出について述べようと思う。

安藤先生は、退官後禁酒矯風事業の傍ら、その親友佐久間貞一《さくまていいち》氏を助けるため、吉佐移民会社《よしさいみんがいしゃ》の顧問となり、オーストラリア及びメキシコの移民の奨励に大いに画策尽力されるところがあったが、その後佐久間氏没後には根本正《ねもとしょう》氏、和田剣之助氏、榎本《えのもと》［武揚《たけあき》］子爵令息等と共に、内外開交社と称する合資会社を組織し、輸出入業を営まれた。しかし社業意の如くならず、結局解散することになったが、閉店後社屋たりし煉瓦《れんが》家屋が偶然高価に売れたため、幸いにして四、五年間の損失を漸《ようや》くとり返された有様であった。兎に角営利事業に於いては、先生は正に失敗者の一人であったと言えるであろう。

先生はまた、飲酒時代は別として、居常《きょじょう》極めて質素なる生活に甘んじられ、退官後二十余年間の如きは、貯蓄と恩給とで生活し、その貯蓄も禁酒運動のためにその多くを献げ、また生前全財産は尽く教会その他に分贈された等、その一生は全部を挙げて、禁酒福音事業のために捧げられたのである。

要するに安藤先生は営利事業には成功されなかったが、禁酒矯風事業では、正に偉大なる成功者であったと言うことが出来よう。しかしてその成功たるや、世人の想像するが如き、しかく単純なるものではなかった。禁酒運動のため常に東奔西走、遊説《ゆうぜい》に日もこれ足らず、その足跡は全国に遍《あまね》く、家に在りては、夫人と共に『国の光』の編集、発送は勿論、宣伝費の調達に至るまで、「我国禁酒運動の父」として、実に創業時代のあらゆる苦衷《くちゅう》を堪え忍ばれつつ闘いつづけられたのである。

また先生は人一倍温情の人であった。余の如きに対しても、明治十九年よりその天父の御許に帰られるまで四十年の間、子の如く、弟の如く、生徒の如く、また朋友の如く、万事隔意《かくい》なく遇せられ、多大の恩顧《おんこ》を辱《かたじけの》うし、且つ指導を受くること極めて多かった。始めて先生と相会いし当時は、余は二十四歳の青年であったが、先生は常に当時の余を忘れられず、すでに老境に入れる頃の余に対してすら、当時と同じ様に懇切なる注意を傾けられたこと一再《いっさい》でなく、憶《おも》い出すだに、感謝と追懐《ついかい》の念に堪えないことである。

また曾《かつ》て、余が海外に赴いた時のことである。たとえ要事《ようじ》のない時でも、毎月一度以上必ず相互に通信すべきことを約したが、先生は必ずその約を践《ふ》まれ、その度毎に公私に拘《かかわ》らず、留守宅の事は勿論、何くれとなく海外孤客の余に通信せられた。先生が逝去せられて後のある日、書棚を整理したところ、当時の先生の書翰二百余通を発見したので、新たなる興味を覚えながら、早速これを読んだのであるが、いずれも文章整然、丁寧親切、心情紙上に躍如《やくじょ》たるものあり、今更ながら先生の禁矯酒風に関する当年の意気を忍んだことであった。

そして先生の多くの論文、随筆等のそのまま埋もれて世に出でざることを先生のためにも、また日本の禁酒運動のためにも、惜しむべきことであると思った。何とかして先生の遺稿集を出版したいことを希《ねが》うこと久しかったのであったが、茲に宿願達せられて、いよいよ本書の刊行を見るに至ったのは何にもまして嬉しいことである。主の御許《みもと》に在る先生の霊もさぞかし御満足であろうことを信じてやまぬ。

昭和四年六月

藤田敏郎

序

安藤太郎先生が、真に日本帝国の為め全力を濺《そそ》ぎ、禁酒事業に尽力せられたるは周知のことにして、世を利益せし事大《だい》なりと謂《い》うべし。

先生の生涯を三分する時は、最初の二十六ヶ年間は、研学と旧幕に奉仕したるものにして、幼年には安井息軒《やすいそつけん》先生の塾にありて、漢学を勉強し、当時塾中の神童として賞讃せられたる由、当年同塾せし元神奈川県権令《ごんれい》たりし山東直砥《さんとうなおと》氏の証言たり。また英語を学び、維新頃、早稲田に在りし英学校［北門義塾］第一代の校長は林董《はやしただす》氏、第二代は山東直砥氏、第三代は安藤太郎先生たりき。後、慶喜公に召されて騎兵士官に選任され、幕末に際しては榎本大人と函館の戦争に奮戦し、右手に重傷す。後に至りその傷痕《きずあと》は一見して、先生が当時如何《いか》に勇壮活潑の武士たりしかを知るに足る。

先生の第二期と言うべきは、明治四年二十六歳の時、朝廷に召され外務書記官に選抜され、直ちに岩倉全権大使の一行に加わり、欧洲に渡航し、重要なる大任を果したる時に始まる。而して先生が若年克《よ》く重任を全うしたるもの、初より和漢洋の三学に勉めたる賜《たまもの》なりとす。爾来在官二十六ヶ年間、香港その他海外に在留し、殊にハワイ移民創設者として、国家に利益せしこと多大なりき。榎本逓信大臣、森岡《もりおか》［昌純《まさずみ》］郵船会社長より贈られたる、年始の美酒二樽を、文子夫人がその全部を破棄放流せしめ、これに依りて先生が熱心なる我党の同志となられ、数千の移民の間に猛烈なる禁酒運動を起こされたる、かの有名なる美談は、第二期の最後を飾るものなり。

第三期の二十六ヶ年間は、在野の人となり、自ら筆を執り、雑誌『国の光』を発行し、挙家一致、雇人の男女に至るまで、禁酒事業に奉仕し、斯の如き大事業を成就せられたり。

先生は、何事についても用意周到、万事に注意深く、昇天前両三年間は、その最後の近づけるを自覚され、所有の財産を処分し、安藤記念教会の建築のため一万五千円を献出し、且つ土地家屋その他を〔日本〕メソヂスト教会本部にささげ、永眠の前には実に一万五千円を同本部に、その他全財産を各種の社会事業に分配し、またその墓碑も自筆にて、夫人と共に生前にすでに立派に出来上り居たる程なり。

先生の如き、実に稀世の偉人と称すべく、我党禁酒運動者の祖として、その功績は永く語り伝えらるべし。今本書の刊行を見たるは、先生に敬服し私淑《ししゆく》する我等にとって、絶大なる喜悦なり。即ち茲に所感の数言を記して序となす。

昭和四年六月

根本　正

目次

第三篇

第四篇

第五篇

第六篇

第七篇

第八篇

第九篇

第一篇

噫　明治天皇

吾等日本国民が臣民の分として　天皇陛下の御盛徳《ごせいとく》を頌讃《しょうさん》し奉《たてまつ》るは、甚だ恐れ多き事ながら、またこれ当然の次第にして敢えて異とするに足らざる事なれども、たまたま外国人より　陛下の御平生などに付き問われたる場合に当たり、余は万一にも御威徳を汚し奉る如き事ありては相済まざる義につき、常に謹慎を守り、多く語らざるを従来の主義となせし処、唯彼等に対し何時も公言して憚《はばか》らざるの一事は、およそ日本全国の内誰が多事多忙と言うも、恐れながら　陛下の御多忙なるには一人として比較され得る者は、決してこれ無しと断言の出来る次第である。而して外人はこの一事だけにて明天子《めいてんし》と評し奉り、延《ひ》いて斯《か》かる御精励なる君王を戴《いただ》く日本国民は如何にも仕合わせなる国民なりと、吾等までも羨望《せんぼう》せらるるが常事であった。

さて何故にさ程に御多忙で在らせらるるかと申すに、吾等が少しく注意して　陛下の御平生を推測し奉れば、毎日の新聞紙上にてもその一班《いっぱん》を窺い知る事が出来ようと思う。まず万機《ばんき》の御親裁《ごしんさい》を始めとして、各大臣が時々の奏聞《そうもん》や、文書の御親閲《ごしんえつ》や、御名《ぎょめい》の御親署《ごしんしょ》や、文武官の拝謁《はいえつ》や、枢院等への出御《しゅつぎょ》や、各所への御臨幸《ごりんこう》等、到底枚挙《まいきょ》に暇《いとま》あらざる所、なかんずく余が最も御劬労《ごくろう》の義と毎度恐察《きょうさつ》し奉りたるは、外国人に謁見《えっけん》を賜わるの一事である。この御劬労の万分の一にても測知《そくち》し奉る事が出来得るならば、吾等臣民には如何なる煩《わずらわ》しき事故に遭遇するとも、これは面倒なり、彼れは迷惑なりなど苦情の言われるべき筈《はず》であるまいと思う。

御製　庭の面に清水の音は聞ゆれどむすぶいとまもなき今年かな

陛下が御精力の御旺盛《ごおうせい》なりし事は、到底前条の如き区々たる範囲内に於いて能《よ》く尽し奉るべきものにあらざるが、さて斯かる御精力の原因を尋ぬるに、無論　陛下の天資《てんし》御英邁《ごえいたつ》なると、また御体力の極めて御健強なるによるべしといえども、もしもその間御衛生法の不充分なるものあるに於いては、この御精力を持続すること極めて困難なりしは申すまでもなき事なるが、然るに彼の御宸襟《ごしんきん》を悩ませ奉りし日露開戦の前年、即ち明治三十六年四月十五日発刊の大阪朝日新聞は「天皇陛下の御摂生《ごせっせい》」と題して左の一項を掲載した。

申すも恐れ多き事ながら　天皇陛下には近頃ますます御肥満あらせられ、御健康も申し分なく渡らせ給えど、弥《いや》が上《うえ》にも御健全を祈るが為に、侍医の面々より只管《ひたすら》御摂生の事を奏上する所あり、従って近時は一切酒盃も執らせ給わず……云々

この事実はその頃　陛下が舞子に御滞在あらせられたる砌《みぎ》り、朝日の記者が偶然にも侍医より洩《も》れ承りて紙上に記載し奉りたる趣《おもむ》きにて、当時この吉報を拝読し、　陛下が我等臣民の為に、かかる御英断に出させられ給いたるに感泣した事であった。これ即ち　陛下の御精力が弥が上にも御健強にならせられた一大原因と確信して差し支えがなかろうと思う。但し爾後この御摂生法の継続如何《いかん》は、吾等が窺《うかが》い知る能わざる所で、唯毎度新聞紙上に、酒類は　陛下御嗜好物の一に数えられてあるのと、その他には某医学博士が天盃下賜《てんぱいかし》の件に付き「侍医達が今少しく酒害に関し注意するところあらば、同件の問題は容易に解決せらるべきに」と慨嘆《がいたん》せられたる事があった。これらの事情を総合して推考する時は　陛下が御壮健に在らせられたるは、要するに禁酒の御英断与《あずか》って大いに力ありしと同時に、恐れ多

くも爾来御健康を損せられ給いしは、侍医達が折角の初一念も何等かの事情により貫徹する能《あた》わざりしにあらざりしや。いずれに致せ、吾等六千万の国民は、今日この前古無比《ぜんこむひ》の明天子を失い奉りしは、返す返すも千秋の恨《うら》み事である。

去月一日の時事新報には「諫言御嘉納《かんげんごかのう》」と題して、下田歌子女史の所感が左の如く掲載せられてあった。

我　陛下には諫言を容れさせ給う点に於いても、感佩《かんぱい》するの例に乏しからず、茲に一例を言えば　陛下にはいたく飲酒を好ませられ、大量を過させらるる場合の如き、時に御佩剣を脱して勇武に逸《はや》り給う事もなきにあらざりしが、こは君主の御行いに背き給えりとて、時の宮内書記官山岡鉄舟子爵は面を冒して御諫争《ごかんそう》申し上げ奉りしに、いたく御感激あり「朕は臣下に富めり」と宣《のたま》わせられ、爾後御酒量を摂せられ、再び酔余の御行いを拝し奉つること絶えてなきに至れり。

至尊の御大酒を御諫言申し上げた山岡子が苦心の次第は、到底筆紙《ひっし》に尽し得べき所でない。当時このことを読者に伝えんと思いたるも、たとえ事過去に属するも、陽に　陛下の御大酒に関する事実を掲ぐるは、何やら御盛徳を汚すの恐れあるを感じ、主義のためには不本意ながら、山岡子の事蹟を曖昧《あいまい》に附し去りしが、今日は下田女史のみならず、岡《おか》［玄卿《げんきょう》］侍医頭にも

斯く　陛下には御平生極めて御厳重なる御気性なるに似給わず、午前十時半頃より一時頃まで即ち表御座所出御の御間は素より御慥《おたし》かにて在したれど、午後一時頃常の如く入御《じゅぎょ》ありて御食事をすまさせられたる後は、例の御座酔勝にして、始終ウットリとさせられ、怪しきまでの御様子なりしを以て、もしか御脳に御故障のおわしますにはあらざるかと、余はまず御心配申し上げたり。そは　陛下には近年こそ御節酒遊ばさるれど、御壮年時代は非常の御大酒にて、且つ現にすこぶる御肥満遊ばされ居る事故《ことゆえ》、或いは卒中等の御病気を発し給う

御事《おんこと》はあらぬかと、常に懸念し居たればなりき。（時事新報）

と申されたのであるから、最早御遠慮は不必要にして、却って　陛下が斯くまで嗜好遊ばされたる酒を、山岡子の御諫言によりて御節酒と相成り、またその後侍医の奏上により御禁盃あらせられたるが如きは、至尊の御身に在りては、恐れながら偉大なる克己力と申し上ぐべく、実に吾等臣民が永く模範として仰ぎ奉るべき次第である。（大正元・九）

宮中の慣例は永久不変なるか

宮中の慣例は永久不変のものなるか、とは近頃本邦に多年間在留の一外人が、吾等に与えたる質問なるが、そもそもこの疑問の由来する所を尋ぬるに、蓋《けだ》し曩《さき》に金銀木賞盃下賜の慣例廃止に就き禁酒同盟会長及び婦人矯風会長等より首相に請願に及びたる処、首相はこれに答えて「一体賞盃下賜の事たる、我国古来の法規にも、慣習にもあらずして、単に維新後功績表彰の物品として、格別の詮議《せんぎ》も加えずして、酒盃を採用したるものなれば、今日となりては甚だ不都合を感ずる次第なり。これに相当する代品を案出して酒盃を廃止すべし」と確答せられたりき。さて右の内所謂「古来の法規慣習」なる語中には、暗に天盃の制をも指示せるにはあらざるやと想像せらるるなり。そもそも賞盃下賜廃止を首相に請願したるは、畢竟《ひっきょう》するに、これに由って社会に飲酒を奨励するの媒介たらしむるを畏るるに外ならざるに、然るに賞盃よりも尚一層重き天盃が、過般《かはん》の御大典に於いて、数十万個全国的に頒賜《はんし》せられたるを一見し外人が、酒害の点より驚嘆の余り、以上の質疑を発したるは決して無理ならざるを知るなり。

聖恩《せいおん》海の如き御下賜品に対し、あれこれ鄙見《ひけん》を陳《ちん》ずるは、吾等臣民の分際として如何にも恐れ多き事ながら、つらつら現今世界の大勢を通観するに、酒害防遏《ぼうあつ》の一事は文明諸国の輿論にして、まず露の全国禁酒令は実行以来すでに一ヶ年余に及び、英国また皇室に於いて国民に対し禁酒の模範を示され、独はカイゼルが数ヶ年前より海陸両軍に向かって禁酒を鼓吹され、それより米国に至りてはなお一層これより甚しきものありて、今日全国の約半分は禁酒州と一変したる上に、明年は是非とも禁酒を以て全米の憲法たらしめんとの意気込みなりと云う。実に欧米に於いては禁酒は最早問題にあらずして、断行とまで成り行きたる今日、しかのみならず、首相が酒害の点より請願したる賞盃廃止の件に就き快諾を与えたるその舌根の未だ乾かぬ内に、斯かる夥《おびただ》しき天盃の下賜を一見したる外人が、宮中の慣例に付き、永代不変のものなるかとの懸念に対しては、吾等日本国民としては国家の体面上、是非とも一言の答弁なかるべからざるなり。

さてその答弁たる、至極簡単にして、確かに外人の首肯《しゅこう》すべき事と信ず。その理由は第一に日本帝国は露国よりも一千余年前に於いて、すでに全国禁酒令を朝廷より発布され、これに対して峻厳《しゅんげん》なる制裁を設けられたる事あり。然すれば露国が今日禁酒令を全国に発したればとて、敢えて異とするに足らざるなり。また宮中の慣例に於いても、時宜に由りては、幾百千年の由来を有するも、更に躊躇《ちゅうちょ》する所なく、これが改革廃止を断行せらるるの実例は、吾等は忝《かたじけな》くも、これを　明治大帝が維新の際、御累代御襲用《ごるいだいごしゅうよう》遊ばされたる宮中の衣冠束帯《いかんそくたい》もしくは車馬供御《しゃばくご》の古制を全く廃止せられ、昨日まで国民が夷狄視《いてきし》したる欧洲の風を御採用相成りたる大英断を追想し奉る時、我が宮中の故例旧慣が、決して永代不変の者にあらざるを推知するに難からざるべし。蓋し世界万国を通じて、これの如き取長捨短《しゅちょうしゃたん》に吝《りん》ならざる国柄の、古来未だ曾てあらざるは、吾等が断言するを憚らざる所なり。

然らば即ちそれ故例旧慣を改革すべき時宜とは如何なる場合かと云わば、これぞ即ち維新の御誓文にこれ有る所の

「広く会議を興し万機公論に決すべし」の一条に適合したる場合にして、苟《いやし》くも公論即ち輿論なるものが、故例旧慣の変換廃止を切望する事九闕に達するに及ばば、必ずやかの衣冠束帯の如き大改革すら御断行遊ばされたる、前朝の宏謨《こうぼ》に従わせられ、如何なる御英断も予期し奉るに難からずと信ず。然るに況んや天盃の如きに於いてをや。故に帝国をして欧米先進国の間に在りて、その落伍者たらしめず、常に列強と左提右挈《さていゆうけつ》して、世界の競争場裡に立たしめんと欲せば、今日宇内《うだい》の大勢たる禁酒事業の一大案件をして、帝国全体の輿論となし、公議となし以て一大改革を決行するの階梯を作るに如くものなかるべし。而してこの輿論を喚起し、公議を創作するの方法如何と言わば、吾等はますます飲酒の害理と禁酒の利益を、言論に、文章に、請願に、勧告に、あらゆる手段を講じて、運動を継続するの外なきなり。

聞くならく、北米合衆国の四十八州中の約半数は禁酒法の実施に係るものなるが、その今日に至りたる径路を尋ぬるに、徹頭徹尾、有志者が輿論の喚起とその創作に、千苦万艱《せんくばんかん》を冒して奮闘したるものにして、敢えて官辺に哀訴し、議員等に懇請したるの結果にあらず、而してまた来歳その成功を期し居る禁酒憲法問題も、それまでに猛烈なる禁酒運動を以て、輿論をその程度までに向上発展せしめんとの希望に外ならずと云う。今や米国は成功の秘訣を吾等の目前に啓示せり。吾等は宜《よろ》しく彼等の精神と方法に鑑み、以て彼等が来歳《らいさい》、禁酒憲法を完成せんとするの秋、吾等は少なくとも酒盃下賜廃止問題を解決せざるべからず。（大正四・一二）

天盃下賜の御真意

そもそも酒類たるや、アルコールを含める一種の飲料にして、一《ひ》と度《たび》これを嚥下《えんげ》する時は、その苛烈の性はまず以て胃の内部を刺激し、その麻酔の毒は脳を浸害し、直ちに神経を痲痺《まひ》して、下戸には苦悶を与え、上戸には快感を起こさしめ、それより二盃三盃と量を加うるに随い、飲者の状態は漸次に変化して、沈黙は多弁となり、温順は倨傲《きょごう》となり、謹直は粗暴となり、勤勉は怠慢となり、その甚しきに至りては全く喪神者《そうしんしゃ》、発狂人に異ならずして、種々の過失を行い、不測の椿事《ちんじ》を惹起《じゃくき》する事、世間にはその例証余りに夥しくして数うるに遑《いとま》あらざるくらいである。

然れば往古《おうこ》未開《みかい》の時代に於いてすら、飲酒は亡国の基として造酒者を擯斥《ひんせき》し、酒類を狂薬として厳禁した聖賢もある。況んや近来に至りては、欧米文明諸国に於いて、学理上より、はたまた実際的に研究したる結果、酒類は一種の毒物にして決して普通の飲料にあらず、而してまたこれを適度に節飲するは到底不可能事なりとの見地より、遂に絶対に禁酒を以て国法となし、もしくは国憲となすもの日に月に増加するの勢いであるのは、最早や世界に隠れなき事実となったのである。

如上《じょじょう》の次第であれば、今回御下賜これありし天盃なるものも、決してこれを以て斯くも明々白々の飲料と世界に知れ渡りたる酒類を以て、右の盃中に酌《く》み入れ、是非とも飲用せよと云う御趣意にはこれ無くして、単に高齢者を恵恤《けいじゅつ》あらせ給う大御心《おおみこころ》を、この天盃下賜たる古例旧慣に由って表示し給える外なき事に、第一に 戊申《ぼしん》の大詔《たいしょう》に考うるも、はたまた世界の禁酒事業の大勢に顧みるも、毫《ごう》も疑いなき次第と恐察《きょうさつ》せらるるのである。もし然らずしてこれら五十余万個の天盃を拝受したる全国の老人達が、右恩命《みぎおんめい》を誤解し、感喜の余り、家内眷族親戚朋友《かないけんぞくしんせきほうゆう》相会し、盃開きなどの名称の下に祝宴を張り、彼の礼に始まりて乱に終わり、果てはこの挙が少壮輩の飲欲挑発の動機となりて、彼等をして放蕩懶惰《ほうとうらんだ》に陥らしむるに至るや必せりである。かかる状態にて忠実服業、勤倹治産の聖訓に、果たして副《そ》い奉る事が出来るであろうか。

この天盃御下賜が、全く宮中に於ける恩命表示《おんめいひょうじ》の儀式に過ぎざることは、その拝受の御模様を拝すれば、即ち了解出来ることである。

天盃御下賜の御模様たるや、右の為に御召《おめし》に与りたる連中には、某殿内（多分鳳凰殿に於いて）天顔《てんがん》に咫尺《しせき》し奉りたる後、宮内官吏は賢所にて賜る如き、白き「カワラケ」の一《ひ》と廻り大なるものを持ち来り、列席の人々に相渡し、次に銚子《ちょうし》を捧げて進み寄り、まずこれをつぐ前に銘々に対して申す様「御禁酒ならば召し上らずとも宜しくござる」と一々懇《ねんご》ろに注意を与え、然る後稀薄なる水飴《みずあめ》の如き黒色にして、少しく甘味を帯びたる酒類を盃中に極少々注ぐ由である。

「禁酒ならば飲用するに及ばず」とは、もとより給仕舎人輩が自己の注意より出ずべき言葉でない。さりとてまた宮内上長官といえども、独断を以て、かかる古来の礼典を無雑作に変更する事の出来ないのも分かって居る。されば恐れ多くも至尊が吾人国民の衛生等を宸襟に掛けさせ給い、旧慣に由って迷惑を蒙《こうむ》らざる様大御心を留めさせられたるの至す所に相違はない。斯く恐察し奉ると、この「禁酒ならば云々」の一語は第一には、吾党禁酒会員が多年間酒魔と奮闘して幾分たりとも国家社会の福利を進長せんとの微衷《びちゅう》が、何時しか禁闕《きんけつ》に達したるの一証にして、また第二には余り遠からざる未来に於いて、この天盃御下賜の礼式も、全然御見合わせになるべき前表《ぜんぴょう》にはこれ無きやと推考せざるを得ないのである。

もしそれ、恩命拝受の最も適当なる心得方に就いては、跡見《あとみ》花蹊《かけい》女史がサイダーを以て御下賜の盃開きを挙行した

るに見て、何等苦しむ必要なきことが分かるであろう。（大正四・一二）

第二篇

犯罪者に同情す

「同気相求め同病相憐む」と云う諺《ことわざ》がありますが、私が今晩諸君の前に立ち一言を呈せんとするは、即ちその同病相憐むと云う理由から来たのであります。それだから、何卒《なにとぞ》御退屈でも辛棒《しんぼう》して、一《ひ》と通り御聞き下さる様に願いたいのであります。

さて承《うけたまわ》れば、諸君には種々の心得違いより、長き年月の間、憂き艱難を嘗《な》められ、遂に今般芽出度《こんぱんめでたく》大赦の恩典に与かりたる由なるが、その艱難の際から、誠に頼母敷《たのもし》き方々より一方ならざる恩恵を蒙り、引続き今日に於いても終始懇切なる御世話を受けると云うは、実に諸君にとりては冥加至極《みようがしごく》なる次第にして、如何に諸君がこの方々の恩恵を有り難く思って居るか、中々外の人々には分かりますまい。しかし私にはよく分かって居るのであります。それはまた何故だと申せば、今から丁度三十年前、私は先日まで農商務大臣で居られた榎本子爵、即ちその頃は徳川脱走兵の総督であった榎本和泉殿に従って、函館五稜郭に籠城しましたが、官軍に拮抗する事能わず、刀折れ矢尽きると云う場合に陥り、遂に一同降伏して、総督達には東京に参られ、私どもは、五百余名が矢張り諸君同様囚徒となりて、青森、弘前辺に引き廻されたる末、竟《つい》に函館の台場に禁錮せられ、丁度丸一年程、獄屋の内で暮らしました。然るに今日とは違い、御一新の当座と云い、未だ血生醒《ちなまぐさ》い時分の事であったから、番兵の取扱いなども随分厳酷に過ぎたる事もあり、また監獄と云った所が、台場の内に拵《こしら》えた人足小屋《にんそくごや》同様のものであるから、冬になりては、ただでさえ降り続く雪と、吹き荒《あ》る風とで、寒気が凌ぎ難いのに、況《ま》してや、衣服は肩が給《あわせ》で、膝《ひざ》が単物《ひとえもの》で、裳《もすそ》が綿入れと云う様な、一枚で四季の兼帯が出来ると云う有様だから、その他はくどくどしく申し述べずとも御分かりになりましょう。

諸君にも覚えのある事ならんが、人は運のよい時は、知らぬ者までチヤホヤ云ってくれますが、一旦落魄《おちぶ》れた場合には、親類縁者でも見放しますのは世の常であるのに、況して函館はその頃脱走兵の為に、一方ならざる難儀を受けた事故、私どもに対しては、宜《い》い気味とこそ思え、気の毒だなどとは、露程《つゆほど》も考える筈《はず》はありません。殊に囚徒に滅多な事をして、掛り合いにでもなっては大変だから、函館市中誰れ一人見舞って呉《く》れるという者はありませんので、毎日毎日、降る雪の中に蟄居《ちっきょ》しておりました。

ところが或る日の事、官軍の役人が見廻りに参り、突然私と外三人程の者を呼び出した故、私は何事かと存じて出ました。役人の申さるるには、函館の町人［中川］紅屋清兵衛と申す者より、今般各々方への見舞として、この品々差入れ方願い出でたるに由り聞き届けたれば、それぞれ受取り申すべしとて、私ども四人の者に、裏表とも新しい繦袍《どてら》に、ふくふく綿の入りたる着物を一枚ずつ渡されました。その時私の心の内は、如何に喜びと驚きとに満されたるか。「嬉しさを何につつまん唐衣」［『古今和歌集』］という古歌がありますが、実にその折に紅屋の志の忝さは身にも袂《たもと》にも溢るるばかりで、役人へはソコソコに挨拶をして、その座を退き、早速例の四季兼帯の衣服の上に、右の繦袍を着用致したその時の心地よさ、それは私の今日まで一生涯覚えませんん程のものでありました。然るにその心地よさにつけても、段々と考えて見まするに、如何にしてもこの差入れ物をした紅屋の心底が分かりません。その訳は私がこの紅屋と懇意になったのは、脱走兵が函館を占領して居る頃、兵隊より割宛てた、昔で申す御用宿なるものに、この紅屋が当たって、それで私どもが四、五名でその家へ押込んだのが縁故の初めで、随分その家内の人々に迷惑を懸け、揚句の果に、宿料まで満足には払えなかったと申す不始末こそあれ、決して紅屋よりかかる恩恵を受くべき謂われはないのに、然るに、天地の間この囚徒に、誰一人指の指し手もなき折柄《おりから》、唯この紅屋一人が嫌疑も構わず、手数も厭わず、斯かる結構なる賜物を以て、私どもを慰めくれるとは、返す返すも忝けなき人かなと、私は生まれて初めて世の中に慈愛という事を知りました。彼の聖書に「最微者《いとちいさきもの》の一人に行える即ち我に行いしなり」［マタイ二五：四〇］とあるは、これらの事を申したものと今更思い当たりました。

さてその後幾月か経て、いよいよ赦免の沙汰が東京表から参り、一同が青天白日の身となりますや否や、台場から出ると、第一番に紅屋を尋ねて、縕袍の礼を述べんとて、その門口に来て見ますと、紅屋方では家内一同打ち揃って出迎えまして「サアサア御上りなさい。今日は屹度御出なさると思うて、風呂も沸かして置いた、それから緩々《ゆるゆる》御話も聞きましょう」と、恰かも自分の子供か兄弟でも出て来た様に、皆が嬉しがって呉れましたが、私は唯有り難い有り難いと云うばかりで、その指図通り始めて浮世の湯に這入りました。その時の快さは何ともいえませんでした。それから紅屋の人々は、衣服を着替えさせて呉れるやら、種々の馳走をしてくれるやら、その間には獄中艱苦の物語に同情を表して耳を傾けてくれるやら、またその上に、東京へ帰る旅費として、その頃では大枚の二両二分という金額を呉れるやら、何から何まで、心付けてくれました。その歓待の有様は、恰かもルカ伝の放蕩息子が親父の家に帰りたる時も斯くやと思わるる程で、その折、私の有り難い、忝けないと思った感覚は、とても今日述べ尽されぬ程であります。それから滞りなく東京に着して見ますと、両親も無事で、私の帰りを待ち受けまして、到底この世で再会は出来ぬと思った親子の対面であるから、実にその嬉しさは別段でありましたが、その時にも第一に私の話に出ましたのは、紅屋の事で、一伍《いちご》一什《いちじゅう》を話しました処、両親の感じ方はまた格別でありました。何か相当の礼を致したいと申しましたが、茲に困った事があります。

と言うのはこの紅屋清兵衛と申す人は、元讃岐の産まれであったが、若い時赤手《せきしゅ》で函館に渡り、追々と仕出して、遂には同地で指折の身代《しんだい》となったと云うくらいな、腕もあり、金もある人であるから、ちっとやそっと礼などしたとて、何とも思うまいと存じ、唯安着の報告をしたくらいで、不本意ながらそのままにして置きましたが、私の心には何分にも済みませんので、何かにつけては、紅屋の情けが浮び出でられました。

さて私はその後、岩倉大使に随行して欧米を巡廻し、それから香港の領事を拝命して、同地に在勤などして、およそ五ヶ年程も過ぎ、一時帰朝致した事がありました。然るに一日雨が降り、宅に居りました時、ふと一人の老人が門口へ音信《おとず》れて、紅屋だと申しますから、もしやと思って出て見ると、如何にも垢染みたる木綿着物の裳を端折り、破れた番傘をさし、素足で泥下駄を穿き、ションボリと立って居る姿は、まるで昔の形はありません。けれども、よくよく見ますると、正しく、私が恩になった紅屋清兵衛氏に相違ないから、私のその時の驚きと嬉しさ、それは譬《たと》うるに物もないくらいでありました。

実は理窟としては不都合千万なる次第でありますが、マアマア紅屋さんよくこそそんなに落魄れて来て下された、と口にこそは出しませんが、心には左様に思いました。ここぞと存じたから両手を取って上座に誘い、一寸見ますに、碌々《ろくろく》湯なども遣わぬ有様故、まず風呂を命じ、衣服を揃えるなど、凡《すべ》て出来るだけの歓待を致しまして、それから段々とその後の模様を尋ねますと、近頃種々な不仕合わせが続き、遂に函館の家屋敷も人手に渡し、同地にも住居が出来ずして一先家族を本国讃岐へ引纏《ひきまと》めたとのこと、如何にも、哀れ千万なる長物語を聞きました時には、私の心は燃えるばかりで、誠に気の毒で気の毒で堪りませんでありました。そこで紅屋には決して心配するなと申して、今日こそ宿願成就の時来たれりと存じ、同人へ軽微ながら金子《きんす》百円を贈りました。その節紅屋はその金をおし戴いて余程喜んだ様子であったが、それよりもその悦ぶ様子を見る私の心中の喜びは中々一通りではありません。聖書に「受くるより与うる者は幸福なり」［使徒二〇：三五］とあるは、これらの事を申したのでありましょうか、先年函館で世話になった時の嬉しさよりも一層倍嬉しくてたまりませんでした。

さてこれは唯、私が身上に在った事を、一通りお話しただけで、チト長過ぎて御退屈でもあり、また御聞苦しい事柄もありましたろうが、しかし私はこの話に就いて、聊《いささ》か諸君の御注意を請いたい事があるのであります。不思議な事には、諸君にも矢張り北海道で、禁錮せられた趣であるが、その禁錮中も、多分私と大同小異の艱難辛苦を受けられた事であろう、天地広しといえども、僅《わず》か五尺の身体が、自由にならず、平常懇意にした人でも、斯様な時にはふり向いても見ないと云う、実に哀れな境界は、私と格別相違はなかったろうと思う。然るにその際褞袍一枚の差入れですら一生涯忘れられないのが人情であるのに、況して見ず知らずの人でありながら、突然諸君の側に来て、諸君の為に同情を表して、日頃の辛苦を慰めて呉れるやら、あまつさえ身の為め、霊の為めになる事を朝な夕な信切《しんせつ》に心附けて呉れる時は、諸君はこの恩人に対し、どの様に有難く感じられたであろうか。私の自身の事に引きくらべて見ても、実に想像の至りに堪えません。定めて諸君には何時か一度青天白日の身となったらば、如何にもしてこの恩義に報い度いものであると、それこそ寝てもさめても忘るる暇はなかったでありましょう。しかしもしその恩人が何も欲しくない、報いなど要らないと云う訳ならば、これは致し方もありませんが、諸君の恩人は、丁度紅屋が私の所に来た様に矢張り今日諸君の前に立って、諸君より相当の報いが欲しいと申して居るのではありませぬか。されば今日こそ諸君が宿願成就の時来たれりで、それこそ腕限り、根限り、奮ってこの恩人に恩返しをなそうと、嬉し喜んで居らるるに相違ないと思います。

ところで、諸君の恩人は恩返しとして何を諸君に所望して居りますか。金銀であるか、衣服であるか、但しは食物か、否それ等は決してその人の所望する品ではありますまい。それなら何かと申せば、即ち諸君の真実なる悔い改めでありましょう。諸君が立派な信者に生まれ変わる事でありましょう。そしてこの社会に於いて有用なる人物となり、上は　聖天子の御恩に報じ奉り、下はこの恩人が年来の志願を遂げさせて貰いたいと云う事でありましょう。それであるから、もしこの恩返しが十分に成就した暁には、諸君の恩人は、どれ程満足するでありましょうか。中々紅屋が金子を推し戴いて嬉しがったくらいの喜び方ではありますまい。その時諸君が、またこの喜ぶ有様を見たならば、その嬉しさ加減は、とても監獄で世話になった時の嬉しさくらいではなかろうと存じます。そこで、その悔い改めの手初には、何が一番肝心だと云えば、何よりもかよりも禁酒するのが第一であります。諸君がこれまで種々の心得違いをしたのも、その根元をよくよく尋ねて見たならば、十に八、九と云いたいが十が十まで、酒の仕業に相違ないと存じます。如何な人物であっても、マサカにしらふで監獄に這入る様な事は致しますまい。そうして見ると、諸君の仇であるから、何卒諸君には、これから一切狂水を振り向いても見ない様になさらなければなりません。

この頃は何時もと違い、花見の時節で、殊に諸君が浮世に出て来た初めての春であるから、この際は一層、危険な場合と御用心ある様に希望致します。禁酒の事に付ては、まだ沢山御話し申すことがありますが、余り長くなるから、今晩はこれにて止めます。諸君御退屈でありましたろう。（明治三〇・三・神田美以教会に於いて）

福島中佐の単騎シベリア横断

私は平生青年の前に立って、禁酒の談話をなすを何よりの楽しみと致しますが、殊更今夕は格別に愉快を感じますると申すその次第は、第一に井上伯の如き第一人者の監督の下に在るこの時習舎《じしゅうしゃ》に於いて、而して明治第二世紀の相続者として、今日より吾等が重大なる希望を属すべき所の諸君に対し、この文明世界に一大害悪と知られて居る飲酒の事に就き、一言するの機会を得たからであります。

諸君も御承知の通り、煙草は有害物にして殊更青年には非常な害毒を与えます廉《かど》で、現に法律を以て今般禁止せられました処、酒類はその害毒煙草に勝るとも決してこれに劣らざるものでありますから、煙草を未成年者に禁ずる以上は、酒は尚更厳禁せねばならぬと云う事は、近来殆ど輿論の如くなって居ります。それ故この禁酒と云う事はこの際御同様に、是非とも十分研究致さねばならぬ問題であります。

さて私が斯様に酒の事をやかましく申しますと、中には私が生来酒嫌いだからであろうと思う方があるかも知れませんが、私はその反対で、生来非常なる大酒飲みでありました処、明治十九年、井上伯が外務大臣で在った頃、伯の命に由って、上海よりハワイの領事館へ転任致し、同地に於いて専ら移住民の監督を致して居りたる折、移民飲酒の為に、種々の不都合を働き、竟《つい》に御国の体面をも汚さんとするの場合に立ち至り、取締上百方策尽きたるより、私にも自身余儀なく禁酒を致して、移民の風俗矯正を謀《はか》りました。それが非常なる好結果でありましたので、爾来今日に至るまで、右禁酒の為め、私の一身上は勿論、一家一族、朋友に対しても、無量の幸福を享けました。この一事に於いても井上伯には深く感謝せねばなりません。それはもし私が斯かる任務を帯びてハワイへ行きませんならば、とても今以て禁酒は実行されなかったろうと存じます故であります。

飲酒の有害なることは、私自身が多年経験して居りますから、随って禁酒の有益なる事実も十分に明言致されますが、しかし本日は、明治の今日に於いて、吾邦は勿論、世界万国にその名を轟かしたる吾等同胞の一人に就いて、大事業をなすには飲酒は全く無用物であるのみならず、その大事業を失敗せしむるに足る物であると云う事を聊か陳述する積《つも》りであります。私が茲に選びました人物と云うのは、敢えて廓堂《かくどう》に立って国事を料理する様な方々を指すのでも無く、さりとて軍国多事の際、国家の為に大功名を立てた様な人を云うのでもありません。単に一個人の資格を以て、その勇気と忍耐と、またその緻密なる考慮とを以て、欧米人も未だ曾て実行せざりし一大事業を満足になし遂げ、英名を宇内に輝かし、延いて吾邦の名誉を増進し、内に於いては日本全国、致る処に絶後は知らず、実に空前の大歓迎を受けたるものにして、即ち青年諸君が常に欽慕《きんぼ》せらるる所の、今日は将官に昇られましたが、当時一個佐官たりし福島［安正《やすまさ》］中佐であります。

中佐が単騎遠征の大事業は、諸君が御存知の通り、明治二十五年二月十一日に始まり、翌二十六年六月十二日にて終わりたる故、その日数は総計四百八十八日、即ち一年とおよそ四箇月と云う長日月にして、またその道程はベルリンよりペテルブルグに至り、それよりヨーロッパ・ロシア領を経て、ウラル山を超え、西部シベリアを過ぎ、アルタイ山を踰《こ》え、モンゴルに入り、東部シベリアを横ぎりて満洲に下り、ウラジオストクに達したる故、その里数は実に八千五百余マイルであります。その間中佐が百難を冒し、万障を排したる有様は、とても吾等が想像の及ぶ所でありませんから、吾等は唯中佐を非常な人物であると感心するの外ないのであります。しかしその際、吾等の胸中に起こりたる一の疑問は、如何に中佐には非常なる勇気と忍耐と、またこれに相当したる才覚がありましても、もし尚これに相当する体力と、これが健康を善く維持する方法がなかったなら、これを一言すれば、何があったとて身体が丈夫でなかったなら、とても斯かる大事業は成功し得る訳には参るまい、と云う事を思ったのでありました。そこで中佐の健康上に就き委細取調べて見たいと思って居る内、ふと或る人より、中佐は酒も煙草も全く用いない人であると云う事を聞きましたから、さてこそと存じ、早速私は中佐に面会し、その事業を質したる処、全くその通りでありました。で吾等禁酒会員は、一日中佐を神田キリスト教青年会館に招待して、一場の遠征談を致して貰いました。これは世人が、動《やや》ともすれば、非常なる艱難を冒し、勇気を奮うには、飲酒は必要である様に唱えるので、よってその実否を示すにはこの上もなく好機会と存じ、殆ど古今無比の大艱難を冒し、大勇気を奮われたる中佐に演説を依頼したのであります。

而して中佐の演説に拠れば、中佐の旅行中、或いは炎熱金を鑠《とか》し、または寒風骨に徹するが如き厳烈なる気候を経過した事もあれば、或いはコレラの如き危険なる病気の流行する地方に出没した事もあり、或いはまた毒虫の雲集する場処に起臥《きが》した事もありて、幾度か万死を出て一生を得たる程の有様故、その間或いは勇気をつけるとか、邪気を払うとか、または疲労を息むるとか、寒気を凌ぐとか或いは鬱情を散ずるとか云う為に、一杯の酒を用うるの必要無かりしやと云うに、中佐の述ぶる所に由れば、同氏には元来飲酒を嗜《たしな》まざれども、よしまたこれを嗜まれたりとするも、もしこの遠征中に酒類を飲用致したならば、この一大事業が、必定失敗に帰したるならんと推測致されます。その次第は、第一露国の如き極寒の地に於いては、飲酒に由って、雪中に凍死する者が往々少なからざる由、これ酒を飲むと、一時は俄かに暖気を覚ゆれども、その酒気の醒め際には、必ずその反対に非常の寒気を感ずるが故に、遂に凍死の難に罹《かか》るは自然の結果であります。それで寒国の飲酒は尤も危険であるとのお話でありました。

また酒は邪気を払うなどと云いますが、西シベリアに於いてコレラ流行の節、土人がこの疫病に罹って斃《たお》れた者の内、多くは飲酒の結果に在りたるを、中佐は現に目撃したる由、それ故中佐が、もし自身飲酒家たりしならば、或いはこの悪疫に感染したかも知れません。然るに中佐がその際の予防法と申すは、酒類の如き腸胃を損害する物は決して飲用致さずして、常に腹加減を丈夫にして而して実際予防に効力ある所の、石炭酸の如きものを絶えず用意して居ったと申す事であります。また疲労を息《やす》むるの点に於いても、中佐の話によれば、氏が疲労を感じたるは旅行中殆ど普通の事でしたが、なるべく適当の飲食と休息とを以て気力を回復しつつ旅行を継続致したる趣き、然るにもし中佐が酒が飲めるとした処が、万一骨休めなどと称して、一杯を傾け、よい心地になり、肝心の馬の世話など忘れて眠るが如き事でもありたらんには、その結果意外の珍事を引き起こし、竟には遠征の大学も中道にして挫折するの不幸に陥りたるやも知れますまい。

それから、また鬱情を散ずるの点に至りても中佐はベルリン出発以来、旅行中毎日毎日、朝起きるから夜寝るまで、自身と馬の世話の事のみに屈託して居られた由、即ち朝食して乗り出すと、直ぐにこの昼食を何処にてなさんか、そこには麦秣《むぎまぐさ》類の用意は如何と案じ、午後になれば、今夜の宿所は如何にするか、また野宿なる時は、その用意を怠らない様にする、という様な次第であるから、中々鬱するの塞ぐのと云う余裕がない故、随って酒の力を借りるの必要がなかりし由、即ち以上の如き有様で、旅行中、酒は全く不必要であったのであります。

中佐の演説が終わった後で、吾等有志者は、中佐を囲みて懇談会を開きましたが、丁度その席に山東直砥氏が居られました。中佐は以前山東氏が早稲田に北門社と云う学校を開いて居られた頃、その学校に入りて山東氏の世話になられた事がある由にて、中佐も余程胸襟《きょうきん》を開いて談話したる故、吾等は大いに興味を覚えたのでありましたが、その時或る人が、中佐が斯かる長き旅行の間に於いて定めて本国を恋しく思い望郷の念に堪えざる事も多かりしならんが、それはいずれの地にて、また如何なる場合最も切なりしやとの問いを発しました。それに中佐が答えられるには、ベルリン出発以前には八千余マイルの単騎遠征をなす事なれば、その計画の為め前途の事など随分あれこれと余計な考えまでも出でたる事ありしも、一と度凱旋（愛馬の名）に打乗り、ベルリンを踏《ふ》み出して以来一年四箇月間を、余が心頭に往来せるは、唯馬と自身の二者あるのみにして、毎日朝起き、朝食し、それから昼までの事を考え、午餐後はまた夕食と宿泊まで、また眠る頃には明朝の事を考えて眠ると云う始末ゆえ、その間故郷を考えたり望んだりするなど云う洒落た事をする暇とては更になく、毎日毎日暮らし来りしが、斯してポシェト湾に近づきたる時、ふと海水を一望して、その渺茫《びょうぼう》たる水面は、遠く我が日本帝国に連なりて、今その海浜を洗いつつあるかと思いたるその折りは、初めて故郷の事を想い出して、それこそ望郷の念一時禁じ難き程なりしが、またその時程、前後に於いて愉快なる事はあらざりし、と云われました。

さて以上述べました事柄に於いて、一事業をなす人には、飲酒は必要なきのみならず、飲酒は極めて一大妨害を与えると云う事が明白でありましょう。中佐のこの大事業を成功したるは、固《もと》よりその勇気と忍耐と、またその体力が完備して居たからには相違ありませんが、しかしもし中佐に唯一つの、飲酒を好むと云う慣習がありましたならば、たとえ大酒暴飲と申すまでに至りませんでも、その遠征中屹度種々の意味で過失が起こり、恐らく斯かる大成功を奏する事が出来なかったろうと存じます。万一左様な失敗でもありましたならば、その失敗は、独り中佐の不名誉のみではなくして、日本軍人一般の不名誉、延いて吾等四千万人の不名誉となる訳であります。斯様に考えて見ますると、飲酒は実に恐るべく謹むべきものでありますから、一大事業に志ある青年諸君には、努めて飲酒の慣習に陥らざる様御注意ありて、今日唯今より何卒酒杯へは唇は勿論、手だに触れざる様、偏《ひとえ》に希望する所であります。

右申し述べましたことにて、飲酒と喫煙の二件は大事に志す青年に極めて有害なる事は大概明瞭になりましたと存じますから、これより尚、中佐の遠征に就いて、諸君が学ぶべき事柄を少し御参考に供しましょう。そもそも単騎遠征の事たる、実に世界の一大事業であったには相違ないが、しかし篤《とく》と考えて見ますと、これは福島中佐一人の専有物でなくして、およそ日本帝国の臣民たる吾等に於いては、今日この単騎遠征の大事業を、銘々にやらねばならぬ運命に臨んで居ると存じます。それは何故かと申せば、吾邦は今日文明世界の競争場裡に乗り出して、列強国を相手に、一国の独立を安全に維持して行こうと言うのには、貴族平民の別なく、尽く銘々のシベリアを満足に旅行して、中佐がポシェト湾にて、日本海に連なる海水を見て、初めてホット一ト息ついて安心したと云う点まで、非常の勇気と忍耐とを以て、進行して参らねばなりません。

これを委《くわ》しく言えば、政治家には政治家のシベリアがあり、学者には学者のシベリアがあり、また実業家には実業家のシベリアがありますれば、技術家には技術家のシベリアがある。同様に青年諸君には諸君に相当したるシベリアがありまして、即ち中学だの大学だのと云うウラル、アルタイの大山が横わり、モンゴルや満洲の曠野《こうや》が連なって居ります。その間には厳寒炎熱の困難や、コレラや毒虫の如き危険もありまして、実に諸君の前途は、考えて見まするど、その事業の広大にして艱難なる事は、決して中佐の単騎遠征に譲らぬくらいと存じます。しかしこの大事業の成功の秘訣は、中佐の談話中、自ら発見せらるる事が出来ると思います。それは何かと申せば、中佐がベルリン出発前後にはいろいろの事を考えられたけれども、イザ単騎ベルリンの都門を乗り出したる暁には、唯その日々の事を考えただけの事で、決して前途は勿論、翌日の事さえ心に懸けず、朝起きれば昼までの自身と馬の世話だけを考え、また昼からは同じ様に宿泊までの事を考えるだけで、その日その日のなすだけの事をチャンチャンとして行った、その毎日毎日の仕事の結果が、積り積って、日数では四百八十余日となり、里数では八千五百余マイルとなったのでありますから、これが中佐の大事業に成功した秘訣と謂って宜しいと存じます。

果たして然らば、諸君には矢張りこの秘訣を中佐より借用せられて、諸君の修業中は、決して前途の事だの過去の事だのを考えずに、唯諸君の監督や教師達の定められた単騎遠征の方針に従い、毎日朝起きてから昼に至るまでのなすべき事を一つ残らずチャンチャンとして仕舞い、それから午後に至れば、夜眠るまでになすべき事だけをまた一つ残らずなし遂げて「彼の明日の事を憂慮うなかれ明日は明日の事を思いわずらい、一日の苦労は一日にて足れり」［マタイ六・三四］との金言に基づき、その日その日を満足に旅行されたらんには、その結果は否が応でも、積り積って諸君銘々のウラジオストクに、目出度到着せらるべき事は、万々疑いなき事と明言致されます。然るにもし諸君、この旅行中一日たりともなすべき課業を怠るとか、または旅行の方針を定めたる監督者達の命令に違背する様なことがありましたなら如何なる結果を来たしましょうか。これを中佐の遠征に喩えて見たならば直ぐ分かりましょう。即ち中佐が一日でもその乗馬に相当の食物を与えなかったとか、また東に往くべき方角を北へ進行したとか云う様なものにて、単騎遠征の大事業は全く失敗に終わるかも知れません。実に危険千万な話ではありませんか。

されば諸君には、如何なる事業に従わるるとも、中佐の如くその名声を宇内に轟かさんとの希望を抱かるるならば、酒煙草の如きものは一切禁制せられて、至極健全なる身体と活潑なる精神とを以て、中佐の秘訣たるその日その日の事業をキチンキチンと実行せられて、而してもし途中で、万一日々の課業上に困難を感じ、退屈を覚ゆるが如き事ある節は、中佐ならば斯かる時は如何致すべきやと、同氏のシベリア遠征を自分銘々の身の上に引き当てて考えられなば、如何なる困難も苦にならずして、満足にその目的地に到着せらるべきは疑いなき事と存じます。

（明治三三・五・一六麻布時習舎に於いて）

吾輩は人である

世の中で議論の題や噺しの種になるものは、その事柄が、いずれも珍しいとか、疑わしいとか云うから起こるのである。然るに余が唯今述べようとする演題は「吾輩は人である」というので、更に珍らしくも疑わしくもない。およそ世の中に何が珍らしくないと云って、この演題程珍らしくない分かり切ったのはあるまい。それを物々しく話される程、迷惑な事はないのである。

たとえば、今諸君の前で、桃太郎が鬼が島に宝を採りに行く昔噺しを致して「さて昔々或る処に爺と婆があって、爺は山へ草刈りに参りました」と説き始めたなら、必ず聴衆諸君の内には堪り兼ねて「それから婆は川に洗濯とくるだろう。それくらいな事は誰れでも知って居る」と呼ぶ者があるに相違ない。

それと同様、演題もあろうに「吾輩は人である」とは何事だ、吾輩が人でなければ何である、人を馬鹿にするのも程があると、立腹される方が多分諸君の内に少なくあるまい。それで余の話を到底結局まで静聴して呉れる者が一人もなかろうかと心配するのである。

然るに、余がこの演題を掲げたのは、矢張りこれが一大疑問であるからである。諸君も承知せらるる通り、近頃『吾輩は猫である』という著作が、世の中に盛んに歓迎されて居るのを見ると、吾輩は果たして人であるか、猫であるか、はたまた鼠であるかという疑問が、人々の心に生じて居るのではあるまいか。成程、眼、鼻、耳、口が揃って、手、足が胴、腹に附属して居るが、それ等は猫にも犬にも、鼠にも揃って居る。また吾等は彼等の様に這わないし、また鳥の様に空中を飛行したり、魚の様に水中を游泳する事も出来ない。そして大小強弱の上から云っても牛馬を始めとして、象もあり鯨もあり獅子もあり虎もあるから、この点でも、吾輩は決して威張る訳には参らない。

それから吾輩の眼や耳や鼻や口や胃や腹や、その他身体の機関が、他の動物に優れて居るかと云うに、決して左様ではない。却って彼等の方が余程結構に出来て居る者がある。一つ二つ例を挙ぐれば、猫の眼は暗でも善く視える。犬の鼻は善く嗅ぐ。また凡ての鳥獣の耳が善く聴き、胃腸が善く消化するなど、到底吾輩人類の及ぶ所でない。さてこのついでに、吾輩の身体の組織に就いて少々ばかりでも調べて見たならば、吾輩は人であるか、禽獣であるか、はたまた禽獣よりももっと劣っては居らぬかが分かるであろう。

人身生理の事は一大学問であるから、中々一寸《ちよつと》、右から左へ話の出来るものでない。況して門外漢たる吾輩に、詳細な説明の出来よう筈がない。しかし兎に角自分の所有物を自分で知らずに居るというは、如何にも申し訳のない事であるから、たとえ種々なる点に於いてその組織が他の動物に劣って居ても、この実に霊妙不思議に造られたる人の身体に就いて、一、二の点を話して見るのは決して無用の業ではあるまいと思う。

今からおよそ五十年程前に、写真術が日本に渡って来た。その時人々の驚き方というものは非常であって、而して一時斯様な説が流行した。それは写真を撮ると、自身の影が薄くなるから、命が縮まると言って恐れた。今から考えれば、愚昧な話であるが、しかしその時代の人にしては、あながち無理でもないと云うのは、その写真の機械を見ると、実に巧みにつくられて居る。即ちレンズがあって、その後は暗黒に出来て居て、これに撮る物体が映じたままを撮影するのであるから、誰でもこの機械を発明した人の、知識や学術に驚かざるを得ないので、それでその様な愚昧な説が起こったのである。

然るに吾輩は、この写真機械よりも、百層倍も立派な物を、しかも二個も所有して居るとは、ナント今更驚かざるを得ないではないか。それは外でもない、吾輩の両眼である。何故にこれが写真機かと云えば、吾輩が朝来眼を開いた時から衣服を閉じるまで、この眼中には室内の器物から、庭前の樹木から、人畜の物体から、天地間ありとあらゆる物が尽く写真となって、眼底の神経に撮れるのである。而して人造の機械では、少し大きな物を写すには、矢張りそれ相応の大レンズを用いなければ撮れないが、吾輩の所有して居る写真機は、実に細小な球であるが、天地万物見渡す限り、何でもとれる。それから機械の方では薬品が入用だ。そして撮れる度毎に新しくガラス枚を取り代えねばならないが、吾輩の所有物では、薬品は一切不要で、而して一寸眼を閉じると、直ちに先のは消えて、また新しいのが写る。写した物体は、尽く脳という箱の内に幾枚でも貯え置く事が出来る。

人と云う者は、自分ながら呆れる程愚昧な者で、これ程立派な眼という写真機を所有して居りながら、それには少しも驚かないで、それよりズット下等な、無細工な、人造写真機を見ると胆を潰して、影が薄くなるとか、命が縮むなど罵り騒ぐとは、我ながら面目次第もなき事柄である。次にモウ一つ不思議な事を話して見よう。

今日の便利な世の中でも、実に便利な物だと、日々感心しながら使って居るのは電話機械である。しかしてその機械の説明を聞くと、誰でも驚かない者はあるまい。交換局と、電線と銘々の家に備え付けてある機械さえあれば、いくら懸け隔って居ても、手に取るように話が出来る。然るにその電話の交換局や電線の仕掛けや、電話機等が、一切吾輩の身体の内に完備して居て、人造品よりももっと精巧で丈夫であるとは、驚かざるを得ないではないか。それは何処にあって、どんなものであるかと云えば、外でもない、吾輩の脳と神経の組織とである。即ち脳が交換局で、全身に遍く行き渡って居る神経繊維が電線である。而してそれが何で電話の用をなすかと云えば、神経には知覚神経と運動神経というのがあって、たとえば、今手を火鉢に翳《かざ》す時、万一誤って指先が火に触りでもすれば、指先にある知覚神経はその電話たる細い白い糸の様な繊維を通じて交換局たる脳に向かい、「モシモシ唯今指先が火に触りました。このままで捨て置くと火傷をしますよ」という様な、無論斯様な長たらしい言語ではない、それぞれ簡単な信号が発表される。そうすると、脳は即座に運動神経に命令を伝えて、指先の筋肉を縮めて、これを火から離させるのである。而してなお感心な事には、この交換局では、何時知覚神経から電話を掛けても「御話中」という事がない。何時でも用事が弁じるのである。

しかし、もしこの交換局の機械を狂わせると、電話が不通になることがある。それは人が大酒を飲んだ為に、アルコールが脳を侵害する時は知覚神経との交通が全く遮断されてしまうから、指先に火が触っても、それを脳に通ずる事が出来ないので熱気を感じない。随って運動神経も働かないので、遂に大火傷をして、而して酒が醒めてから大苦痛を感ずる者がいくらもある。彼の大酔中に転んだり打たれたりしても、余り痛がらないのも、矢張り、脳の交換局が損害を受けて交通が遮断された証拠である。

この様な、実に不思議な巧妙な機械類を、吾輩の身体の内で捜して見たら、それはそれはいくらあるか分からない。そうして見ると、吾等は今日何が一番大事だと云って、自分の身体程大事な物は無いのであるが、吾輩は確かにそれ程自分の身体を大事にして居るであろうか。云い換えて見れば、自分の身体の内にそれ程結構な機械が揃ってると思って居るだろうか。これらの点から考えると、実に吾輩は天地万物の間に立って、立派に「吾輩は人である」とは、何うも云われた義理であるまいと思う。それなら吾輩は猫か？　犬か？　乃至《ないし》は鳥でもあるかと云うに、鳥獣が自分の身体を大事にする点に於いては、遥かに人類に勝って居る。もし試《こころ》みに猫に向かって「吾輩は猫である」と云ったら、猫は定めし斯う云うだろう。「ウソをつき給うな。君等のごとき命しらずの動物は、吾等猫族の内には一疋《ぴき》も居ない。吾等に猫であるなどと云われては、吾等猫社会の不面目である」と猫から仲間入りを断わられるに相違はない。その他、犬も鳥も同断であろうと思う。

それに就いてソーパー博士［Julius Soper］の得意な噺がある。米国に或る大酒飲みが、鵝鳥《がちょう》を飼って居た。この鵜鳥が善くこの主人に馴染んで、主人の外出する時は何時でも同伴して何処へでも行く。ところが或る日、この酒飲みが居酒屋に入り一杯を傾けて居ると鵜鳥も同じ戸内に入り、大人しく控えて居た。すると居合わせた若者が、悪戯にこの鵜鳥を捉えて、無理に酒を口中につぎこんだので、鵜鳥は早速銘酊して、非常に苦しみ、辛うじて主人に随い、家に帰ったが、それ以来は、その居酒屋の前に来ると主人が入っても鵜鳥は決して内には這入らず、何時までも戸外に在って、主人の出るのを待ち受けて居たと云う。

なんと鳥でも感心な者ではないか。然るに吾輩人類は如何ん。一度ならず、二度ならず、三度も四度も酒害を蒙むり、自分の大事な身体を苦しめ、結構な種々の機械を傷め、過失を行い、信用を失い、揚句の果に妻子眷族にまでも難義を掛け、それでも性も懲りもなく、なお酒屋の店内に入り込んで快楽を求めんとする者が、天下に幾百十人あるか分からない。これが即ち、先哲〔孔子〕が人にして鳥にも如かずと歎息された処〔『大学』〕で「吾輩は鳥である」とさえ云い兼ねる場合ではあるまいか。況んや「人である」に於いてをやである。

されば諸君よ。何卒万物の霊〔『書経』〕たる人類の本分を弁え、その身体を愛護し、その品性を高潔にし、己を益すると同時に、人を益して、神に対し、人に対し、鳥獣草木に対しても「吾輩は人である。即ち万物の霊長たる人である」と立派に明言する事が出来る様に成りたいものである。（明治四〇・一・神田青年会館に於ける籔入り慰労会にて）

日本禁酒事業の進歩

諸君。全国禁酒の法律を有するアメリカ合衆国人たる諸君の面前に於いて「日本禁酒事業の進歩」と云う題での言を試みんとするは、甚だ以て無遠慮千万の至りであるが、しかし進歩にして退歩にあらざる限りは、日本の禁酒事業の現況に於いて一言するも、また諸君に対して一興であろうと思う。

元来、我国に於いても、一千二百三年以前には、禁酒を法律として国中に励行せし時代もあったのであるが、これは朝廷が仏法を遵奉《じゅんぽう》したる一時的の出来事にして、爾来禁酒は僧侶間の戒律に止まり、後にはそれすらこれを格守する者甚だ稀となり、遂に飲酒の弊風は全国一般に蔓延《まんえん》してその間殆ど一人として、公然禁酒を唱導する者なきに至ったのである。

然るに、輓近《ばんきん》米国禁酒の勢力は追々我国に影響を及ぼし、禁酒を鼓吹する者漸く国内処々に起こりたる折柄、今より三十五年前、米国禁酒遊説者ミセス・レヴィット［Mary Clement Leavitt］その他有志の婦人にして、アッカマン女史［Jessie Ackermann］、パリシュ女史［Clara Parish］、スマート女史［Kara G. Smart］等の如き人々が、吾人の間に猛烈なる禁酒運動を試みられた結果、茲に始めて、今日の日本禁酒同盟会なる者の設立を見るに至ったのである。

日本禁酒同盟会の創立は、一千八百九十八年十月一日の事であって、当時全国内に散在せる団体は、その数十八個、会員総数僅かに二百余名に過ぎなかったのである。爾来追々進歩発展して、今日団体の数は、大小合わせて百三十一、会員の総数は約一万二千人に垂《なんな》んとする勢いを示して居る。もとより進歩の程度は、これを創立以来の年数に比較する時は緩慢の状言うに足らずといえども、この進歩たるや、緩慢ながらも堅実なる進歩たるは、断言するを憚らないのである。而して同盟会に属する諸団体は、会務を処理し、役員を改選する為に、毎年一回大会を予定の地に開催し、創立以来年々継続して今日に至ったのである。

さてこの二十二年間に於いて禁酒に関する出来事の著しきものを挙ぐれば、内国博覧会ある毎にその都度精細にして、しかも意匠の斬新なる出品を陳列して、来観者の注意を喚起したる事あり。『禁酒禁煙幼年生理読本』を編纂して、全国の小学校に配布したる事あり。各種の禁酒印刷物を発行して、禁酒遊説の都度、全国到る処に撒布したる事あり。その他機関雑誌『国の光』と称するものを同盟会本部より毎月発行して会員各自の閲覧に供してその運動を助けつつある。

然れども、これらの事業の外に、茲に看過すべからざるものは、禁酒禁煙に関する最も偉大なる事項である。即ち同盟会の総副会長にして、衆議院議員たる根本正氏が、一千九百年に於いて、未成年者禁煙法案を議会に掲出して、無事に両院を通過し、その成績極めて著大《ちょだい》なるものがあった。それより同氏には、また翌年に於いて、未成年者禁酒法案を掲出したる処、同案の議会に於ける状況は常に甚だ困難にして、衆議院は大抵多数を以て通過すれども、貴族院は常にこれに反対する者多くして、当初より本年まで提出の度数、十六回の多きに及びたるほどにて、尚未だ成立の運びに至らぬのである。然るに米国禁酒の大勢、日に月に隆盛なる報導《ほうどう》あるあり。貴族院にも漸く賛成者増加に及び、本年の如き充分通過の見込みありたる折柄、俄然議会解散の為に、同案もまた消滅に帰した。しかし次期の議会には、吾人は確かに通過するの希望を有するものである。

本年二月十日、議会開会中に当たり、根本代議士の未成年者禁酒法案に対する院外応援運動として、国民禁酒同盟会と合しかして、東京市中に於いて大々的禁酒運動を開始した。即ち同日空中には、午前午後両回、飛行機を以て宣伝ビラ十万枚を撒布し、また地上に於いては、二十五台の自動車隊を編成し、東京の大道を縦横に馳駆して、これまた宣伝ビラ十万枚を撒布し、夜に入りては、青年会及び中央会堂の両処に於いて禁酒大演説会を挙行し、大いに議会の禁酒案に声援を与えた事であった。さてこの国民禁酒同盟会なるものは、近頃東京、京都、大阪、神戸を中心として関西地方に創立したるものなるが、その勢力甚だ盛んにして、将来発展の好望を有するものである。要するに、向後日本の禁酒運動の進み方は二要点に過ぎずと思う。即ち一は日本全国に対し、適切に幻燈もしくは活動写真を以て禁酒を宣伝すると同時に、一は全国小学校に於ける生徒に酒害の教訓を与うることである。而して運動者の尽力次第に由りては、大抵十年の後に成功の域に達するであろうと思う。尚この他開陳すべきこと多々ありといえども、時間の定限あるを以て一々これを述ぶる能わざるは遺憾であるが、終わりに一言を添うべき事は、日本の諺に「仏造って魂入れず」という語がある。米国の紳士淑女が、この日本国に禁酒を宣伝し、数十年間誘掖援助《ゆうえきえんじょ》の後、漸くその体形を形成せんとする場合に際し、もし諸君が放擲《ほうてき》して顧みざるが如き事あらば、彼の仏造って魂入れざるの類にして、禁酒はその活動の用をなさざるべし。然れば吾人は諸君が、禁酒事業成功の最後即ち、魂を入れる日まで、十分の援助あらん事を切望して止まざるものである。（大正九・一〇）

第三篇

台湾の患は土匪にあらず酒魔なり

台湾の吾版図に帰したる以来、茲に七閲年なるに、土匪未だ全く平定に至らず、風俗の壊乱《かいらん》、人心の堕落、日一日より甚しきを加え、而して世評多くはこれを庁政の不振、または渡航者の不良に帰して、非議論難する者往々少なからずとす。然れども同島が吾新植民地たるの一点より、これを観察する時は、今日の弊風汚俗の由来する所は、敢えて独り庁政、または渡航者の良否のみにあらずして、必ずや飲酒がその一大原因たるに疑いなかるべしとは、吾等が従来同島に対するの宿論にして、而してまたその論拠として、吾等は甚だ顕著なる例証を有するものなりき。そもそも植民事業の成敗が飲酒の風習に直接大関係を有する事は、同事業に世界無比の実験を有する英米人が夙《つと》に論述せし所なるが、吾等日本人としても、斯の一大問題を解決するために、最も適切の方法あることを、余は在ハワイの吾移民の事歴に於いて、歴々実験するの機会を得たり。即ち日本移民の挙が、ハワイに開設せられたるは、距今《いまをさる》十七年前の事にして、当時吾移民の状況たるや、多くは遊惰《ゆうだ》放縦《ほうじゅう》にして、種々の悪風は到る処に蔓延し、為に日布両国の当局者に於いても、その矯正上に付き、苦心一方ならず。或いはこれを以て渡航者人選の不当となし、または雇主の苛遇に帰して、議論区々、計画の折柄美山貫一氏はたまたまサンフランシスコより同島に渡来し、親しく移民一般の状況を観察したる後、矯風正俗の第一着はまず以て移民の間に行わるる飲酒の風習を全然禁止するに在る事を発見し、而して吾領事官並びにその他内外の有志者にも熱心これに賛成を表し、遂に官民合同、全力を奮って禁酒主義を群島各地に鼓吹したる処、飲酒の習俗が漸次その跡を収むるに随い、淫逸遊惰《いんいつゆうだ》の弊風は、一時殆ど全滅に帰したると同時に、勤倹の美風自ら移民の間に発生し、その結果爾来、毎歳《まいとし》百有余万円の正貨を吾邦に輸送するに及びたりき。

蓋し在ハワイ日本移民が今日の盛況を致したるは、日布の当局者が、種々の方面に於いて処分の方法その宜しきを得たるに由るとはいえども、この禁酒の一大運動が最も力ありたることは、万々争うべからざるの事実なりとす。固より吾等は外国統治の下にあるハワイの労働者を以て、吾台湾の殖民と全然同一視するものにあらずといえども、その渡航者の過半が少壮独身の徒にして、熱帯地方に客居無聊《かっきょぶりょう》の生涯を送るの一点に於いては、二者の間敢えて格別の等差なきを信ずるなり。果たして然らばそのハワイの吾移民が、労働の間支那旧移民に誘惑せられて、放縦遊惰に陥りたるが如く、台湾の吾渡航者も、これまた客地無聊に堪えざるの余り、不知不識《しらずしらず》、清民の醜風汚俗に感染せられて、飲酒に耽《ふけ》り博奕に溺るるに至れるや必然なるが故に、禁酒の運動にして、一方のハワイに有効たりしに於いては、他の一方たる台湾に在って、同一の成績あるべきは、数の尤も観やすき者たるべし。ここにおいてか吾等は同島今日の風俗の壊乱、人心の堕落を根底より救済せんが為に、早晩《そうばん》禁酒の大運動を試みん事を企図せし事茲に年ありしが、今回俄然別項に掲載せる如き警報は、同島より飛来せり。その要に曰く、台湾刻下《こっか》飲酒の弊風は、到底策戦の尽すべき所にあらずして、全島到る処不義、争闘、貪婪暴狼《たんらんぼうろう》の悪徳は一般に充満し、暗澹《あんたん》また暗澹、実に寒心の至りに堪えず、而してこれらの弊害は悉く飲酒に基因《きいん》せざるなく、折角占領せし新版図も、もしこのままに放任せん乎、他日由々敷《ゆゆし》き大事に立至るの処なきを保せず。同島の治績は、方今《ほうこん》列強環視《かんし》の間に在りて、吾邦の試金石とも謂うべきものなれば、吾人日本人たる者は、決して現状を軽々看過すべきにあらずとの意を以て、禁酒遊説員の渡航を懇請に及ばれ、而して本部は即刻決議の上美山氏を起こして、軽装匆々《そうそう》、去月末を以て渡台の途に上らしめたりき。

吾等今警報に接するに当たり、固よりその宿論の適応せしを悲しむや切なりといえども、本部がこの非常の英断に出で、美山氏を派遣し、而して偶然にもまたハワイに於いて十分の実験を有したる驍将《ぎょうしょう》美山氏が、この機に応じて進発する事を得たるは、実に国家の為め祝賀に堪えざる所なり。台湾が列強環視の間に横たわれる吾邦人の試金石とは、至当の評語にして、吾等間然《かんぜん》する所なし。今や吾党禁酒会員が、公然国家に尽くすべきの時機は正に到来せしと謂うべし。この上は唯一意専心、内外相応じて、禁酒軍が向かう所、百戦百勝、首尾能く凱旋の日を翹首《ぎょうしゅ》して待つの外なきなり。（明治三五・二）

教育家の責任

未成年者禁酒法案が、一と度貴族院に於いて委員再付託の否運に遭遇せし以来、一方に於いては、吾等禁酒論者に失望を来たせしと同時に、他の一方に於いては今後全国の教育家に一層重大なる責任を加えたるものなり。顧うに禁酒論者全体が、本年再び同法案の不結果に失望したるは言を俟《ま》たざる事なれども、苟くも東洋の先進国を以て、自ら任ずる帝国の立法部中、殊に学識経験ありと称せらるる人々にして、凡庸儕輩《ぼんようせいはい》も口にせざるが如き愚言を吐き、靦《てん》として恥《は》じざるの一事に至りては、吾等の失望は実にその極に達したりと謂わざるを得ず。

吾等今、去月五日の官報の号外、貴族院議事録中に就いてその一、二を証せんに、或る医学専門を以て世に知られたる議員が、酒類の範囲を質問する内に、甘酒を以ていずれの部類に属するかを糺《ただ》したるは、抱腹と云わんよりは、寧ろ慨嘆《がいたん》の至りに堪えざるなり。そもそも文明諸国に於いて、禁酒法中にその所謂酒類なるものは、多少に不拘《かかわらず》酒精を含有する飲料を通称するものにして、即ち酒精百分の二を有する「ビール」より七十以上なる「ラム」に至るまで、凡て精神に酩酊の異状を加える者なれば、たとえば日本に於いては、児女の用うる白酒《しろざけ》の類といえども、その範囲内に包括せらるるは、少しく常識を存する者の容易に分別する所たるべきに、然るに殆ど砂糖水と一般なる甘酒を挙げて、その部類如何を質問するとは、そもそも何の心なるか。彼知って而してこれをなしたるか。議会を侮慢せし者と謂わざるべからず。はたまた知らずして而して、これをなしたるか。愚昧もまた甚しと謂うべし。侮慢《ぶまん》か、愚昧《ぐまい》か、到底この二者を免れざるは、豈憫然《あにびんぜん》の至りならずや。また或る法律に精通し、殊に熱心なりと自ら任ずる老議員には、青年子弟の堕落を予防するが為に、禁酒法を制定せんとならば、先以て彼等が遊廓に出入するを禁ずるの法律を立てるに如かずと、滔々《とうとう》弁説するところあり。もしこれをして、白面書生《はくめんしょせい》の口より出でしめば、敢えて怪しむに足らずといえども、天保の老物にして、平然この言をなすに至りては、その迂濶《うかつ》唯驚くの外なきのみ。

そもそも飲酒が百悪の母たりとは古来の常套語にして、如何なる不見識の人物たりとも、酒なる麻酔物の力を仮りて、その清醒なる良心を多少曖昧になさざる以上は、とても柳巷花街《りゅうこうかがい》の如き不浄地に踏み入り、傍若無人の醜行を逞《たくまし》うする事は能わざるべし。今もし仮りに芸妓に戯るる待合茶屋を始めとして、遊廓の娼楼《しょうろう》より一切酒類を取除きたらん事は、如何なる現象を呈すべきや。その殺風景想像の限りにあらずして、左顧右眄《さこうべんじ》事々物々《じじぶつぶつ》、不体裁と不面目の至りに堪えず、良心に対し、世間に対して、片時もその坐に安《やす》んずる能わざるべし。況んや飲酒の結果、多くは放蕩に陥るものにして、放蕩の結果飲酒を来たしたるの甚だ稀れなるは、世間日常の出来事中、その例余りに多くして数えるに堪えざるに於いてをや。然らば則ち青年子弟が遊蕩の予防は、禁酒の外決して他に良法あらざるは明白なるべし。

今この観易き事実を外にして、斯かる迂論《うろん》を陳じ、而して満場一人の敢えてこれをとがめる者なき。この一事已《すで》に奇怪の至りに堪えざるに、加うるに同議員の口より、禁酒法実施の難き一例として、「芸妓などと云う者は未成年者が多い。これは第一番に廃業しなければならぬ」、なる破廉恥の語を吐き、堂々たる帝国議会の神聖を汚し、毫も憚らざるに至りては、言語同断沙汰の限りと称するの外なきなり。そもそもこの老は、吾邦前途有望なる青年子弟を犠牲にするも尚これらの醜業婦の営業を保護せんと企てる心なるか。往時と違い今日は外人中にも、我文章を誦読《しょうどく》し、または自在にこれを翻訳する者日に月に増加し、なかんずく国会議事の如きは、凡て外人の注意考究する所たるを知らざるべからず。今や一方に於いては、芸妓排斥論は紳商一派の間に歓迎せられ、外字新聞にまでも、この排斥論を伝《でん》唱《しょう》措《お》かざるに引替え、他の一方たる貴族院には、この猥褻《わいせつ》の発言あるに至る、吾等日本国人の不面目も、茲に至りてまた極まれりと謂うべきなり。

所聞に拠れば、貴族院中禁酒法に賛成を懐きたる者、往々少なからず、またその他反対の内にも、法案の精神には全然同意の徒すこぶる多く、而してその所説たる青年の禁酒事業は、教育者の責務に一任して足れりと云うに在るが如し。想うにこれらの論者は、一般の教育家その者が、平素の品行を精査熟察の上にて、この希望を起こしたるや否や。この一点は一大疑問に属すといえども、吾等もまた切に全国大小の校長教員をして、この際深く自ら反省して、この立法部の希望に副わしめんと欲する者なり。吾等は固より未成年者禁酒法案の提出者が、向後幾回議会に失敗を重ぬるも、その目的を達せざれば止まざるを信ずといえども、その間兎に角この法律の代用をなすべきものは、内に在っては父兄にして、外に在っては教育者に外ならざるが故に、この二者の責任また一層重きを加えたるや論を俟たざるなり。而してこの父兄と教育者を監督するの地くらいに立つべき者は誰なるか。禁酒会員たる者、その責任の加わりたるを知らざるべからざるなり。(明治三五・四)

悪税とは何ぞや

塩専売税、通行税及び織物消費税の三者を以て悪税と称し、極力これが廃止を主張する者あり。これもとより当然の行為にして、世論がこれに多大の同情を表する決して所以なきにあらざるなり。然れども唯そのこれに代わるべき適当の税源なき一事に至りては、当局者は勿論反対論者も、また均しく渋難を感ずるの観なきにあらざるが、過般朝日新聞は、この点に対し、もし国家が自然的増収を以て税源となし、漸次三税廃止の方針に出でんか、この問題は案外容易に解決せらるべしとて、我が経済界の逐次《ちくじ》進歩するに随い、国家の経常歳入が、年々自然に増加したる三十五年以降八ヶ年間の統計を示して、一税より一税と漸次廃止の方法を論述したるは、すこぶる我意を得たるものにして吾等は朝野の論者が、均しくこの点に注目せん事を欲するなり。

今それ社会が悪税の故を以て、この三種税の存在を許すべからずとなす以上は、吾等もまた、これと同時に、是非とも早晩その全滅を期せざるべからざるの悪税あり。他なし、即ち酒税これなり。想うに前者の悪税たる所以は、人類の生活上に於いて、必要なる事物に賦課《ふか》するの結果、その福利を妨碍《ぼうがい》するが為にして、而して後者の悪税たるは、人生に絶大の禍害を加うる物品を税源とするの結果、自からその製造販売を保護奨励するの傾向を生ずるが故なり。蓋し両者の課税たるその趣意は相同じからずといえども、その国家の税源たるの故を以て、結局人生の福利を妨碍するの点に至りては、均しく悪税と称せざるを得ざるなり。而してまた朝野の論者中には、酒害を充分に確認する者無之《これなき》にあらずといえども、この輩が国家的禁酒事業に対し、兎角《とかく》賛成を表するに躊躇する所以のものは、要するに禁酒主義にしてもし果たして全社会に成功を奏するの場合に達せば、必ずや国庫の一大財源たる酒税に多大の影響を及ぼすべしとの懸念に外ならざるべし。その状恰も、論者が三悪税の廃止説に同意なるも、他に代用の税源なきが故に、その実行を猶予するに彷彿《ほうふつ》たる所あるなり。

三悪税と酒税が、その悪税たるの点に於いて同一なるのみならず、またその廃止の一見すこぶる困難なるの状態に於いても、両者酷似すること此の如くなるに、加うるにこれが代用の税源問題に於いても、また善く同一の筆法を以て、共に解決せらるるを得べきは、朝日の論説がこれを証明して余りありと謂うべし。即ち三悪税を廃止するには、取って咄嗟《とっさ》の間に新税源を求むるを要せずして、自然増収に依りて、漸次にこれが廃止を謀るに在りと云う。吾等もまたこの方法に準じ、禁酒主義を鼓吹するの場合に臨み酒税の減少や、もしくは全滅は毫も患うるに足らずと云わんと欲す。何ぞやもし、国家的禁酒運動にして、果たして成功を奏するの暁には、その結果たる清醒なる国民の元気と、健強なる筋力と、またその蓄積せる酒代より産出すべき、確実にして、しかも富饒《ふじょう》なる幾多の税源が陸続湧起《りくぞくゆうき》して、いよいよ酒税が全滅の頃には、僅々《きんきん》七千余万円の酒税の代わりに、幾層倍の経常歳入を発見すべきや疑いなかるべし。

故に論者にして、もし自然的増収の前途に、確実の希望を懐きて、三税を廃止するの勇気と達見とあらば、これと同時に、酒税の前途に於いても、一層安心して国家的禁酒事業の断行に、躊躇せざらん事を切望に堪えず。見よ、悪税は独り三種のみにあらざるなり。(明治四二・一)

文部大臣の訓令について

世間文相が飲酒取締に関し、過般各府県に発布したる訓令に就き、不満を懐く者ありて、曰く「従来当局の所謂訓諭なるものの内には、無責任の空文すこぶる少なからずといえども、今回文部省より発布せられたる飲酒取締の訓令の如き、蓋しその最も甚しきものと謂わざるべからず。顧うに各地の諸学校に於いて、飲酒喫煙の取締に対し、学生の標準たるべき教員自身が、その行為の無責任を極むる事は、吾人が多年間目撃する所にして、有志者はこれに対し、これまで幾回かその筋の注意を促がしたるも、常に馬耳東風に看過せられて、遂にその結果未成年者禁酒法案は、年々歳々議会に提出せらるるの已《や》む無きに至れるこそ、何よりの明証《めいしょう》と謂うべきなれ。然るに文相の訓令中に、学校に於いては常に適当の方法を講じて訓戒監督に怠らざる云々とは、豈言語同断の沙汰ならずや。この如く飲酒喫煙の取締に無責任なる教員をして、彼の如く酒害に無頓着なる父兄と連絡せしめたりとて、まさに何事をかなし得べきや。もし文相にして、これらの実況を知らずして、かかる訓令を発したりとせば、不明の譏《そし》りは免るべからず。そもそもまた知って、而してこれを行いしならば、無責任もまた甚しと謂うべきなり。制裁を加えたる法律すら、往々軽視せらるるの今日に当たり、官省一片の訓令が、如何にして能くこの肉欲を抑制する禁酒法の目的を達し得べきや、智者を待って而して後知る者にあらず、日本人は最早や斯かる無為にして感化せらるるべき太古的民族にはあらざるなり」と。

右論者の所説、理論としては至極適切なるべきも、目下の現象は全然これと相反するものにして、文相一片の訓示の有力なるは、実に驚くべき者あり。即ちその一と度発布せらるるや、全国都鄙の別なく、各種の学校が禁酒演説を歓迎する者、到る処靡然風《びぜんかぜ》をなすの観あるは、誠に予想外の事態にして、なかんずく家庭と学校を連絡する点に至りても、彼の構浜美沢商業学校長が表示せる者の如き、蓋し具体的の方法として間然する所なく、即ち飲酒取締上学校が家庭に要求するものは、その大要を網羅して余す所なきが如し。然らば則ちその結果は兎に角、現状に対しては、吾党はまず以て満足を表せざるべからざるなり。唯吾等が、この好機に乗じて、当局と識者に希望する所のものは、茲に百尺竿頭一歩を進めて、学校と家庭の連絡を永遠に鞏固《きょうこ》ならしむる為め、未成年者禁酒法の一日も速やかに制定せられん事これ也。(明治四二・一二)

不景気挽回策如何

昨年以来、不景気の歎声《たんせい》は全国到る処に反響し、一陽来復《いちようらいふく》するも、市況に著しき変調を呈せざるより、論者は各自の利害を打算の本位として、或いはこれを悲観し、または楽観して、社会の各方面より研究を試み、甲論乙駁《こうろんおつばく》、今日なおその底止《ていし》する所を知らざるが如し。

想うに、現今の不景気なるものが、果たして論者所説の如く、その原因が海外の影響に在るにもせよ、または内地の増税もしくは官業等の関係より来たれるにもせよ、今日の場合に於いては不景気の原因を研究するよりも、不景気に処するの道を講ずる方、最も急務なるを信ずるなり。固より目下の不景気も早晩必ず回復期に達せざるべからずといえども、兎に角、振古《しんこ》未曾有の大戦争を戦い、二十三億円という国柄不相応なる大国債を負担する吾等日本国民には、向後幾回の不景気に遭遇するや知るべからざるが故に、平素これに処する道を講ずるの必要なる事復多弁を俟たざるべし。さて吾等が不景気に処するの方法は如何にというに、彼の社会が個人より組織せらるるの原則に準じ、先以て個人の生計を寛裕ならしむるを以て第一となすべし。而してその生計を寛裕にするの方法に付ては、吾等が単刀直入に一言せんと欲する者は、吾等日本国民は一方に不景気を訴えながら、他の一方に於いては、一ヶ年間に三億円内外の酒代を消費して顧みざる事は、豈矛盾の最も甚しき行為と謂わざるべけんや。もし三億円を酒代に浪費するの余地あらば、これを以て市況を活発ならしむるの余力なるべからざるや明らかなり。吾等は今日不景気の原因や、その結果の理論を経済学者の口頭より聴聞するよりも、各自が目前の事実に就いて、これに処するの方法を研究するの優れるに如かざるを知る。今仮りに一例を挙げてこれを証せんに、世間には一杯の酒の為に、衣食その他日常の必要品をさえ、容易に購求する能わざる者幾千百なるを知らざるべし。然るに彼等が一旦禁酒するに当たりては、従前の酒代は米、塩、炭、薪は勿論、或いは妻子の晴衣となり、或いは童幼の玩具と変じ、市場の一部一局を繁閙ならしむるにあらずや。これを彼の酒店、待合、遊廓等に吸収せられて、妻子は飢寒《きかん》に泣き、市況は寂寞《せきばく》に陥るに比すれば、その優劣果たして如何ぞや。飲酒と禁酒の二者が不景気に関係の深密なる、この一事にても明瞭に知るべきならん。

世の皮相論者蓋し、或いはこれらの事態甚だ瑣細《ささい》にして国家の経済とは何等の関係なしと言う者あらん。然り細事なり、然れども塵積山を起こすと一般、この細事が漸次累積したる結果は、即ち全国一ヶ年に三億円の巨額を現出するにあらざるなきか。しかもなお飲酒を細事として一笑に附するが如き経済家あらんには、吾等は日本を永久の不景気に沈淪《ちんりん》せしむる者は、この種の学者輩と謂わざるを得ざるなり。況んや零砕《れいさい》の費額の侮るべからざる事は、彼の日露戦争後全国到る処に一時非常の好景況を致したる事ありしは、主として多数の労働者が各方面に向かって、その所得の零砕資財を散布したるの結果たる明白なるに於いてをや。

そもそも全国の禁酒が我が財政の整理や、国運の発展に万欠くべからざるの事実は、吾等が爾来幾回となく唱道したる所にして、今更呶々《どど》するの必要なしといえども、今日五千万の同胞が一方には金融逼迫《ひっぱく》、市況沈衰の歎声を発するに拘わらず、他方に於いては毎年約三億円の酒代を惜気もなく放散し、これが為に二百七十余万石の白米を消靡《しょうび》し、殖産興業には多大の妨害を加えて、健全なる国家の税源を遏塞し、加うるに個人に在っては身体を毀傷《きしょう》し、精神を錯乱し、疾病《しっぺい》を醸成し、生命を短縮し、家庭を破壊し、罪悪を増進し、災害を招致し、風教を敗頽《はいたい》する等、人間社会に凡百の禍害を加うる酒類を飲用して顧みざるとは、果たして何の心なるか。これ吾等が陳套《ちんとう》を憚らずして、全国禁酒の必要を、歳首早々《さいしゅそうそう》茲に絶叫する所以なり。

先哲曰く、道は近きに在り、これを遠きに求め、事は易きに在り、これを難きに求む、と〔『孟子』〕。不景気の挽回策は、近来経済学者、政治家等が深奥の理論と、多年の実験とに由り、研究討議、その説いよいよ出ていよいよ精なりといえども畢竟、吾等全国民が各自咽喉三寸の飲欲を制止するの一細事に由って、毎年三億円の酒代を節約し、以て真個の好景況を永遠に保持するの易きには如かざるべし。禁酒は一見難きに似て、その実案外易々たるの確証は、吾等一万有余の禁酒会員が、多年間実践躬行《じっせんきゅうこう》して毫も困難を感ぜざるに於いて知るべきなり。二十三億円を双肩に負担するの同胞よ、この際宜しく覚醒する所あるべし。(明治四三・一)

酒類販売取締の急務

去る六月十三日、府下北豊島郡練馬村に於いて、乱酔の余り、その妻子を斬殺し、隣人五名に重軽傷を負わしめ、あまつさえ自宅に放火したる者あり。その惨状は大略左の如し。

下練馬村の車夫沢辺梅吉（六十五）なる者生来大酒なる上に、飲めば酒乱の状態あたかも狂人に異ならず。已に数年前二回程、精神病に罹りたる事ありてすこぶる物騒の人物なるが、矢張り日々の稼高《かせぎだか》は一文残らず何時も居酒屋に入りて飲み尽さねば帰宅せぬと云う飽くまで厄介の爺にて、帰れば直ちに妻子を捕えて暴行狂態至らざる所なきより界隈の厄介になりし事数知れず、流石の妻女も愛想を尽かしてこれまで度々離縁話も持ち出せしが、何時も子供の愛に曳《ひ》かれてそのままになりたる処、十二日夜帰宅するや梅吉は深夜まで酒を呷《あお》り十三日午前一時頃突然出刃庖丁《でばぼうちょう》を以て妻及び幼児を斬り殺し、次いで自家に放火して家を出る途端、隣人の取り鎮めんとする者五名に重軽傷を負わせ遂に板橋署の手にて捕縛せられたり。警視庁よりも医師判事検事等出張し目下取調中なるが多分精神病再発の結果ならんとの事、但し梅吉の家の焼跡は実に惨状を極め、灰燼《かいじん》中より黒焦となれる妻子の屍体現われ居り人皆面を背けざるはなし。

右は六月十三日報知新聞の夕刊より抜粋せる者にして、当時都下の各新聞紙が報道せる所も大同小異なるが、この一大惨事が単に府下の一村落、しかも微々たる車夫の一家内に起こりたるが故に比較的さ程に世人の注意を喚起せざりしといえども、もしこれをして都会繁閙の地に偶発せしめん乎、その騒動は必ずや名状すべからざりしならん。而してまた決して偶発なきを保すべからざるなり。何ぞや、そもそもこの禍害の根本たる酒類の麻酔力が飲者の精神を混乱するの点に至りては、決して貴賤賢愚《きせんけんぐ》に由って強弱多少の差別ある事なく、而して酒商が顧客に酒類を供給するの場合に於いても、都鄙《とひ》共に何等の制限なきが故に、日本全国およそ酒類の販売せらるる処には、右の如き殺傷放火の惨劇は何時再演せらるるや計り難しと覚悟せざるべからざるが故なり。豈危険千万と謂わざるべけんや。吾等生命財産の安全を懸念する者は、最早や酒害を以て、僅々飲客一身の因果応報として看過する事能わず、是非ともこれに対して適当の予防策を講ぜざるを得ず。これ則ち欧米文明諸国に於いて多年来酒類販売の取締法が制定実施せられたる所以なり。

そもそも欧米に於ける酒類販売の取締法を察するに、その国々の風俗習慣に由って、その細目には相違の廉少なからずといえども、大体はいずれも一律にして、即ち第一には酒類の卸売と小売の限界を厳格に区別し、これが違犯者に対しては最も峻烈なる罰法を設け、而してまたその小売商たる、即ち普通の酒店料理店及び居酒屋の如き、凡て酒類を小売する者には、先以て巨大の営業保証金（米国の或る州に於いては最低額といえども我が二千円に相当するものあり）及び免許税を納付するにあらざれば開業を許さず。それより開業後に於いてもこれまた非常の高格なる営業税を課するの外に、酒精の分量最も多き「ラム」「ブランデー」「ウイスキー」等の類は、一ダース以上にあらざればその販売を許さず。而してこれが犯人は英国にては大抵初犯は五十円程の罰金を課するを通例とす。さてまたその所謂「コップ一杯売り」なる「タヴァーン」即ち我が居酒屋、または「ラム」もしくは「ビヤホール」の類に対しては、極めて重大なる課税の下に、一種特別の厳則を励行するのである。その二、三の例を挙ぐれば、第一に日々の営業時間を厳重に制限するが如き、或いは店内に管絃歌舞を禁ずるが如き、或いは特定個人に対して（乱酔の癖ある類）販売を厳禁もしくはその酒量を定限するが如きこれなり。

この他になお吾邦人が夢にも想到し能わざる規定あるは、もし居酒屋の主人にして、下練馬の乱酔車夫の如き者の家族より、これに酒類販売の拒絶を請求したる時、主人はこれを謝絶するを得ず。而して主人一旦その請求を諾したる後、尚その暴飲者に酒類を供給したる事あれば、右の家族はその証拠を取押えて、直ちにその主人を告訴するを得る如き、殊にこれが為に乱酔の余、暴行を働きて、家族もしくはその他に損害を加うる事あれば、被害者は無論居酒屋の主人を相手取りて要償の起訴をなす事を得るが故に、もし下練馬の如き事件が米国等に起こるとすれば、彼の居酒屋は、裁判の結果に依りては、殺傷放火一切に対して、全然賠償の責に任ぜざるべからざるの理なりとす。また巡査が路上に酔倒、もしくは喧騒する酔漢を発見する時は、その暴飲せし場所を取り糺し、直ちにその酒店に至り、斯くまでに飽酔せしめたる不注意を責めて、これに警戒を加うるが如き、その他居酒屋の受くべき検束法は、大小枚挙に遑あらず。これ他なし、文明の進歩に随って、生命財産の保安が層一層鞏固を加うるものなるが故に、酒害の如きも次第に遏抑せらるるは数の観易きものたるべし。

酒類販売取締の事たる、吾党に於いてはすでに十数年以前より、或いは演壇に、或いは筆紙に、輿論の喚起に勉《つと》めたる事ありき。然るに今や、吾邦は国運の発展と共に、宇内の視聴を集中し、観光もしくは移住の外客は、日に月にその多きを加うる場合に当たり、帝国に於ける生命財産の保安に、一大関係を有する酒類販売の取締方が、今日の如き殆ど皆無の状態に在りては、独り内国民の不幸のみならず、国家の一大不面目と謂わざるべからず。これらの点より観察する時は、右取締の制定は実に刻下の急務にして、目下全国民が焦思する所の運輸の進長や道路の改善等に比較して、優るとも劣らざるを信ず。因って吾等は、下練馬の惨事に由り再び本問題を提出して、切に当局者の注意を促さんと欲するなり。(明治四三・八)

全米禁酒の由来と理由

ローマは一朝にして建設せしにあらず。およそ天下に大事業大難件と称せらるるものにして、その成功の跡を尋ぬる時は、いずれもその由来する所深遠にして、その理由の複雑ならざるはこれなきなり。

米国史を繙《ひもと》いて、建国以来の所謂大事業と目すべきものを数うるに、その最も顕著なるもの三あり。即ち第一は米国が英国の羈絆《きはん》を脱し、独立を宣告したる建国の革命にして、挙国の生霊《せいれい》を駆って八年の血戦《けっせん》に従事し、遂にこの偉業を建設したると、また第二には、欧米文明史上の一大汚点として、長く識者を痛心せしめたるかの奴隷売買を廃止し、人類をして平等の権利を獲得せしめんが為に、有名なる南北戦争を起こし、四ヶ年の長日月間に四十億の国帑《こくど》を費やし、六十余万の死傷を出し、あまつさえ大統領自身を犠牲として漸くその目的を達したるのと、而して第三に至りては最近その憲法を改正し、人類幾千年来の飲酒の習慣を打破して、四十八州に禁酒を実行せしめたるものにして、なかんずく右三者の内、一見実行の容易なるが如くにして、その実建国の大事業にも、奴隷解放の大難件にも、優るとも劣らざるものは、禁酒に関する憲法改正の事業これなり。然らば即ちその事業の由来と、またその理由の深遠にして複雑なるの歴史を有するは、また弁を俟たざる所なり。

近頃米国に於ける万国禁酒同盟幹事バルトン氏［Arthur James Barton］より「全米禁酒の由来と理由」と題せる一小冊子を余に寄送して述べらるるには、近来米国の禁酒事業の成功を以て、単に偶然突発的の出来事の如く看做し、これに附随する所の多年の歴史と、深遠複雑なる理由とを、一切閑却する者、世界随所に往々これ有《あ》るは、如何にも遺憾の次第なるを以て、これら皮相論者の空想を抛棄《ほうき》せんが為に、この冊子を著述せり云々とあり。

そもそも禁酒事業が米国にその萌芽を発したるは、今より約百年以前の事にして、その間各州の志士仁人が、博愛義俠《ぎきょう》の精神と、献身犠牲の気概とを以て、滔々たる流浴に対し、苦戦悪闘を継続し男女老幼打ち混じて、祈禱に、教育に、演説に、勧誘に、凡ゆる方法を講じて、七倒八起の結果、遂に克く今日の大成功を奏したる、その次第を記述したるその略史の顛末《てんまつ》を一読したる時、誰かこれら先人の事業の困難なるに想到して、今日の成績に対し、満腔《まんこう》の感謝を以てこれを称讃せざる者あるべけんや。

想うに、米国の禁酒事業中最も同情に堪えざる所の者は、今より七十年前、かの強酒全廃の法例が、十一州に漸く実施せらるるの際に当たり、俄然南北戦争が突発し、これが為め禁酒の法律は次第に等閑に附せられ、再び以前の乱酔の情態に立ち戻り、その境遇の如何にも惨憺《さんたん》たるに忍びざるものありしは、当時有志家の談話として、今日なお伝聞人をして切歯扼腕《せっしやくわん》せしむるものあり。然れども聖経の所謂「終りまで忍ぶ者は救わるべし」[マタイ一〇・二二、同二四・一三] の金言通り、禁酒論者がこの一大頓挫に失望せず、忍耐と奮闘を持続して、遂にこの禁酒問題をして政治問題と一変ぜしむるに至れり。而してまたこの禁酒事業が、復興以来、確乎動かすべからざるの状態に至りし所以は、種々の原因ある内、その著も著しきものを挙ぐれば、即ち全米の小学校に於ける禁酒教育にして、かのハント夫人 [Mary Hunt] の如き熱烈にして有為の婦人が、小学程度の少年少女に、酒害の如何に恐るべきかを種々手段を以て教育したる結果、今日社会に立って、各方面に頭角をあらわす所の者は、大概小学時代に禁酒を教育せられたる者なれば、四十八州中、到る処にこの好成績を奏するに至りし次第にして、これに要したる歳月は、少なくも二、三十年を経過したるものなるが故に、この一事を以ても、全米今日の禁酒の成功は、決して偶然の出来事にあらざるを知るべし。

一人一家の禁酒すら、なおその難きを感ずるに、況して一億一千余万の人口を有する北米合衆国に於いて、禁酒を実行せんとすることなれば、固より完全無欠の成績を咄嗟の間に挙げしむるの難事たるは、智者を待たずして知らるるところなり。されば多数人中には密造者もあるべし。密売者もあるべし。また密輸入者も少なからざるべしといえども、兎に角合衆国に於いて、公々然造酒売酒の事業を厳禁して、併せて酒類の輸入を根底より排除したるは、実に古今未曾有の大成功と称するも過言にあらざるべし。この点に対しては、世界万国の内、苟くも識者を以て自ら任ずる者にして、誰か驚嘆敬服せざる者あるべけんや。(大正八・九)

講和の善後策に就いて

軍費内外債、合計十六億余万円であるから、その利子ばかりでも平均五分五厘と見て、一ヶ年八千八百万円である。然るに、これが何処からも出金が一銭も無いとすれば、この元利の返済方は誰でもない。無論吾人日本国民が、凡て始末を付けなければならない。

一体このくらいな事は、少し物の道理を弁えて居る者には、誰しも心得て居る筈だのに、それが分からないとは残念な次第である。何故ならば、余程の乱妨物《らんぼうもの》でなければ、自分が他人から借金をして居ながら、平気で贅沢をして居る者はないからである。

尤もそうは云うものの、自分自身で証文を書いて印形押したのなら、誰も借金が気になる訳だが、政府が何時か知らない内に借金したのは、矢張り、他人の疝気《せんき》の感じがして、それを頭痛に病むのは、無用な業の様に見えるのも、あながち無理な訳でもない。

然るに、この度のはそれとは違って、直接覿面《てきめん》に遣《や》って来るから、誰も感ぜずには居られない。まず第一に、戦時課税は平和後一ヶ年立てば、廃止の約束であるのが、とても左様な訳に参らぬ事は明白である。またその上にこれまでよりも一層増税をしなければ、この後の始末が付かない事も分かって居る。

そうすると、吾人日本国民四千余万人は、向後毎月毎日の様に、この国債が成程自分達の借金であると言う事が、ハッキリと分かって来る、そこで始めて、これは大変だと気が付いて、大騒ぎをした処が、間に合わない。借りた物は返さねばならぬ。出すべき物は出さねば済まない。

畢竟、これらの訳合《わけあい》から、国民が講和談判の始末に不平を鳴らすのであるだろう。さてそれもこの頃、世間でいう死んだ児の年齢で、仕方がないと思い切って、まず何はさて置き、吾人銘々には所謂善後策なるものに取り掛るより外に致し方がないが、それでその善後策とは如何なる事かといえば、外でもない、これまで世間で人がいくら唱えたか知れない事で、「ナンダそれか」と言う、即ち勤倹の一事である。成程勤倹といえば、これまで世間で耳に胼胝《たこ》の出来る程、善く聞いた語であるが、しかしこれまでの勤倹は、大抵口先ばかりの勤倹で、本気で実行した勤倹でない。尤も開戦の当座、勤倹を唱えて倹約を行った人も随分あったが、その遣り方を見るに、その人達は通常自分が余り好物でない。即ち当分は廃止しても、格別不自由を感じない様な物を節約するという風である。それだから、一事が万事で、その倹約は本気でないから継続しない。随って勤勉も本気の勤勉でないから、結局その勤倹が何等の功能をも奏さないのである。

そこで、吾人はこの際、日本全国に向かって、多数の同胞が尤も好物である、中には生命にも代え難いなどと愚言を吐いて居る、酒と煙草を一切厳禁して、真面目に勤倹の実を挙げて貰いたいと思うのである。もしこの禁酒禁煙が実行されるならば、唯この一事で、日本帝国戦後の善後策はその基礎が確立されたと申してよい。

さて吾党は禁酒の時局に必要なる事に就いては、随分これまで口を酸っぱくして弁説した事だから、茲に繰り返す必要もない筈であるが、如何にせん世間の無頓着は、吾人をして余儀なくこの際これを再演せしむるに至らしめた。しかし吾人は敢えて多く弁ずる積りはない。唯左の数ヶ条を心得て貰いたい。即ちそれは、

(第一) 吾人が首の廻らぬ程の借金をして居りながら、何で安心して酒などが飲めるであろうか。それも飯や副食物の如く身体の営養に必要なる物ならば是非なしとするも、有害無益なる証拠の歴々たる酒類を飲用するが如きは、本気に勤倹を実行せんとする者の決してなし得べき所業でない。

(第二) 仮りに、酒類がさまで有害無益なる物にあらずして単に一種の贅沢品に過ぎずとするも、この一物を禁止するだけにても、日本全国に於いて一ヶ年無慮二億七千余万円程の冗費を省減する事を得るものなれば、この倹約額は、全くこれを国民各自が借金弁償方へ廻わして差し支えない。

(第三) 禁酒に由って所得の金額は、結局二億余万円に過ぎずといえども、その間接所得の広大なるに至りては、到底一朝一夕の談にあらず。これを積極的に言えば事業の割合増進して生産力の程度を高め、またこれを消極的に言えば警察、裁判、監獄、救済等の公費を減じ、社交家計百般の冗費を免るるの類にして、彼の大阪汽船航海中の椿事の如き、僅々一人の飲酒に由って、全船の迷惑、公私の損害、結局万を以て数うるに至りたるは、世間に珍しからざるの例証たり、されば苟も常識を有する者は、到底今日酒害を否認する能わない。

(第四) 全国禁酒論に対しては、世の堂々たる経済家中に、往々酒税に影響を及ぼすとの説を吐く者あり、沙汰の限りと言わざるべからず。一ヶ年僅々五六千万円の税金を収斂するに国家の富源たる国力を損害し国資を蕩尽《とうじん》するも差支なしとするか、況んや非常戦時税の据置外に尚課税もしくは募債の必要あるにあらずや、然るに単に酒

税収斂の為に、これらの財源を枯渇して顧みざるは、恰もその腹を充さんが為にその股を剪くに異ならず。愚もこれより甚しきは無い。

この他種々雑多の理由に依り、日本全国同胞には、是非とも今日唯今より断然禁酒は勿論、禁煙をも実行して、刻下焦眉の善後策を講ずると同時に、国家百年の大計を立てねばならぬ。

固より多年の習慣、無二の快楽となりたる、酒煙草を厳禁するは、容易の業にあらずといえども、斯くばかり大屈辱に憤慨する大気骨ある日本国民が三尺の咽喉くらいを制する事が出来ざるの謂われがない。蹶起《けっき》せよ、蹶起せよ、蹶起して、勤倹の要素たる禁酒禁煙を実行せられよ。（明治三八・九）

排日熱と芸娼妓

未来の米国大統領を以て擬せられたるタフト氏［William Howard Taft］が、東京市民の歓迎会に於ける大演説は、優に不祥の暗雲を一掃して、日米両国間の交誼に、尚一層の深厚を加え得たるは、吾等日本国民が慶賀に堪えざる所なるが、これと同時に吾等が内に省みて、深く将来に警戒を要するものあるは他なし、近頃公報に私信に接到する所のかの日本人排斥の現況にして、即ち一時は、太平洋西岸の一カリフォルニア州中、僅にサンフランシスコ一部の出来事として吾等が看過したる排日熱が、逐次その度を高むるに随い、今日は東漸して、ニューイングランド諸州に波及し、当初は頑冥《がんめい》不霊《ふれい》の下層社会、もしくは一流陋劣《ろうれつ》の政客間にのみ唱道せられたる問題が、今日は案外にも、米国輿論の中枢たる中等人士の間に、往々真面目を以て研究せらるるの傾向を呈するに至れり。而してこれらの士君《しくん》子《し》間に、斯かる傾向を生じたる原因は、要するに、「日本人は果たして欧米の文明に真正の開化をなし得べき国民なるや否や」の疑点に在るが如し。

彼等が所謂、真正の開化とは如何なるものなるやを考うるに、敢えて陸海軍の拡張にもあらず、また政治、経済、文学、技芸の進歩発達にもあらず、渡米すべき日本国民の風教徳性が、果たして能く欧米国民のそれらと化成同体の性質を有し、以てその移住国に於ける、真正の福利を進長するに足るべきや否やを意味するや疑いなかるべし。蓋しこれらの研究問題は、一見如何にも洪瀚複雑《こうかんふくざつ》にして容易に弁別する能わざるが如きも、その実、一、二の現象に由りて、その全豹《ぜんぴょう》を窺う事を得るの容易なる、恰も夕やけに由って晴を卜《ぼく》するが如きは、これを古今の史乗《しじょう》に徴して、例証の歴々たるを見るものなり。さらば即ち吾邦に於ける何等の現象が、彼等北米人士をして、日本国民の同化力の有無を疑わしめたるかと云わんに、固よりその所見の加何に由って、現象は千差万別、今一々明示する能わずといえども、日露戦後観光の外客をして、到る処に奇異の感を懐き、その結果今日の同化問題を引き起こすに至らしめたるものは、吾邦人の芸妓と称する一派の醜業婦に対するの状態が、その一大現象たるを信ずるなり。

そもそも吾邦の所謂醜業婦なるものは、かの貸座敷に出入する公娼を始めとして、杯盤《はいばん》の間に出没して酒を侑《すす》め、媚を呈して、婦人の徳操を顧みざる芸妓の類を一括し、これに与えたる称呼にして、而してその内芸妓なる者には、その取締の方法たる、これを公娼に比するに、その寛厳同日《かんげんどうじつ》の論にあらざるに引き換え、その所行に至りては、公娼よりも甚しき者往々少なからずとす。蓋し芸妓が上流社会との関係上よりこれを見る時は、此輩を目して高等娼妓と称するも敢えて不当にあらざるを信ず。されば社会の耳目を以て自ら任ずる操觚者流《そうこしゃりゅう》には、筆鋒《ひっぽう》を加えこれらの芸妓を醜業婦と称し、その群居の地を魔窟と唱え、而してこの魔窟に出入する貴顕紳士《きけんしんし》を遠慮なく筆誅し、甚しきに至りては、良家の団欒には一読に堪えざる隠事さえ摘発して、懲戒を加えたる事あり。すでに先年東京の奠都《てんと》祭《さい》挙行の節、芸妓の一派が同挙より全然排斥せられ、而して当時輿論はこれを以て最も至当の処分と認めたりき。かくの如く、芸妓が事実に於いて醜業婦たり、また世評これを然りとせしに拘わらず、日露戦争の凱旋以来は事情全く一変して、貴賓の歓待に紅裙無ければ興味を欠き、軍人の歓迎に娥眉《がび》を交えざれば殺風景なりとして、ひたすら芸妓の召集を歓誘し、平素は猥褻無作法と罵倒したる所業も、これを歓迎場裡に演ずれば、嬉々として大成功と喝采し、遂に博覧会へまでこの醜類の跋扈《ばっこ》跳梁《ちょうりょう》を許すに至れり。嗚呼何ぞ世の論者が、その前後矛盾の甚しき、これに至るや、吾等はその心事に惑わざるなり。

今や連戦連勝の余威に藉《か》りて、宇内の列強間に伍せる新興帝国の観光の為め、遥々此土《しど》に渡来せる外客の中、殆ど一人としてこの醜業婦に対する吾邦人の状態を一見して、奇異の感に打たれざる者はあらざるべし。

吾等は固よりこれらの外客を以て、悉皆盛徳の君子なりと思料せずといえども、然れども彼等欧米社会の制裁は、決して芸妓の如き敗徳破操の徒をして、高会盛宴の席上に出入するを許さざるが故に、苟くも紳士の肩書きを有する人物が、公然此輩に狎近《こうきん》し、もしくはこれを以て貴賓を歓待するが如き事は、習慣上破廉恥の最も甚しきものとなすはまた弁を待たざるなり。然れば吾邦人が斯かる制裁ある欧米の風俗慣習に全然反対なる行為を演じ、恬《てん》として恥じざるの状態は、確かに彼等をして、日本国民は到底欧米の文明に同化する性質を有するものにあらず。即ち日本国民の雑居は、欧米の風教に危害の虞《おそれ》ありと断定するも、吾等は何に由ってこれが弁明をなし得んや。

人必ず自ら侮って、而して後人これを侮る。かの堂々たる爵位を有し、勲章を佩び、口を開けば国権を論じ、国利を説くの貴紳が、その自ら侮る今日の如くにして、而して他人の己れを軽侮《けいぶ》するを憤慨するは、なお自身不潔を蒙りて、他人の鼻を掩うて、忌避するを怒るに異ならず。北米今日の排日熱が意外の気焔を以て昂進するもの、豈その由来する所なくして可ならんや、世間愛国の人士もし真に国権を擁護し国利を進長し、以て日本が東洋に於ける元来の使命を全うせんと欲する者は、宜しくまずこの奇怪千万なる一種の醜業婦退治に極力尽瘁《じんすい》し、以て自尊自重の精神を発揮せざるべからず。而してこれが着手の第一法としては、これら貴紳を始め、全国民の精神を錯乱し、本心を昏迷《こんめい》する所の酒類を厳禁するの運動に従事すべきなり。昔は、後漢の張綱、州郡の行案に当たり、その輪車を、洛陽の都亭に埋めて曰く、豺狼《さいろう》道に当たる、安《いずくん》ぞ狐狸《こり》を問わん〔『後漢書』〕、と。吾等も独り廃娼問題に於いてのみならず、外交難に於いても、この歎なきあらざるなり。噫。（明治四〇・一一）

世界大戦の結果欧洲文明の真相発揮さる

露独仏英の開戦以来正に一閲年、その間、兵力の強弱、勝敗の情熱等に於いて、吾等局外者の予想外に出たる者甚だ少なからず。随って先進諸国の実力に対し、すこぶる疑惧《ぎぐ》失望の感なきにあらずといえども、退いて他の一方を顧みる時は、この大戦乱によって、泰西の文明が或る点に於いてますますその光輝を加え、到底他の国民が企及すべからざるの真価値を発揮するに至りたるは、吾等日本国民が決して軽々看過すべからざるの大教訓として、深く敬服措かざる所なり。

そもそも欧米諸国外に於ける他の国民が、平生国家社会に対するの状態を観察するに、有事の時は勿論、比較的静謐《せいひつ》の場合に於いても、当局者を始め、殆ど全国一般が、兎角日常湧起する所の目前の事物にして、国防と云えば、師囲の増設にあらざれば艦隊の補充に外ならず、経済と云えば税源の発見と財政の整理に忙殺せられて、また他を顧慮するの遑なきが如くなるに、然るに欧洲に至りては、独と云い、露と云い、英と云い、はたまた仏国の如きに於いてすら、兵馬《へいば》倥偬《こうそう》の間、徴兵募債にこれ日も足らざるの境遇に在りながら、他国人が問題として放擲顧みざる所の形而上の文明事業の一たる禁酒法例に対し、識者は勿論、挙国一致して真面目にこれが遂行に汲々《きゅうきゅう》従事するが如きは、これ豈に欧洲の文明が遥かに他国に超越せる真価値を発揮したるものにあらずして何ぞや。

吾等が毎度耳にする所の俗説に曰く、露、独、仏、英等はこれを吾邦に比すれば非常なる好酒の国柄なれば、今日の如き場合に於いて、その禁酒もしくは節酒の挙あるは、敢えて怪むに足らざるなりと。然れども多飲者はこれを少飲者に比するに、禁酒の困難なるは、同日の論にあらざるを知らざるべからず。今試みに吾邦人をして露英等の国民と地を易《か》えしめん乎。到底輿論が禁酒を以て兵力を増進し、生産力を発展するの一大勢力なりと断言せざるを得ざるなり。何ぞや、禁酒事業は師団の増設や税源の捜索等に比すれば、その性質余りに嵩にして遠大なるが為めなればなり。

然りといえども、飲酒の習慣たるや、その由来する所数百千年の久しきに弥り、その害毒また深く生民の膏肓《こうこう》に入りたるを以て、如何に文明先進の欧洲人士といえども、禁酒の実行には、崎嶇《きく》轗軻《かんか》、その意を果たさざる茲に年ありしが、今や有史以来未曾有の戦乱たる非常の出来事は、たまたま以て全国禁酒令の如き非常の成功を奏するを得たるは、恰も毒を以て毒を制すると一般、欧洲の大禍乱も偉大なる文明の作用に由りて、俄然一転して、人生無比の幸福と変じたる次第にして、実に二十世紀の一大快挙と謂わざるべからざるなり。

今その一方に於いては、欧洲諸国が斯かる高価の犠牲を献げて、禁酒の大成功を博したるに反し、他の一方に於いて北米合衆国は、これまた多年辛苦経営の結果とは言え、一兵に血ぬらず、一弾を飛ばさずして、四十八州の約五割は、禁酒状態に進化し、来歳はまさに禁酒主義を以て連邦全体の公法たらしめんとするの勢いなりと聞く。誠に羨望に堪えざるなり。然れどもこれ決して泰山を狭んで北海を超ゆるの難事にあらず。吾等日本国民もまた宜しく米国に学び、彼の欧洲が高価にして買収せる禁酒の成功を一切無代償にて譲り受け、以て国利民福の恩波に均霑《きんてん》すべきなり。これを要言するに、日本帝国の禁酒事業が一見至難の観あるはこれ誤解なり、不可能にあらざるなり。（大正四・九）

御大典と記念事業

大日本は全世界に於いて最も形勝の地に位し、環海帯山、別に一寰宇《いちかんう》をなすは、すこぶる西欧の大英国に類すといえども、開国以来二千五百八十余年の久しきに亘り、その間天孫継承、億兆尊戴、天壌《あめつち》と極《きわま》り無きに至りては、古今東西、未だ一国もその比あるを見ず誠に盛なりと謂うべきなり。然れば神武以来今日に至るまで、即位の大典を挙行せられたる一百二十一回に及べる次第なるが、謹んで今回の御即位式を以てこれを曠古《こうこ》の盛典と奉称する所以を按《あん》ずるに、敢えて独り式場たる殿宇《でんう》の輪奐《りんかん》と、設備の壮麗なるが為のみにあらずして、必ずや方今宇内に於ける帝国の位置がこの如く卓越しまたその威望がこの如く雄大なるの致す所と謂わざるべからず。ここにおいてか、吾等国民にはこの際単に儀式的の祝賀に止まらずして、各自が中心よりこの盛典の挙行に対し、感喜の意を表し、併せて世界万国に向かって、その偉績《いせき》を誇らんと欲するなり。

然れども吾等全国の同胞が、この感喜とこの自負の特典を有すると同時に、担当すべき所の責務あるを忘却すべからざるなり。責務とは何ぞや。即ちこの御即位式を斯くまで、盛大ならしめたる帝国の位置と威望をますます鞏固に、いよいよ卓越ならしむるに在るなり。而して吾等がまたこの責務を全うせんとするに当たり、第一に記憶すべき所のものは、帝国の富国強兵の術を講ずると共に、国民の品性を高尚にし、風俗を矯正するの一事これなり。

もしこの進徳正俗《しんとくせいぞく》の道にして闕如たる所あらん乎、国家如何に富強といえども、環視の列強よりは、到底沐猴冠《もっこうかん》の誹《そし》りを免れざるべし。豈に慷《こう》して而して慨《がい》せざるべけんや。

今や、全国民一般がこの曠古の盛典に当たり、種々なる事業を計画して国利民福に貢献し、以て永世の紀念に供せんとする者四方に続出す。誠に大正昭代の盛事として慶賀に堪えざる所なるが、さて吾等禁酒会員の紀念事業は如何にと云わば、即ちアルコール的飲料を、社会の各方面より排斥するに由りて、一方には富国強兵の実を挙げると同時に、他方に在りては、進徳正俗の精神は遺憾なく到る処に発揮せられて、その結果帝国の位置はますます鞏固を加え、威望はいよいよ隆盛の域に達すべし。輓近欧米の識者が吾邦の禁酒運動を目して、帝国に於ける第二の維新事業と称する者ありと聞く、寔《まこと》に故なきにあらざるなり。

この他、尚吾等が留意すべき所の一事は、世間頑冥不霊の流俗が、聖意の在る所を悟らず、妄りに酔酒淫逸の挙を敢えてし、以て盛典を奉祝し得たりと誤解する輩往々少なからざる由なるが、今これらに対し、その矯正方に極力尽瘁すべき事、これ即ち吾等禁酒会員が紀念事業の第一着手と知るべきなり。

天下に事の奇遇に出で好機に会する者少なからずといえども、今回日本禁酒同盟会が曠古の御大典に先だつ満一ヶ年の十月初旬に於いて、その大会を三島に開きたるが如きは、正しく天が吾等同志の徒をして、この盛儀を奉祝するが為に、国利民福を振与し、これを準備するに綽々《しゃくしゃく》たる余裕を賜れりと推定せざるを得ざるなり。

ここにおいてか、吾等会衆はこの寄遇と好機の偶然ならざるに感ずる所ありて、一層敬虔の信念と奉公の誠意を体し、吾等が平素懐抱する所の矯風正俗、富国強兵の目的を以て、直にこれを御大典紀念事業の題目となし、今より更に酒魔と奮闘して、以て国家に貢献せん事を期したるは、実に近来の一快事なりき。

人生何事に限らず言行一致の要あり。同盟大会の決議如何に堂々たるも、その実行これに伴わざれば、単に一片の大言壮語のみ。吾等は特にこの点に留意し、言行一致の実を挙ぐべきなり。（大正四・一一）

第四篇

飲酒古今集

林子爵の克己

文勲一世を蓋う林董子《はやしただす》とは、幕末以来の旧識であるから、子が平生を語るは、余の光栄とするところであるが、なかんずく、子が禁煙の始末につき一言するは、吾人の主義の為にも最も欣喜《きんき》に堪えざるところである。

林子が大使または外相としての月旦《げったん》は、世その人に乏しくないからそれ等は差し措き、余が横浜の書生時代から、函館脱走頃の人物について一言すれば、子は資性《しせい》如何にも淡白にして、物事に一向頓着せず、また当時すでに英学は言語文章とも、立派な腕前なるに拘らず、人に対しその才学を衒《てら》うが如き山気《やまけ》とては、一向これ無き様に見えた。さればこ子は世に謂う才子肌の性質にはあらずして、どこ点《ママ》も閑雅洒落《かんがしゃらく》な人物であった。それ故交際上誰にも親愛せられた。

子はまた、一種の理窟をかまえて自説を固執するなどという八釜《やかま》しき人物にはあらずして、世間で嗜好する事物は何でもやって見る方だから、過度ではないが酒も煙草も喫用した。社会の徳義や制裁も、殆ど皆無のその頃であるから、随分種々な肉欲の試験もやられた様である（余が口からは左様な批評の出来た義理ではないが）。斯かる世の中でありながら、何事に限らず、極端まで行かずに適宜なところで喰いとめる事が出来る、一種の克己性を有して居ったのは、実に子が美質中の美質と言っても、聊かも過称ではあるまいと思う。当時腐敗を極めた余の如き者でも、この点では何となく敬服して居った。

さて、子の禁煙一条も、全くこの克己性の活動によって成功したのである。今その起原《きげん》を回顧すれば、今より十六年前即ち明治二十四年七月二十五日の事である。子がまだ外務次官で榎本外相の下に居った時、余もその頃同省に奉職していて外相の接待にて向島《むこうじま》の植半《うえはん》に集会した。子は談笑の間、余に向かって「君は煙草も禁止したそうだが僕も禁じたい。ドウモ夜分喘息が起こって難渋するから煙草は毒だ」と、平生無頓着な子が、この時はすこぶる真面目に見えたので、余は直ちに「それなら禁煙するサ、何でもない事だ」子は例の微笑を堪えて「それが出来れば雑作もないのだが」余はすかさず一歩を進めて「ナンの出来ない事があるものか、君今から禁じ給え。ドウだその煙草入れを僕が貰おうじゃないか」と迫った処、子は意外にも、今まで珍重していた煙草入れと煙管一式を、余に手渡して、更に未練の様子も見えなかった。その時余の愉快は一方ならざりしが、同時に子が如何にも丈夫らしき勇決《ゆうけつ》の風には異常に敬服した。

それから宴会が開けて席上酒が始まった。そこで酒客の癖として、大抵すってては飲み、飲んではすうと言う、猪口《ちょく》と煙管《キセル》の持ち替えに手先暇なき連中の間に子は燻《いぶ》されて居るのだから、余は始終その方のみ凝視《みつ》めて様子如何にと心配して居った処、子にはこれまた例の無頓着をきめ込み平然として談笑常に異ならず、その日はそれで立ち別れた。その翌日余は右の煙草入に風月堂《ふうげつどう》の「つれづれ草」というチョコレイト菓子一包を添え、林子夫人に持参し、前夜子が禁煙の始末を語り、夫人の注意を依頼したところ、夫人の満足は一方ならずであった。

然るに爾来、子は日清戦争の後を承け、清露二国に出使し、次いで英京《ロンドン》に栄転したる事故、右禁煙の継続如何を知るに由なかりしが、過般同夫人が英国より帰朝の折り、早速禁煙の事情を尋ねたる処、さすがは克己の美徳に豊富なる林子のこととて、更に一服だも喫煙せし事なしと話されたには感服の外はなかった。普通の境遇に在って衆目監視の間に立つ人物ですら禁煙はまず破れ勝ちなものであるのに、況して子の如き外交上日夜酒宴の間に出入し、贅沢社会の中央に在って、尚その克己性を存続して、今日に至りたるは、世間薄志弱行の徒、否、英雄豪傑でも、この点に於いて薄弱なる人の亀鑑《きかん》と称して、聊かも差し支えないであろうと思う。(明治三九・六)

益田孝子と矢野次郎氏

先日林子(林董子爵)の宅で益田孝《ますだたかし》氏と出会したが、この人も矢張り維新前からの相識であるので、談早速青年時代に遡った。その時氏は「安藤君よく君はあれ程好きな酒を止めたね、いつか紅葉館《こうようかん》で、君が膳にある猪口を、シゲシゲと見つめていた時に、真に同情の念に堪えなかった」余は答えて「実に考えれば不思議さ。僕が君や矢野氏と遊んで居った時分、二人から、ヤレ酒を飲むの、ヤレ煙草を吸うのと、目の敵にされたっけが」これは益田孝氏も矢野次郎氏も、以前は酒煙草とも大嫌いにて、矢野氏の如き、その性質から飲酒喫煙者を見る恰も蛇蝎《だかつ》の如くであった。然るに変われば変わるものにて、その矢野氏が維新後、高等商業学校[現・一橋大学]の創立者となる頃には大の煙喫家となって、また酒も余り悪《にく》まざる証拠はビール会社の大株主となったのでも分かる。それかあらぬか、近頃氏は肺患と咽喉病に罹り、病気の由、誠に気の毒に堪えない。そこにゆくと、遉《さすが》に三井の益田氏と言わるるだけあって、今日でも酒煙草共に、手にふれないのは感佩の至りである。(明治三九・六)

勝安房の禁酒

世の中に、その名を聞き、その風采《ふうさい》から考えては、ドウしても大酒家でありそうな人で、その実一滴も飲まない者が随分あるものだが、かの天幕二朝に入仕した人傑勝海舟《かっかいしゅう》伯、即ち維新前の勝房州《ぼうしゅう》の如きは、その最も著しき一人であろうと思う。

そもそも房州が少壮気鋭の頃には、尊王攘夷家とか、浪士とか剣客とか言う、所謂慷慨悲歌《こうがいひか》の連中が、多分はその朋友なので、而して彼等の内殆ど一人として飲酒を事とせざる者なく、またたとえ純然たる下戸でも、酒客を装い豪傑を気取る世の中であった。それだのに房州は更に杯に手をふれた事がないそうで、伯の知人は皆下戸を以てこれを目し、敢えて献酬《けんしゅう》などした者はなかった由。

タシカ余が七、八歳の頃であったと思う。房州が始めて長崎伝習所から帰って、赤坂田町の弊屋に居った時、余は亡父に随伴して、父が酒の馳走になったのを覚えて居た。して見ると、その頃はまだ客に酒を出したと見えるが、その後は追々にその習慣を廃して、遂には誰が来ても、食事時に飯は出しても酒は飲ませない様であった。コンナ事は何でもない様だが、今日ですら交際上酒の廃止を困難に感じる者が比々あるのに、彼の時代に断然かかる習慣の改革に及ばれたのは、今日から見れば、この一事だけでも、遉は勝伯だと言いたくなる。

その頃神戸の芋畑の間に建てられた勝の塾には、鬼か夜叉の様な薩摩や土州の脱藩人が大勢居ったが、その割合に余り乱暴を働かなかったのは、確かに房州の禁酒主義が与って大いに力ありたる事と今日は思い合わされるのである。その次第は、これらの壮士輩が勝房州に服して居ったにしろ、主人公たる房州が飲酒に無頓着であったなら、彼等は紐を解いて鯨飲乱酔《げいいんらんすい》して、京阪地方で何事をしたか分からない。さもなくてさえ、兵庫の柳原辺で乱暴をしたという廉で、勝の塾生が仲間の者に爪腹《つめばら》を切らせられた事があった。

されば房州が飲酒家を忌み嫌うことは非常なもので、即ち酒を飲んで小意気な江戸ッ子風をして、鼻唄でも歌い、婦女にでも戯るる様な輩は、恰も蛇蝎の如く悪むので、その頃の幕人は大抵勝派とは流儀が合わず、自然と江戸の海軍所派と、神戸の勝派と、東西二党を生ずるに至った。然るに江戸派でも荒井郁之助《あらいいくのすけ》氏の如きは、房州から特別に敬重せられて居ったが、これが他に理由もあろうが、氏が一滴も酒を飲まず、万事真面目であったのが、房州の敬重《けいちょう》を来たした一大原因であったと思う。

余は当時幕府の汽船に乗り込み、絶えず品海兵庫の間を往来して酒を浴び始めた頃であったから、勝氏の下戸主義や、塾生の取締方の如何にも厳重なのを見て、甚だ不平に堪えず、毎夜悪口《あっこう》をした方であったが、今考えて見ると、事々物々恐縮汗顔《かんがん》の至りである。(明治三九・八)

勝塾の逸才坂本龍馬

坂本龍馬氏は維新の功臣中、第一流の人物と称して敢えて異論はあるまいと思う。しかし氏は禁飲家というのではない。否酒は中々の鯨飲家であった。然るにその鯨飲家が数ヶ年間、克己制欲の美徳を発揚して、能く時務を料理されたるは、固より氏の氏たる所でもあろうが、矢張り勝房州の禁酒主義の感化であると断言して差し支えはあるまい。

さて余がこの英雄と昵懇《じっこん》になったのは、氏が舵海術研究のため、折り折り荒井郁之助氏方へ来訪せられた頃、余も同氏の塾に居ったので、時々居臥寝食《きょがしんしょく》を倶《とも》にし、または同浴などして、かの有名なる氏の脊部《せきぶ》の大癒に熊毛の蓬々然《ぼうぼう》たるまでも、一見して驚ろいた事もあったくらいに懇意であった。然るに氏の更に泥酔したことも、また酒気を帯びて居たのも見た事もないので、余は坂本氏を全く下戸とばかり思って居った。

或る年のこと、氏は勝氏に随い、余は荒井氏に随行して、汽船順動丸《じゅんどうまる》にのり込み、兵庫に碇泊《ていはく》して居た事があった。その折り、ある夜船中人定まって後、余は士官部屋の食堂でひそかに一杯を傾けて居た所、坂本氏が突然入り来りたる故、ホンのお世辞半分に杯をさしたるに、意外にも氏はこれを受け取り、大杯へナミナミとつがせて飲み始め、それから頻りに献酬をした。余はすこぶる驚愕して「君はこれまで下戸だと思ったら豪い腕前を持っているナ」と申したら「イヤ僕は少しはやるが先生（勝房州）が召しあがらんから、いつも謹んで居るのだ」と答えたので、この人が房州にそれ程までに遠慮して居るとは、さてさて謹みの深い男であると感心した。

それから気がついて、神戸の勝の塾生の様などを見ると、築地海軍所の連中の様に暴飲乱酔する者は殆ど無い。まず全体が飲酒には注意して居る様に見えた。これは坂本氏が塾頭同様の地位に立って取締りしている結果である事が分かった。

故陸奥《むつ》［宗光《むねみつ》］伯はこの当時、伊達陽之助《だてようのすけ》と名乗って、坂本氏の下に何くれとなく働いて居ったとの事である。されば陸奥伯が後年禁酒をして劇務の間に兎に角健康を保ち、国家に尽くす事を得たるのも、畢竟、勝の塾風に薫陶されたのであって、即ち房州の余沢と申してよい。（明治三九・八）

禁酒に成功した山岡鉄舟

山岡鉄舟《やまおかてつしゅう》氏の禁酒については、実に語りたき事が山積啻《ただ》ならずであるが、仔細ありて今は語られない。しかし鉄舟氏が一世の豪傑たりしは、世人多く維新江戸城引渡しの際にばかり在る様に思うが、余の所見では子が酒害に対して千辛万苦の後、首尾よくその排斥方に成功した事が、即ち鉄舟子一代の功業であろうと思う。余は氏の痛飲したのを見たことはないが、しかし聞くところによれば余程の豪の者で、誰と飲みあっても決して後れをとらなかったそうだ。その氏が断然禁酒を主張して憚らざるとは、恐れ入った人物である。

唯望蜀《ぼうしょく》の欲を言えば、勝伯と言い、山岡子と言い、両人とも活眼を以て酒害を看破してこれが防遏の手段をとりながら、今日我党の如き禁酒運動を奨励しなかったのは如何にも残念である。この一事に由りても、吾人禁酒会員は、この二傑の及ばざる幸福な地位に置かれてあるので、深く二十世紀文明の賜を感謝し、いよいよ奮励しなければならないと思う。（明治三九・八）

失敗のナポレオン

そもそもナポレオン第一世の伝記たる、汗牛充棟《かんぎゅうじゅうとう》、到底一朝一夕の談にあらずといえども、これを区別すれば、単に成功と失敗の二者にして、彼の功業の大なる出来事の多き、はたまた範囲の濶大《かつだい》なる等凡て右成功の生涯に属するものにして、この生涯たる快は即ち快なりといえども、その武功天勲は神出鬼没、決して常人の端倪《たんげい》模倣すべき所にあらず、却って年少気鋭の徒をして徒らにあやまらしめるものなり。これに反して、帝の「失敗の生涯」に至りては、事情甚だ単純にして区域また極めて狭少、なかんずくその境遇たるや、人生の悲惨を極め、事々物々、英雄の心腸を寸断せざる者なく、而して帝のこの間に処する態度言行は、凡て吾人の模範たり訓誨たらざるはなし。

これを要するに、「成功のナポレオン」は人生百般の肉欲史にして、仏国及び仏国民の美名の下にパウロの所謂不義、悪慝《あくとく》、貪婪《どんらん》、暴狼、妬忌《とき》、凶殺《きようさつ》、争闘《そうとう》、詭譎《きけつ》あらゆる凶徳を思いのままに実行したるものなれども「失敗のナポレオン」に至りては、光明爍灼《こうみようしやくしやく》たる霊界史にして、その内容は少なくとも忍耐、温柔、平和等の美果《びか》を含蓄するを見る。英の有名なる歴史家アリソン［Sir Archibald Alison］氏は、帝を称して彼は実に大能の創造せる万物中の最も偉大なる名作なりと言われたるも、蓋しこの対照の甚しき懸隔を意味したるや疑いなし。

余はナポレオンに対して感想を変更したる事三度に及べり。元来余は非常なるナポレオン崇拝者の一人にして、その容貌、態度、言行、事蹟一として余の景慕を惹起せざるものなかりき。蓋し尚武任侠の気質を有する日本人は、帝が豊太閤に類似する所ありて、しかもその悲境に終わりたるを以て、帝を愛好するの甚しきはその故なきにあらず。殊に余に於いては、維新前、義経、弁慶の錦絵を玩《もてあそ》びたる時代より、ナポレオンの雷名は小耳に挟みたる程なれば、所謂先入主《せんにゆうしゆ》となって長ずるに及び、これが崇拝の念は自然に深厚を加えたるなり。次に余をして一層その感想を深からしめたるは、今より三十余年前、余が岩倉大使に随行し、欧米巡回の節、当時副使の一人たりし故伊藤［博文］公が、大のナポレオン好きにして、帝に関係ある書籍、絵画器具の類は申すに及ばず、欧洲に於ける名所旧跡にして帝に縁故のある所は殆ど歴訪せざる事なき程なりしかば、余がナポレオン狂は茲にますます重体に陥り、微力を顧みず、伊藤公を学んで書籍の研究、古物の蒐集などに着手したる等今より回想すれば噴飯に堪えざる事あり。これ即ち余の帝に対する第一回の感想なりき。

然るに余が明治二十一年ハワイに於いてキリスト信徒となりたる以来、余がナポレオンに対するこの感想は、茲に全く一変して、従来余が眼に映じたる彼の赫々《かくかく》たる文勲武功も、その大政治家たり、大立法家たる英才大略も、凡てこれ彼が一片の利己主義、無情無慈悲なる悪徳を発揮するの具たるに外ならず、これを一言すれば、ナポレオンとは悪魔の異名と思わるるまで恐怖すべき人物たる事を感悟《かんご》するに至れり。然れども余は、この多年間崇拝したる英雄を一朝に抛棄するは心中如何にも忍び難きを以て、何とかして彼が審判者の面前に立てる日、功徳相償うべき道ありやを発見せんと欲し、爾来この方面に向かって、百方苦心の結果、余は帝がセントヘレナ島幽囚中の生涯に於いて実に蓋世《がいせい》の英雄たるべき人傑なる事を創見するを得たるは、恰も貴重なる物品を一時贋造と疑い後その真価を確認したる趣きありて、余の感喜名状すべからず。而して余にこの第三の新感想を与えたるものは彼の有名なるラス・カーズ[Emmanuel, comte de Las Cases]伯の著に係わる『在セントヘレナ島のナポレオン』なる帝の囚中言行録これなり。

この言行録に拠れば、帝がワーテルローの戦敗れて、英国軍艦ベレロフォンに投じたる以来、平々凡々な海軍将校が、昨日まで国帝陛下と仰がれたる彼を呼ぶに、単に将軍ボナパルトの通称を以てす。唯この一事ですら、彼には如何に忍ぶべからざるの悔辱なりしか知るべからざるに、加うるに事々物々一として不快無念の種にならざるなきは、彼が蛮煙瘴霧《ばんえんしょうむ》の名所たるセントヘレナの孤島に約六ヶ年の間起居、動作、衣食住の万事に於いて、その煩悶《はんもん》苦痛を嘗め尽したる生涯に於いて明白なりき。もし彼のプロイセン王フリードリッヒ大王をして、この境遇に在らしめなば、彼は早くすでに薬を仰ぎて自殺したるや疑いなし。然るに帝はこの間に在って泰然自若《たいぜんじじゃく》、陽に平常と異なるなかりしと云う。何たる大勇の態度なりしか。吾人は茲に至りて、彼が真に蓋世の英雄たる価値を発見したるなり。箴言に「己の心を作る者は城を攻め取る者に愈《まさ》る」と云えり（箴言十六の三十二）。帝は成功の生涯に於いて、戦えば必ず勝ち、攻むれば必ず取りたるのみならず、失敗の時に於いては己に勝ち己を治めるの大勇気、大忍耐を有せり。豈偉ならずや。

然れども茲に、なお一の解釈を要すべきの疑問あるは、帝がこの悲境に在って、この大勇気を有せしは、彼が天性のなす所か、はたまた他より得たる所ありしかの問題これなり。余は断じて言わん、彼が六ヶ年の長年月を、この大忍耐を持続したるは、彼が確かにその一身を捧げて運命に服従するのやむべからざるを悟れるに在り。即ち大能の命令に服従するの奥義を理解したるに在り。何を以てこれを知ると言わんに、帝が全盛の時代に当たりて「我は善く、我運命を作為すべし」とはその常套語たりしが故に、成功の彼は運命に服従するを知らざるの人なりしや明らかなり。然るに失敗の彼は、幸いにもこの服従の必要を学び得て、万事を大能の御手に委ねたるより、凡ての軽侮凌辱、千苦万艱に勝ち得て余りありたるなり。ラス・カーズ伯の言行録中に、帝の幽囚中、しばしばキリストに就いて語り、またその瀕死の時一千八百二十一年四月三十日即ちその死に先だつ六日前、一天主教の僧侶より、病床に於いて聖晩餐式を受けたりと云う。これらに由って考うるに、彼は確かにその大忍耐を救い主に学び「終りまで忍ぶ者は救わるべし」の真理を解し、これに依って多大の慰安を享けたるを知るべし。

要するに吾人がナポレオンに学ぶべき所のものは、彼の功業にあらず、またその才略にもあらずして、唯彼が絶海の孤島に、万難を排し、如何にも従順に運命に服従したるの一事に在り。吾人もとより成功のナポレオンたる能わず、またこれを学ぶの必要なし。然れども失敗のナポレオンは如何なる人物にも学び得べく、而してまた、是非とも学ばざるべからざるものなり。吾人は平素他人より瑣々たる侮辱を受くるか、または少しく不当の待遇を蒙むるの場合に当たり、容易に憤怒争論するを常事となすも、この際一と度「失敗のナポレオン」を回想し、彼が曾て三軍を叱咤し、全欧を席捲《せっけん》し、各国の王侯を膝行頓首《しっこうとんしゅ》せしめたる身分にてありながら、常鱗凡介《じょうりんぼんかい》の手に万事を委ね、聊かもその辞色《じしょく》を変ぜざるの大勇気を考うる時は、吾人の間に於いて、仏国皇帝の前に愧死《きし》せざる者、将幾人かある。これ吾人が「失敗のナポレオン」を研究して、これより多大の教訓を受けんと欲する所以なり。余は信ず、帝は今や凡ての罪過より赦されて、主の備え給える父の邸宅に入りたる事を。そはペトロ前書第四の一に「肉体に苦みを受し者は罪を断ちたればなり」とあればなり。

終わりに臨み一言を添うべき事は、帝が平素克己の力を揮い、その肉体をも健全に栄養したるの一事にして、即ち彼は今日より百年以前飲酒を以て我国の喫茶同様に見做したる時代に於いて、なかんずく葡萄酒の醸造地たる仏国に在りながら決して飲酒に沈湎《ちんめん》せざりし事なり。ラス・カーズ伯の言行録中「彼は粗食に甘んじて膳部《ぜんぶ》最も手軽くまた飲酒を嗜まず云々」の語あり。吾人はこの言を証として、蓋世の英雄ナポレオンは、百年前に於いて已に禁酒家たりと称するも誣言《しいごと》にあらざるべし。されば彼が在囚中の間、所謂自暴酒《やけさけ》を煽《あお》りて、煩悶を排するが如きは、他人に於いては必ずあり得べき事なるに、然るに帝がこの学に出でずして、六ヶ年の禁錮中、殆ど禁酒家の態度を保ちて、優游歳月を送りたるは、これまた吾人の大いに学ぶべき所なり。

これに反して当時英国にその人ありと知られたる大宰相ウィリアム・ピット［William Pitt (the Younger)］は、常にナポレオンの政略に反抗し、これにあらゆる妨碍を加えたる程の豪傑なるが、国事多端、精神過労の為に、常に多量の飲酒をなして休養の道を求めたりき。然るにナポレオンが彼の有名なるアウステルリッツの大戦争に於いて、墺露の連合軍を粉砕して未曾有の大勝を博したるより、ピットの対抗計画は、これが為大蹉跌《だいさてつ》を来たし、非常に落胆の結果自暴酒を従飲し、遂に四十七歳を一期として不帰の客となりたるは、当時多事なる英国にとりて、誠に惜しむべき事ともなりき。（明治四四・九）

実業家と酒

一代の巨人岩崎弥太郎氏をめぐる酒禍

○

世の中には飲酒のために健康を害し、精力を消耗し、寿命を縮めた人が沢山ある。現に有為《ゆうい》の材でありながら酒害のために廃人同様になっている気の毒な人がなかなか多い。今それ等を一々数え立てることは出来ないが、茲に是非見逃し難い人が二人ある。それは外でもない、元の郵船会社社長の吉川泰二郎《よしかわたいじろう》氏と秀英舎［後の大日本印刷］社長の佐久間貞一氏とである。

○

今より十四、五年前であった。時の外務大臣榎本武揚氏は移民の振わぬを憂えて、政府の手で会社を起こすのもおかしなものだから、一つ民間で移民会社を起こして貰いたいと言って、その趣《おもむ》きを右の二人に相談し、二人は組合って今の東洋移民会社の前身たる吉佐移民会社というを起こし、私は役人であるから直接携わらぬが、補助をしろと榎本外務大臣から命ぜられ、吉川氏は船の方、佐久間氏は移民の募集その他、私はハワイに居た関係で外国の事を担任し、ハワイ、カナダ、オーストラリア等に移民を送って大層事業が盛んになった。処が吉川氏が先に死し、次に佐久間氏が死ぬるというように二人とも死んで了《しま》った。この二人は我が実業界にあって真に錚々《そうそう》たるもので、この二人とも今日まで生存してもまだ六十余歳で、若々しく働き得る年齢である。その人を社会から奪い去ったのは全く酒である。

私はハワイから帰り立てでその頃盛んに酒害を説いて居たが、或る日吉川氏が私に向かって諄々《じゅんじゅん》懺悔《ざんげ》話をしたが、それが因をなして死んで了った。氏は吉佐移民会社を起こした当時からすでに肺で身体をこわして居て、会社の方は名前ばかりというくらいであった。彼はいたく酒の悪いことを感じたと見えて「安藤君、実は僕の病気もそれから来たのだ」と、あの剛情我慢の男がしみじみと話すから、どうかその話を聞きたいものだがと言って、ゆるゆる話して貰ったことがある。

○

その話によると、吉川君が酒を嗜むようになったのは全く岩崎弥太郎《いわさきやたろう》氏から来て居る。岩崎氏は豪傑でもあったが、これがまた異常の大酒家で、もとよりえらい男だから、人物は見ぬいて使っても酒を飲まぬ者は嫌っていた。大いに三菱社長に取入ろうとするには、敏腕、機敏も必要であるが、酒を飲むということも必要な条件となっていた。それで吉川氏も酒が強くなった。節したいと思ったこともあったが、飲み飲みして居る内に、或る時敦賀に行く用事が出来て、米原からの汽車の中で大変酒を飲んで、酔い倒れて車中で寝て了った。恰度それが暑い晩で、窓を明け放ったままにしてあったが眼が醒めて見ると、非常に寒い。甚だしくブルブル身体がふるえ出した。この時に気管を害したのが後年肺患にかかった基であると、しみじみ打ち沈んで話された。

○

佐久間氏も恐ろしい強健な人で、昔剣術使いで、気性も勝ち、身体も鍛錬されてあった。ところが維新の初め、幕人の有志が五、六人で鹿児島に行き、大西郷［隆盛］などにあって大いに幕人の気焔を吐いた。その時に江戸ッ児の強いところを見せてやるつもりで、泡盛を沢山飲んで一時全く死んで了った。そこで先方の人達が地を掘って佐久間氏をその中に入れ、泥をぬり、首だけを出しておいた。暫くして漸く眠がさめたということである。今日はそんな野蛮なことはせぬであろうが、鹿児島では泡盛に酔うて人事不省に陥ると、地中に埋めて泥をぬりつけ首だけ出して置いて蘇生するのを待ったそうで、佐久間氏は平素強健であったから助かったが、弱い人ならば、そのまま死んで了うそうである。しかしこの時から氏は肺に故障を起こしたが、気の強い男だったから、血を吐きながら秀英舎を起こしてあれだけの仕事をした。

○

次に岩崎弥太郎氏であるが、曾て私が香港の領事をしていて帰朝した時のことである。郵船会社が香港に航路を開くというので、私が任地に帰るのを弥太郎氏は［岩崎］弥之助《やのすけ》氏をつれて見送りに来て、私のために横浜の富貴楼《ふうきろう》で送別の宴を開いた。その時私が正座に坐って居ると、弥太郎氏は自分に大きな洋盃をもって前に来て「今日の酒は私がわざわざ東京から持って参ったものであるから、快よく飲んで貰いたい」と言って、一杯グッとあおいで私にさす。私がなみなみと受けてグッと飲むと、「これは見事、もう一献」とまた自分に一杯飲んで私にさす。先方が一杯私も一杯私も負けるのが残念だと思って三杯までやったが「もうやられません」というと、「お手並は分かりました。酒では私の方が上だ」と言って、当日お客様として招待した他の十四､五人の人々の前に行って、一々自分も一杯ずつキューッと飲んではさし、さしては飲んで居た。かねて沢山飲むとは聞いて居り、私も元来非常に好きであったが、この時は驚いた。人間も豪傑だが、酒まで豪傑だ。えらい男だ、うらやましいことだと思った。

○

その後私は香港に行き上海に転じて来た。如何でしょう。その事があった翌年、岩崎弥太郎危篤の報が伝わった。病気は何かと言えば胃癌である。酒を飲み、美人を蓄え、快手敏腕《かいしゅびんわん》、気宇宏壮《きうこうそう》、豪華一世を傾けたこの実業界の巨人は、日本では医者が不満足で、電報を打ってドイツから医者を呼んだが、それがマルセイユから船に乗って出発しようとする時に溘然《こうぜん》として死んで了ったではないか。その時始めて私は酒害ということを知り始めた。美事に飲んだ人が、あまりに美事にあまりに果敢なく、死んで行ったのを見て、深く酒は恐ろしいもの、注意せねばならぬものということを感ずるに至った。

その翌年ハワイに行くと、あちらではもう禁酒運動の盛んな時で、酒飲みがとび込んで来たというので、寄ってたかって酒害を説かれた。前に大金持ちの豪傑を奪い去った、その酒量を見事だ、うらやましいと思ったひっくり返しに、その斃れたのを見て、酒の恐ろしいものであることを感じていた矢先、熱心に説かれたのでとうとう自分も禁酒することになった。いくら恐怖の念を抱いて居ても日本に居ては或いは禁酒は出来なかったかも知れぬが、禁酒運動の盛んであったハワイにとび込んで行ったのが仕合わせであった。（明治四五・四）

名士酒禍物語

名将、賢相《けんしょう》、碩学《せきがく》、俊豪《しゅんごう》の士は実に国家の珍宝にして、随って一芸に名あり一技に長ずる者もまたそれ相当に貴重すべき産物なりとは、吾人が毎度耳にする所の古今東西の定説なり。故に社会がこれに対して敬意を払い、或いは幇助《ほうじょ》を加うると共に、名士自身にもまた宜しく自重自愛すべきは当然の責務なりとす。然るに古来この国宝名産を毀傷廃滅《きしょうはいめつ》に至らしむるの害物あり。即ち英雄、豪傑、文人、墨客《ぼっかく》の殆どすべてが嗜好する所の酒類これなり。固より文化未だ洽《あまね》からざるの時代にありては、やむ事を得ざる次第なれども、開明の今日なお往々この事あるを見るは国家社会の為め、如何にも慨すべきの事ともなり。由って玆に、可惜《あたら》有用の名士が飲酒によってその命数を短縮し、その志業を中道に廃棄したる者を列挙して、名士その人の為に追惜の意を表し、併せて世間の好酒家に警醒《けいせい》を加えんと欲す。これ吾人が国宝保存に対する一片の微意のみ。（大正三・三）

頼襄氏

［頼《らい》］山陽《さんよう》性酒を嗜む。しかも伊丹の醸にあらざれば、その内尤も剣菱《けんびし》と号する者を愛す。天保元年胸痛を患う（蓋し肺結核なるべし）同三年に至り咳嗽咯血《がいそうかっけつ》す。山陽曰く「死生命あり、然れども我上に老母あり、且志業未だ成らず、仮令一の生理なきも宜しく医薬を加うべし」とて、病来禁酒、飲まず、天保三年九月二十三日を以て逝く。享年五十三。

是によって之を観れば、山陽は全く飲酒の為に肺患に罹れる事明らかなり。その咯血の歌中にも、「剣菱如剣」の語あり、以て氏が酒毒を感悟したるを証するに足る。

高杉晋作氏

伊藤、井上、山縣《やまがた》［有朋《ありとも》］諸公の先輩にして、長州の奇才と称せられたる高杉晋作氏は、勤王の功業僅にその緒に就き、前途尚遼遠《りょうえん》なるの時に当たり、豪飲の為に肺患に罹り、齢未だ三十に達せざるに病死せり。然れどもその性豪放不羈《ごうほうふき》、死に臨んで快活平常の如く、友人と藤八拳《とうはちけん》を打ちつつ瞑《めい》せりと言う。

岩倉具視公

王政復古の元勲中、国家の柱石として、三条〔実美《さねとみ》〕公に次ぎ、赫々の盛名ありし岩倉右府《うふ》は、齢尚五十九歳にして薨去《こうきよ》せられしが、その病名は酒害にありしという（病名は胃癌）。公は実に当世の豪傑たりしと同時に、豪傑の特性たる酒癖をも有せられ、十六パーセントの酒精を含む「シェリー酒」を独酌にて二壜を傾くるは容易なりしと、遂に酒禍に罹られたるは惜しむべし。

岩崎弥太郎氏

岩崎氏が吾邦古今稀有の俄分限《にわかぶんげん》だけに、その蒙りし所の酒害談は、一層多大の感動を世人に与うるの趣きあり。これ氏に対しては無限の恨事《こんじ》たるも、後世社会に警戒を加うるの点に至りては氏の遺徳を謝せざるべからず。暴富一世を蓋い、勢い中外を傾けたるの人傑も酒のためには五十三歳を一期として、北邙一片《ほくぼういっぺん》の煙と化し去りたるは、優に酒魔の威力を示すに足る。嗚呼、恐れてもまた戒むべきは飲酒なり。

福沢諭吉氏

欧米の学者社会より三田の聖人と尊称せられたる福沢先生の如きは、一日この世に存在すれば世は一日だけの福祉を享受すべき大人物なるが、その人が如何にして逝去せられしか。島田三郎《しまださぶろう》氏は「酒禍の実験」に於いて左の如く述べられたり。

先生は幼年青年の時に酒が好きであった。壮年の時に大いに飲んで、それから老境に入って段々酒を節して、晩年には全く酒を断つに至ったのである。元来先生は衛生に余程注意深い人であって、運動を好み、早起きをして気力壮んな人であったが、しかしながら半身不随類似の病を得られて、これがために遂に世を去られたのである。私は当時、深く、日本の尊き人を失ったことを国の為に嘆息したのであるが、晩年に至って酒を断ち、そうして衛生の点に於いて節度ありしに拘らず、かかる病を得られたのは、蓋し少年にして酒を嗜み、壮年にして酒を飲まれたのが、身体に害を残して居ったのである。

黒田清隆伯

「この男は福島正則《ふくしままさのり》の智慧があるのだ」とは、伯と刎頸《ふんけい》の友たりし榎本子の月旦にして、黒田伯の一生涯を描き出して妙絶、間然するの余地なしと謂うべし。伯は平素勇敢粗豪、しかも事に当たれば小心翼々裁智能く弁ず。西郷、木戸《きど》［孝允《たかよし》］、大久保《おおくぼ》［利通《としみち》］等の諸公が物故の後は、流石の伊藤公すらその鼻息を窺いし程にて、当時の廟堂には伯の眼中殆ど人なきの勢いなりき。然るにこの人の第一の欠点は暴飲の癖にして、為にその性格名誉を毀損せしのみならず、遂に健康を傷害し、曾て一世を慴伏したる智勇も、何時しか漸次に鎖沈《さちん》して、末路甚だ振わず、七十以上の元勲尚少なからざるの今日、享年僅に六十歳を一期として薨去せられたり、誠に惜しむべきなり。

榎本武楊子

黒田伯を以て「智慧のある福島正則」とすれば、榎本子は「科学的智識を有する加藤清正」と謂うべし。子は欧洲に於ける吾国伝習生の開祖にして、幕府まさに倒れんとするの際に帰朝し、天下の形勢日に非なるにも拘わらず、八百万石の余喘《よぜん》を北海に保存せんと試みたる当年の釜次郎は恰も西郷吉之助と天下の視聴を二分してその一を有するの概ありき。この人生来体質極めて強壮なりしも、黒田伯と斉《ひと》しく性甚だ酒を嗜み、為に健康を害すること少なからず、晩年その非を悟り、余ハワイに在りて禁酒会を組織せし時、盛んに称賛して感謝状を送られ、また子孫の為に「節飲寡言」の語を書して家箴となせりという、しかもその薨去の原因は全く酒禍に在りしとは痛惜に堪えず。

児玉陸軍大将

明治三十九年七月二十三日、児玉《こだま》〔源太郎《げんたろう》〕大将は卒然脳充血を以て薨去せられたるが、当時その死因に関する都下の諸新聞を見るに、大同小異にしてそのいずれも飲酒の結果にあらざるなし。茲にその当時の二、三の新聞紙より嗣子秀雄氏その他の談話を適挙せん。

◇**嗣子児玉秀雄氏談**　余は日露戦役中、奉天戦の当時、暫く大蔵省の命令に依り満州軍司令部にあり、親爺と約一ヶ月間同室に起臥したる事ありしが、当時親爺は一切酒類を禁じ居たれば体格も肥満し、すこぶる健康なりしが、只旅順陥落の報を聞きて祝捷会《しゆくしようかい》を開ける際の如きは、喜びに堪えざりしものの如く、非常に三鞭酒《シャンパン》を呷りたり。内地帰還後は、曾て脳症を得てより一切日本酒を廃したる例に従い（日本酒を使用する毎に腹痛を訴えしと注意し居たるに、何分祝捷会その他の宴会打ち続きて「下地は好きなり御意はよし」遂に今回の事に立ち至りたり。（時事新報）

◇**後藤新平男談**　大将が斯かる不時の逝去に及ばれたるは、全くアルコール分を鯨飲したる為ならん。すでに去る二十九年頃には大酒の結果脳溢血《のういっけつ》を起こして議会の帰途俄然卒倒したる事あり。因って長く飲酒を禁じ居たるが、日露戦争の頃また除々に飲み始めたるに依り、余は諫言したる事もありたり。然るに旅順陥落の報伝わるや、盛んに祝盃をあげ、後には一口も飲む能わざるに至りて、遂には頭より酒を浴びて快哉を叫びたることあり。（報知新聞）

沼間守一氏

憲政運動の急先鋒として、はたまた島田三郎氏等の先輩として、一時政界に驍名を轟かしたる沼間守一《ぬまもりかず》氏は、生来一滴も口にする能わざる極の酒嫌いにして、奈良漬にも赤面する程の下戸なりしが、所謂交際酒の一杯一杯が度重りて、遂に酒精中毒症にかかり、明治二十三年五月死去したり。曾て余等酒仲間は常に「沼間が酒さえ飲めば申し分ないだ」と雑談せしが、それが注文通り申し分なく飲める様なりしが最後、酒は明治政界よりこの一人物を奪い去りたるは何とも痛恨の至ならずや。しかし氏の一死の決して空しからざるは、如何なる下戸にても飲酒の習慣には陥り易き者にして、到底社会に酒の存する限り、生命財産共にその危険は免れざる事を教訓して余りある事なり。

伊東元帥

日本が東洋に覇業の基礎を定めたるは無論日清戦争の結果なり。而してその戦争の決勝点はと言わば何人も指を黄海の一戦に屈するに相違なし、斯かる帝国の運命に偉大なる関係を有する黄海の戦いに於ける勲功第一の人物を об нем せるは、丁《てい》〔汝昌《じょしょう》〕提督にあらず、袁《えん》〔世凱《せいがい》〕総統にあらず、実に日本特産の清酒なりしことは、当時の各新聞紙上に明らかなるところなり。今より三、四年前〔伊東《いとう》祐亨《すけゆき》〕元帥が尚健全なりし頃某海軍中将の銅像除幕式に余は元帥に出会せり。その座に大隈《おおくま》〔重信《しげのぶ》〕伯も居られ、談禁酒の事に及べるに、元帥は余に向かい「酒は目出度いものであるのに何故禁ぜねばならぬか」と極めて真面目な態度で言われたるには、余は呆然返すに言なかりき。元帥程の人物にして斯くの如し、その他に至っては推して知るべきのみ。元帥の病症たる動脈硬化性萎縮腎は純然たる大酒の結果にして、元帥が平素「三升の大酒」をされ居たる事はこれに裏書せるも同然なり。

第五篇

飲酒と博奕

国帑窮乏を告げ、外資内債またその募集の難きに当たり、人もし博奕を天下に公許《こうきょ》し、これに課するに重税を以てせば、一は以て取締上便宜を得、一は以て国用を充すに足ると発論《はつろん》する者あらば、今日の文明社会は、決してこれら狂妄の言論に耳を傾くる者あらざるべし。何ぞや一攫千金《いっかくせんきん》の射利《しゃり》は人心を遊惰放逸に導き、一敗倒産の否運はしばしば無辜《むこ》の民を駆って、窃盗殺傷等の犯罪に陥れ、延いて治安を妨害し、風俗を壊乱するが故に、博奕を全然禁遏《きんあつ》してその犯者を厳罰するは、尤も至当の事たればなり。然れども博奕如何に流行の甚しきに至るも、貴賤賢愚、老幼男女の別なく、全国到る処家毎に樗蒲《ちょぼ》を投じ、戸毎に骨牌《こっぱい》を弄ぶ者にあらず。冠婚葬祭、吉凶禍福《きっきょうかふく》これ無ければ、以て礼儀を欠き、交情を害するの慣習あるにもあらざれば、博奕の害毒は、その範囲に自ら限界あるが如くなれども、なおかつこれを以て人間社会の敗徳汚点として禁遏《きんあつ》に努めるは、真に文明国の資格に背かざる者にして、吾等は常に国家がこの方針に出ずるを讃称してやまざる者なり。然るに今日人心を遊惰放逸に導き、しかも大小各般の犯罪に誘い、治安の妨害風俗の壊乱至らざる所なく、加うるに金殿玉楼《きんでんぎょくろう》より田舎蜑戸《たんこ》の末に至るまで、およそ人類の所在、家として侵入せざる事なく、喜憂の情に投じ、吉凶の式に乗じ、日夜の別なく、貴賤男女の間に介在してその身体を毀傷し、その精神を混乱し、以て全国民の生命を短縮し、元気を消耗する者あらんには、かの博奕すら人間社会の敗徳として、その禁遏に努めたる国民には、如何にしてこの害物を軽々看過する者あらん。必ずや極力これが排斥に従事すべきは、理の尤も観易きものなるべし。天下の害物中に於いて、もしこれに類似のものを求むる時は、吾等はまず指を酒類に屈せざるべからざるなり。果たして然らばもしこの害物を排棄《はいき》せざるのみならず、却ってこれを貴重し、これを賞翫《しょうがん》し、あまつさえ国帑窮乏、財源涸渇の余り、この害物を弥縫《びほう》せんとするが如き発論をなす者あらば、文明社会はこれに対し如何なる感情を撹起すべきか、必ずや聞者をしてその狂妄に驚死するに至らしむべし。

今や理論はかくの如くにして事実の全くこれに反するものあるは、則ち世人が飲酒に対するの情態これなり。滔々たる庸俗《ようぞく》固よりとがむるに足らずといえども、世の操觚者中平素は旗鼓《きこ》堂々《どうどう》、矯風正俗を以てその任となし、天下凡百の弊害は極力これを征伐して毫も仮借《かしゃく》せざる輩にして、飲酒の一事のみは、啻に軽々これを等閑《とうかん》に附するのみならずこれが醸造を保護奨励して、以て国家の一大税源となさんと欲する者あり。吾等は唯その狂妄に驚くの外なきのみ。而してこれらの人々が妄論を発して平然憚からざるものは一はその才識の割合に、案外酒害には蒙昧にして、なかんずく自身が多少これを飲用するものあると、一は平生崇拝する欧米諸国が、一見これを保護奨励して税源に供するの観あるが如き為めなるべし。然れども吾等が爾来幾回か反覆弁論する如く、欧米の酒類に重税を課するの要旨は、これを発達せしむるにあらずして、これを抑制もしくは禁止するに在りとの事は、酒類の醸造販売に関するその法例を一見して知るべきなり。またたとえ彼等は真にその発達を謀りて、これが保護奨励に出るとするも、もし飲酒にして実際国家社会に有害なる事判然するに於いては吾等は決して欧米の顰《ひそみ》に倣うを要せず、超然雲表《うんぴょう》に独立してこの禍害の範囲を脱却すべきなり。欧米の諸国が未だ円満なる文明の域に達せず、その社会に種々の蛮風を存し、而して幾多の識者が、これが矯正を企画する茲に年あるは明白なる事実にして、なかんずく飲酒の弊害をその最も甚しきものとなすは、已に彼等の内禁酒事業を以て二十世紀の一大要件と公言したる者あるに於いても知るべきなり。博奕を厳禁し、阿片《あへん》を杜絶《とぜつ》し、悪疫予防の注意周到なるに至りては、世界に屈指の東洋君子国にして、斯かる飲酒の害毒を漫然看過するのみならず、あまつさえ国用補充の為にこれが保護奨励を計るとありては国辱これより大なるはなかるべし。苟も大和魂を有する真男子、爰《いずく》んぞ能く黙々これに堪ゆるを得んや。（明治三四、一二）

酒類全廃恐るるに足らず

欧米には医家にて禁酒を主張する者が、甚だ少なくない。已に英国等には医家禁酒協会なる者が多年設立せられて居るくらいであるが、さて近来我国に於いても、刀圭《とうけい》社会に禁酒を賛成する大家が追々出現するのは、洵《まこと》に国家の一大慶事として賀すべきである。然るにこの頃或る人が、当今流行家にして、専ら禁酒を熱心に唱えて居る、ドクトル某に対して、左の如き疑問を発した。

「飲酒の人身に害ある事は、確に禁酒家の演説通りである、その証拠は禁酒家は飲酒家との比較上病気が甚だ稀である。それ故もし世人が禁酒家の註文《ちゅうもん》通りに禁酒すれば、病気の減少は極めて著しいに違いはない。ソコデ医師は有体に言えば世間に病気があるから生計が立つので、もし禁酒で病気が減却したならば、医師の職業には大打撃を加えられた訳なのであるから、医師の禁酒を主張するのは体裁は成程立派でよいが、利益上では自家撞着の所業と言わねばならぬと思う。」

右の凝問に対して、ドクトルは左の如く答弁せられた。

「世間に病気が多くなければ、医者に利益があるまい。即ち生活が立つまいとは、門外漢にありそうな考えで、強ち無理とは思わないが、医者が目的とする所は、大体は次の三点にして（第一）は人間の疾病を防御すること、例えば痘瘡《とうそう》に牛痘《ぎゅうとう》を接種し、ジフテリアには同血清を予防注射するが如く、また疾病を避けんが為に飲酒を禁ずるが如く、その他の百般の衛生事項は、皆これ医学の第一の目的に外ならぬのである。（第二）は既発の疾病を満足に治療し、国家社会に幸福利益を与うること、（第三）はその治療の報酬として、診察料を受領する事で、決して自己がこの世に立派な生計を営む為に、功名富貴を、擅《ほしいまま》にする為に世間に患者の一人も多からん事を求むるなどと云う、左様な陋劣至極《ろうれつしごく》な人物は、如何に世の中が腐敗したからと云って、間逆《まぎゃく》に医者社会に一人もあろうとは思われない。それなればもし医者の目的通り、人間の病気が未発に予防せられ、または満足に治療せられて、社会の福利が増進すると同時に、禁酒が流行して、世間に病気がますます減却し、遂には患者が殆ど地を掃うに至ったならば、医者の第一第二の目的は達するも、第三の報酬一条たるこの世の生計というものは立たなくなって、医者は商売替えでもしなければなるまいと極論する者があろうが、それが即ち門外漢の素人考えという者である。そもそも人間の身体というものは禁酒したからと云って、それで年中無病息災で居られぬものではない。それは酒害の外に或いは生来虚弱の為め、或いは土地気候の為め、或いは衛生不注意の為め、或いは怪我過失の為め、或いは流行病の為め、或いは生理上自然の結果等の為め、医者の治療を要する事は枚挙に遑あらざる程にて、医者は決して生計の為めに、酒害の後援を得るの必要はないのである。またそれのみならず、治療の上より言っても、一旦治療に取り掛った以上には、その患者を満足に且つ迅速に、全快させるを好まぬ者とては、一人も有之《これある》間敷《まじく》、然るに飲酒家は外科内科の別なく、これを不飲酒家に比するに、兎角治療の結果良好ならず、その甚しきに至りては、如何なる奇薬妙術も、習慣的酒害の為めに、全く水泡に帰する事往々少なからぬのである。試みに今医者が一難症に当たり、百方苦心の後、投薬施術、思う通りにその効験を奏したる時はその愉快は如何ん、到底金銭等に替えらるべきものにあらずして決して、門外漢の夢にも想像し得べき所でない。これらの点から割出して見るも医者が禁酒を奨励するのは、業務上当然の事と申すべきである。次に聊か弁説に苦しむ事であるが、彼の生計利益上の点より言うも、これにまた矢張り禁酒を必要とする次第というのは、禁酒家が平素痛論する如く、飲酒は社会及び個人の経済を紊乱《びんらん》するものにして、いずれの国、いずれの社会でも、貧困と犯罪の原因は、大抵飲酒に在りては争うべからざる事実であるが故に、飲酒の為めに病気は増加し、随って治療が頻繁になるとはいえども、その割合には医者の報酬に多きを加えず、而してその理由の最も観易きものは、社会が飲酒の結果、事業割合に発達せずして、各自が生計の程度は自然低劣に陥り、加うるに酒害の為に毎度疾病にかかるが故に、勢い医者に対する報酬に重きを措く能わざるに至るもの、誠に無理ならざる次第である。然るにこれに反して、禁酒家がたまたま病気に由りて、医者を煩わす事があれば平生健康の身体を以て、業務を勉むる為めに、生計乏しからず、治療の全快割合に速やかなるが為めに、感謝の念自ら深きにより、至当の報酬はこれをなすに決して躊躇せざる、自然の道理である。」

右ドクトルの弁証は、因より単に禁酒と医業の関係に過ぎずといえども、今これを熟読玩味《じゆくどくがんみ》して、国家の財政と禁酒の関係に推し及ぼす時は、不思議にもその一言一句が世の酒税に対する幾多の疑問を解決して余りあるは恰も一篇の禁酒経済論とも謂うべき趣きがある。さて近頃吾人は戦時禁酒運動を開始し、ますますこれを、拡張せんとする折柄に当たり、世の堂々たる経済論者がこれに対して異議を挟む所は、如何にも善く世人が禁酒の医師に対するに彷彿して居る。即ちその所説の概要を掲ぐれば、曰く、「禁酒の運動は平日に於いても、社会に衛生道徳等の諸点に於いて、有用なる事は聊か弁論の必要がない。また経済上に於いても、全体から観察する時は、早晩利益をあげるに相違ない。しかしもし禁酒家の主張する如く、全国挙《こぞ》って禁酒に及び、最早や国内に於いて造酒業全廃とも云う場合に達したる時は、第一に国庫に収入すべき酒税六千万円も、これまた全廃に至る次第なれば、人民はこれに由りて、衛生、道徳、経済とも幾多の改良発達を得べしといえども、国家はこれに由って、それだけの欠乏を減ずるは自然の結果であるから、この欠乏を補足するの方策を発見せざる以上は、妄りに全国禁酒論を賛成する事は出来ない」云々と。なおこの他にも種々なる論理の下に、不得策を云々して禁酒に反対する論者が少なくない。而して吾人がこれに対して弁解する所の道、また種々ありとするも、前文ドクトルの筆法に依って、弁解を試むる程、簡易にして明晰なるものはあらざるべし。

酒税が国庫収入の内、地租に次ぐの巨額に達して居るから、成程一寸考えると、酒造が全廃されるなり、もしくは減少したならば、国家の経済に不利益を来たすと痛心するは、敢えて無理ならざる事ではあるが、そもそも国家が租税を徴収する目的は、医者の目的と同様、否、それよりモット明白に、国利民福を増進する為にして、国利民福を犠牲にしても、これを徴収すると云う次第はない。それ故にもしその税源にして、国家社会に損害を与えるものあらばたとえその納税額が滅却全滅に帰するに至るも、政府はその税源を禁遏もしくは抑制すべき事当然の理である。

さて飲酒の一事が国家社会に禍害を加えるの次第を数えれば、第一は貴重なる米穀を消糜する事年々三百万石にして、而してその結果、これを飲用する者の身体精神を損害するは勿論、その家庭を乱し、延いて社会の風俗を破り、道徳を傷つけ、国民の元気を消耗し、労力を減損する等、その禍害の程度は到底計り知る事が出来ない。已に国民の貧困と犯罪の八、九分は、飲酒媒介たりとは、万国普通の定論にして、また吾人が日常目前に実見する所である。然るにもし国家が、この禍害を明知して居りながら、たとえその税額が六千万円より一億円に及ぶとするも、尚且つこれを徴収する時は所謂国利民福《こくりみんぷく》を犠牲にして、国庫を充実せんとするものと云わねばならぬ。

然るに右の国利民福は暫く措き、国庫損益の一点に於いても、これまた医家の利害と均しく、一方にこれを失なうの形状あれば、他方にこれを得るの事実明白なるの一例は、即ち酒税六千万円を徴収するが為めに、貧民と犯罪を作り、これが為めに国家社会は救済、扶助、裁判、警察、監獄等、その他種々なる不生産的の費用を負担するに至り、而してこれらの多分は国庫より直接支払を要する故に、差引き酒税の正味収入は決して六千万円にあらざるを知るべきである。

さてまた右の反対に、もし全国がいよいよ禁酒成功の暁に至れば、如何なる現象を顕わすべきやというに、前条の雑費に著しき減額を与えるは勿論、しかのみならず、国民の健康と共に、道徳の発達、風俗の改良または労力の伸張等に由り、殖産興業上に、偉大の進歩を約すべきは当然の結果であれば、政府はその必要に応じて、増税賦課の挙に出るも、固より勝手次第の事にして、これ即ち一方に六千万円に不詳不吉なる税源を失うも、他方にこれに相当、もしくはより多大なる、清浄潔白なる収入を得るとする所以である。

今この全国禁酒後、民力休養の社会を、医師の損益に譬うれば、なお禁酒家が平生健康にして、業務に精励なる者が、たまたま疾病にかかる時は、医者に報酬するに当たり、綽々余裕あると一般にして即ち健全富裕なる社会が、国庫の必要に応ずるの容易なるは、決して疑うべからざる事実である。

然るにこの損益相償うて余りある一条は、他日の談として、兎に角全国民が今日より一ヶ年間禁酒をなす時は、四百万石の清酒と洋酒の代金三億円未満は、自然に貯存せらるる事なれば、この内より酒税六千万円を国庫の損失として差引くもなお、残額二億四千万円は国債応募の分として、優に征露後援の実を挙ぐるに足る。これに吾人禁酒会員が開戦以来、天下に呼号して、全国民の賛同を求むる所にして、また酒税の全滅は恐るるに足らずとする所以であ

る。（明治三七、八）

交際の奥の手

青年男子が学芸正に成りて、一と度社会に乗り出すや、その身辺に推し寄せ来る幾多の悪魔は、手を替え品を替えて、彼に誘惑を試むる内、その最も巧妙なる手段と猛烈なる威力を以て、攻撃を加えんとするものは酒魔王である。

酒魔はまず滋養と称して、葡萄酒等の洋酒類を勧め、もしその手に乗らざれば、夏季なれば暑気払い、冬季なれば防寒用と名づけ、なおそれにても奏せざれば、疲労の場合を覗《うかが》っては、勇気を鼓舞すると言い、憂鬱の折りには気晴しと唱え、一盃を勤めんとするなど、苦肉の計策いよいよ出ていよいよ奇なりと謂うべきである。

それにてもなお一向無頓着なる人物には、酒魔は爰《ここ》に奥の手を出して、「交際」なる一題目の下に退《の》ッ引《ぴ》きささず、酩酊物を一滴なりとも口中に注ぎ入れんとして肉薄を試むるその状は、あたかも海岸の灯台へ、山なす怒濤狂瀾《どとうきょうらん》が暗黒の天空を摩《ま》して、一と揺りに揺り崩さんとするに彷彿して居る。この時に当たり灯台の基礎が堅固ならざるものは「余事とは違い、交際では致し方なし」と、一盃二盃と傾け出し、遂に巍々《ぎぎ》たる大建築もこれらの大波瀾に押し流されて、跡方もなく滅却するに至るもの、世間にいくらあるか分からない。

然るにこの「交際」なる大濤《だいとう》が幾度打寄せ来るにも拘らず、泰然として「自分は交際の為に生きて居るのではなくして、生きて居る為に、交際をするのである。さればこの交際の一盃から、飲酒の習慣に陥り、身も魂も失う破目に至った時は、交際の為に一身を犠牲とするものにして愚昧の極と言わねば成らぬ、故に斯かる交際は断然拒絶するも決して遺憾にあらず」との大決心を以て立ち通したらならば、その結果如何であろうか、この頑固なる灯台は遂に微塵に押し流されて終わったかと思いの外、暴風狂風も何時しか晴れて、さしもの波濤《はとう》も次第に収まり、今や夕陽西に輝きて、水天一色、雲形帆影と相映じて、恰も一幅の水彩画を見る如く、而して彼の攻撃の自的物たりし灯台は、依然大磐石の上にその巨身を据えて、何知らぬ顔に屹然《きつぜん》たる有様は優美とや言わん、壮大とや称えん、唯その賞讃の辞なきに苦しむのみである。これ則ち真個禁酒会員の勝利、即ち成功の真相である。

右禁酒会員が全勝の状態は、丁度ルカ伝第四章にある「悪魔この誘試皆畢《おわ》りて天の使等が来り事《つかえ》る」の一節を読む如く、酒魔がこの「交際」なる奥の手に失敗したその後は、灯台の光りは一層煌々《こうこう》として、「酒は毒なり、一滴も飲むべからず」の一語がその光明の中に明瞭と読まれるようである。さればこの灯台なる禁酒会員に対しては、これまで迫害や誘試を加えた者も、自ら畏敬の念を生ずるに至る。これが吾党従来の実験である。(大正元・一一)

幕末の雑観

日本開闢《かいびゃく》以来最も変化の甚しい、また最も興味の深い維新時代の活歴史と仰がれたる前将軍慶喜公が過般薨去せられた以来、何やら急に世の中が寂寞になった感じが起こり、最早や当年の社会の真相を談ずる者は殆ど皆無の様に思われて来た。ソコデ今日生き残って居る自分達には事の大小軽重に論なく、成るだけ先人を回想して後人の参考に供する為め語り伝えねばならぬという気が出て来た。

余が茲に一言して見たいと思うのは当時の政局問題や外交事件ではない。これも今日と比較すると殆ど別世界の観がある社会衛生問題についてである、当今世間で噂《うわさ》を聞いても戦慄《せんりつ》する程恐ろしい、コレラが初めて日本即ち主に江戸に流行した当時の実況である。

この悪疫の最も猖獗《しょうけつ》を極めたものは、文久二壬戌の年（今を距る五十三年前）であったが、当時余は十七歳で父［安藤文沢《あんどうぶんたく》］が四谷で医術を開業して居ったに由り、この病気とは日夜密接の関係を有した結果、誰よりも善くその実況を知る事を得たのである。

この疫病は、無論横浜入港の外国船から伝来したので、当時検疫などありよう筈もなければ、一旦居留地に伝染するや否や、その勢い恰も猛火の枯野に燃え移りたるが如くで、見る見る江戸に襲来し八百八町到る所に蔓延したその状態は、今日から回想すると実に身の毛も竦立つばかりで、如何にして斯かる危険な社会に平気で住居していたかと思われるくらいであった。

その所で、余が家は医師であったので、早朝から深夜まで病家より診察を依頼に来る者引きも切らず、父と二、三名の代診でも尚これに応じ切れず、後には余の如き小僧までが駆り出されて一と通り患者の取扱方を教えられ、手伝いの為め日夜奔走した事さえあった。それで、その治療法は甚だ簡易なもので、第一に脚湯を施し、同時に「ラウダ」または「ホフマン」の如き水薬を与え、腹部または蹠《あしうら》へ芥子泥《かいしでい》を貼付するくらいの事にて、それで効能がなければ拱手《きょうしゅ》死を待つばかり。しかしこれでも蘭方医者なればこそこれらの治療を施すものの、当時医者の大部分を占めていた漢方医ではこの劇病に対して矢張り草根木皮の煎薬《せんやく》を用ゆる外は知らないとは、危険の程度も茲に至りてその極に達せりと言うべきである。

それから病人は不運致方なしとして、さてその周囲の健全者に対する予防法は如何にというに、石炭酸は申すに及ばず、薬剤でも衛生法でも防疫の道とては全く皆無なるには驚かざるを得ない。患者の吐瀉物《としゃぶつ》はそのままにして顧みず、患者の出入した便所に健全者も出入して差別なく、患者の枕辺で飲食もすれば、甚しきはその衣類を纏《まと》いて平然自若たるなど、これを今日より見る時は大胆とや云わん無鉄砲とや唱えん。まず江戸全市が盲者蛇に怖じざるの状態であった。

またその頃一時流行の激甚なりし折りには、江戸市中何処の往来でも葬式の一つ二つに行き逢ぬ事はなかったが、これに就いて奇談のあるのは当時の風習として大名の行列が途中で葬式に出会する時は成るだけこれを他道に避けるか、または刻み足（早足）で駈け過ぎたのである。これは蓋し縁起の悪いという迷信から出たものであろう。処でこのコレラの盛んな当時、或る大名の行列が成る四辻で前後左右から葬式に囲繞《いじょう》されて途方に暮れたという噂があった。斯かる次第であるから、人心の恟々《きょうきょう》たりしは申すまでもなき事ながら、さりとて別に防遏の方法もなければ、結局気候の変化に由り疫気の自然消滅を待つより外の慰めがなかったと云う実に心細き次第であった。

まず有名な幕末時代に於けるコレラ流行の状況は概略右の如くであるが、当時統計的調査の方法もなき故、今日に於いてこれらの事実が衛生上何の参考にもなるべき事のないのは如何にも遺憾の次第であるが、しかし余はこれに対し廃物利用的にこの禍害を一転して吾人の福利に変ぜしめんと思う。その次第は、第一にはこれに由って吾人がこの明治大正の間に生活して斯かる検疫予防の設備完全なる文明的の恩沢に浴するの如何に難有《ありがたい》かを自覚するの一端となし、またこれと同時にこの虎疫《こえき》に優るとも劣らざる害毒あらばこれに対して検疫同様の方法を設けて予めこれが防遏に尽力し、決して文久時代の野蛮状態を再演せざる様警戒するの一助をなさんと思うのである。

さて茲に吾人が注意を要するの一事は、当年斯くも猖獗を逞うした虎疫でもこれが為めに江戸の市民が目立つ程減却はしなかった。またその流行とても猛烈には相違なかったが、その感染の仕方の案外に遅鈍な所のあったのは已に余が家などには父母とも虎疫に罹りたるも幸いにして全治し、而してその家族五、六名が一人も感染しなかった。また、疫癘《えきれい》の流行期間も、盛夏営熱の頃に発して秋風涼を催す頃に及び、次第に減少して寒冷の冬季に入りて全く消滅し、その後は打絶えて三、四年間再発の噂を聞かなんだ。

然るに今日この種の疫癘を予防する為めその検疫法はいよいよ出ていよいよ厳密になり、万一東京市内に虎疫なりペストなり一、二の患者が発見せらるるや、これに対する撲滅法《ぼくめつほう》の実施と共に、新聞紙はその都度一々明掲して一般に警戒を加うるの有様なるに、それに引き換えその毒性は虎疫にも伯仲《はくちゅう》すべくその蔓延の範囲は虎疫よりも遥に濶大にして、またその流行期間も虎疫が二、三ヶ月間の比にあらずして、一年三百六十五日間昼夜の別なく連綿継続するという如き、凡ての点に最も恐怖警戒すべきものあるに対しては世人幕末時代虎疫に処したるよりも尚無頓着なりとは豈に慨歎の至りであるまいか。

その毒物とは他なし、アルコール的飲料である、酒害の事たる今更茲に事新しく喋々《ちょうちょう》するの必要はないが、もしこれを虎疫と対照するに於いては一種異様の感を吾人に与うるのである。虎疫は成程一挙にして生命を奪うも、もし予防の方法その宣きを得るに於いては、患者その人だけにして、他人には感染するの虞れまずこれ無きも、酒害は然らずして、飲者その人の健康を毀傷し生命を短縮し徳性を破り家庭を乱し貸財も尽し、延いて社会百般の事業を妨害し国民の元気を銷耗《しょうもう》し、なお飽き足らず遺伝性に由りて、禍害を未来の国民に及ぼす等、あれこれ数え来ればその害毒は到底虎疫と同日の論ではない。

先年来朝した米人「クラフト」［Wilbur F. Crafts］博士が日本の如く阿片輸入の禁制に成功した国民が何故に酒類の製造販売もしくは輸入を同様禁止する事能わざるやと言われたが、余もまた博士の語を借用して虎疫ペストの如

き悪疫予防に成功したる吾人日本国民が、何故酒害の流行を防遏する事能わざるやと言わんと思うのである。（大正三・二）

余は酒害の標本なり

余が禁酒演説の折り、時とすると少壮輩の内で斯様な言を放って、禁酒の勧告を拒絶する者がある。「安藤さんくらいに飲んで、それからヤット禁酒をしたからと云って、何も別に感心する程のことでもない。僕もこれから安藤さんくらいな年までウント飲んで、そして善い加減な時分に禁酒する。それまで待って貰いたい」と戯談半分に断る者があるが、斯様な連中は余の眼から見ると、何とも以て、気の毒千万な人物と云わねばならぬ。何故と云うに、茲に一つ比喩を以て話して見ようならば、今余が夜中道を歩いて、往来の真ン中に溝があって、その中へ落ちて手足を挫《くじ》いたり擦り剝いたりしたとする。そこへそれを知らずに、あとからブラブラ歩いて来る者があったとしたならば、人情として誰でも後方を振り返って「アアここは危いから気を付けろ」とか、「脇へ廻れ」とか大声で注意を与えるに相違ない。然るに後方の者が「イヤ君は一遍落ちたからソンナ事を云うが、僕はまだ一度も落ちたことがないから、是非一度は落ちて、打撲《だぼく》や擦《す》り傷の痛さ痒《かゆ》さの味を知りたい」と、委細構わず進んで来る者があったなら、その人は確かに狂人か白痴に相違ない。

今余は現に飲酒という大溝へ陥って、酒害という大怪俄をした者である。だから一方の人情からしても、已に墜落した者はこれを引上げて遣ったり、また未だ溝に落ちない少壮輩に対しては、禁酒を大声疾呼《しっこ》してこれに警告を加え、無疵《むきず》健全な人物たらしめんと勉むるは、余輩の如き遭害者の当然なすべきの任務であろうと思う。それに何ぞや、君くらいにウント飲んでから止めようなどとは取りも直さず、君くらいに大怪俄をしてから這い上がろうと云うに、聊《いささ》か異なる所がない。ナント気の毒な連中ではあるまいか。

それに溝に落ちて、擦り傷なり打撲を受けた者は、何時が何時までもその創痕が残って居ると同様、一旦酒害に罹って身体を傷めた者は、矢張りその瘡痍《そうい》が何時までも残って居て、年を経るに随い段々に顕われ来て、これが為に、種々の病気を発生するに至る。現に余が二十四、五年間の飲酒に由りて蒙りたる所の酒害は、その後禁酒以来二十六、七年の今日、遂に腎臓炎となり動脈硬化となって現れ来り、遺憾ながら養生をなすに日を送り、思う存分に働く事の出来ないのが、即ち酒害の恐るべき何よりの証拠である。

しかしそれでも二十六、七年前に禁酒をしたればこそ、今日尚余喘を保ちて、何かの用務に従事をするを得るのである。即ちこの一事以て禁酒の功徳の如何に大なるかを証するに足るではないか。世間には余と同年輩位で、また同時に飲み友達であった者が、今日まで生き残って居る者は殆ど皆無である。而してその人達の多分は胃癌、食道癌、脳溢血、腎臓炎、肝臓病等の酒毒から来る病気になって斃れたのである。それだから一旦酒という大溝に墜落した者は、一刻も早くその中から這い上り、奇麗サッパリと足を洗い、また未だ落ちざる者は、足元の明るい内に危険を避けて、安全の道を蹈むように、呉々《くれぐれ》も勧告するのである。これ即ち余の一身が飲酒の害毒と禁酒の利益を説明するに無二の好標本と申す次第である。(大正四・三)

都人士の権利と義務

半纏股引《はんてんももひき》の外、身辺無一物の一匹夫が往時水道の水にて産湯を浴したるの故を以って、六十余州到る処に江戸ッ子の権利を振り廻し、京阪人を上方贅六《かみがたぜいろく》と呼び、地方人を目しては田舎漢と唱えるなど、その状の倨傲不遜《きょごうふそん》なる、往々嫌悪に堪えざるものありしといえども、彼等が江戸ッ子の権利を甚しく尊重すると共に、また能くこれに伴う所の義務あるを知って、その責任を尽くすに怠らざりしは吾等が常に敬服して已まざる所なりき。即ち彼等の口にする所は曰く、余輩は江戸ッ子なり。江戸は将軍様の御膝元なり。斯かる大都会に生まれたる一男児にして、豈能くこの義捐金を負担せずして可ならんや。この委托を承諾せずして可ならんや。この弱者を扶け、この強者を挫かずして可ならんや。と凡百の事、彼等単に都人たるの故を以て、その義務を尽くすに汲々たりしは、設令《たと》いその間理義に適せざる者ありといえども、その気概の尋常に異なるものあるは、士君子の往々及ぶ能わざる所にして、これ即ち江戸ッ子の江戸ッ子たる所以なりき。

今日の東京は昔の江戸の比にあらず。僅々八百万石の将軍家の膝元は、一天万乗《いってんばんじょう》の至尊が鳳輦《ほうれん》を安んずるの帝都となり、八百八町の面積は拡大して二百六十余万の人口を包容するの市街と変じたる等、その大小繁閑《はんかん》の差異霄壌《しょうじょう》も啻ならざるものあり。随って今日東京人が各自均霑《きんてん》する所の特権便利は、江戸ッ子が街頭に百万石の諸侯と摩肩併行《まけいへいこう》したる虚栄の如きにあらず。然らば即ち東京人がその権利に随伴する所の義務の重んずべきもの僅かに借金を典物《てんぶつ》として一時の体面を装いたるの比にあらずして、更に大いに尽瘁すべき者あるや言を俟たざるなり。況んや半纏股引の下等社会より一層進みたる中流以上の人士に於いてをや。また況んや進徳矯風の事業を以てその責務となす吾等禁酒会員の輩に於いてをや。想うて茲に至れば吾等東京人士の権利の優越なるが為めに、随って義務の重大なるを感ぜざるを得ざるなり。そもそも東京人士の一挙一動一言一行がその積累する所、社会の或る方面または多くの方面に現われ、全国を指導する所の模範標準となるの傾向あるが故に、都人士《とじんし》がその挙動を謹み、その言語を重んずべきは、即ち通常固有する所の権利に伴うの義務なりと知らざるべからず。然るに事茲に出ずして言行を苟くするか、もしくは因循《いんじゅん》姑息《こそく》に流れ、却って地方の徒に先鞭《せんべん》を着せられ、または奨励を受けるが如き事ありては、都人士の不面目これより大なるもの勿《なか》るべし。今一例を挙げてこれを証せんに、曩《さき》に一人倍増禁酒運動の議起こり、全国挙ってこの運動に従事せんとするに当たり、吾等は東京の会員が先達となりて、全国各地に模範を示し、以ってますますその運動を拡張するならんと期待せしに、事は予期に反して、却って各地方より刺激を受け指導を蒙るの奇観を呈するに至れり。また過般　戊申の遺詔に解釈を下し、禁酒の大御心を忖度《そんたく》したる一篇を本誌に掲げたるに、地方の団体もしくは個人会員の内より、わざわざ書を寄せて大いに鼓舞激励の資料となりたる事を通報ありしに、これまた東京に於いては寂として何等の消息だに伝えざるのみならず、特にこれが為に新運動の開始せられたるを聞かざるなり。凡てこの如く指導者たり誘掖者たるべき地位に在る者が、却って他の指導を受け誘掖を蒙るあるに至りては、昔時の半纏股引の下流社会に対しても面目次第も無き者と謂うべきなり。蓋し、或いは今日の東京は昔日の江戸とは違い、その居民は一般に東京人と称するも、その実は三府四十余県より入り込みたる烏合の団体にして生粋の東京ッ子にあらず。斯かる往所不定の民族に対し生え抜きの東京人を以ってこれを律せんとするはすこぶる酷なりと謂う者あらん乎。吾等は斯かる論者に対しその答うる所を知らずといえども、他人は知らず、吾等は一日片時たりとも東京に万居する以上は多少に抱わらず東京市民の権利を享有する者なれば、今後須らく自ら反省して名実両《ふた》つながら相伴う所の権利義務の遂行を勉むべきものなり。（大正六・八）

神酒は愚昧なる遺習に過ぎず

◇維新の根本的政策　明治維新の改革は、実に根本的改革であった。上には　明治大帝御位に在らせ給い、下には三条、岩倉、西郷、木戸、大久保の如き名臣があって、思い切った大改革を行ったから、茲に維新の大業が創立せられたのである。この改革は独り政治、法律、軍事、教育等のみでなく、大帝自ら率先して、恐れ多くも数十年来の習慣創業を一変し、御髪を断ち、衣冠服飾を改め、全然西洋流を御採用遊ばされたるその大英断は、ひたすら感佩の外はないのである。斯かる大英断を行い給いたればこそ、斯の世界稀有の成功を奏して、今日東洋に覇業を創設するに至ったのである。

◇第二維新の時節到来　然るに今日に於いて、なおまた、第二維新の根本的改革の必要ある次第は、第一の維新に於いて日本の実質的文明は、兎に角一と通りは整頓したのであるが、精神的文明に至りては、如何にも幼稚にして、欧米の競争場裡に相騁《てい》馳《ち》する事が出来ない訳であるから、是非とも今日その端緒を開かねばならぬが、第一着として現今天下の大勢をなしつつある禁酒事業を国家に採用するを以て、最も捷径《しょうけい》とするのであるが、それには旧慣恒例に改革すべきもの数多くある内、第一には酒類を神前に供する事を廃止しなければならないのである。この一事が実行せられなければ到底国家的禁酒は見込がない。もし国家的禁酒の見込がないとするならば、日本の精神的文明は、向後発展の道はないと申してよい。

◇神酒に対する国民の観念　今日吾邦に於いて、神前に酒類を供するには、蓋し種々なる古事来歴があるに相違ない。しかしこれを祖宗伝来の衣冠服制等に比較したならば、その軽重いずれとも定め難いくらいであろう。然るに明治維新の際に当たり、大帝陛下には断然その旧慣例を御変更にならせられて取長捨短の例証を広く天下に示し給いたればこそ、国民のこれに倣いたるは、風の草に加うるが如く、津々浦々まで靡《なび》き従わざるはなかったのである。今この神酒なるものは、均しく吾人が飲用する酒類であるも、一旦これをその尊崇《そんすう》する神前に供するとすれば、これに一種の難有味《ありがたみ》が加わり、随ってこれを嫌忌する代わりに、これを尊重するの念を起こさしむるのである。この尊重の念が一般国民の心に附き纏い、不知不識《しらずしらず》の間に、吾人が禁酒運動上に幾多の防碍《ぼうがい》となりて現れ来るのである。すでに貴族院に於いては、賞盃賜与の請願に対し不敬の廉を以てこれを擯斥し、また毎年提出の未成年者禁酒法案に対する否決の主なる理由も、矢張りこの神酒の難有味《ありがたみ》が否決者の心理を支配するから起こるのである。

◇酒類を供するは神に不敬なり　元来、古昔酒を百薬の長、または天の美禄などと称する頃は百薬の長たり天の美禄たる酒類を神前に供するは、蓋し合理の所為なるべしといえども、科学の進歩せる今日に於いては、酩酊の性質を有する料、即ち飲酒類は一種の毒液と見做されて居る。然るにその毒液、即ち文明国人は追々排斥するに勉むる所の、酒類を神前に供するとは何ということであろう。人間すらその飲用を禁止する所の酒類をば如何にして尊崇すべき神に供する事が出来るであろうか。或いは云う、酒は多量は無論有害なるも、少量は無害なるべし、然れば神に少量を供するは敢えて不可なるものにあらずと。しかし、酒中に含有する所のアルコールその物が、已に毒物である以上は、なお神に対してモルヒネ、ストリキニーネを供すると一般である。誰れか神前にこれらの毒物を少量たりとも供する者があるであろうか。

◇優者は大勢に先んじ劣者は大勢に後る　そもそも欧米の文明は世界の文明にして、この文明の大勢に先んずる者は優者にして、これに後るる者は劣者を以て目せらる。即ち東洋に於いては日本が早くすでに、この世界の大勢たる泰西の文明を採用して、物質的にては優者の地位に居るに引替え、支那はこの大勢に後れたるが故に、今日の処日本よりは劣者の地位に居るも是非なき次第である。さて今日の世界の大勢は、禁酒はますます隆盛を来たしているのであるが、この大勢に後れざらんが為めに、禁酒事業を国家に採用するは、今日当局者が、常になすべきの急務である。而して第二維新の根本的改革の必要ある所以である。往時　明治大帝が西郷、木戸、大久保等の如き、人傑の補佐に由って、百般の大改革を断行遊ばされたる如き、この国家的禁酒事業に対して、先以て神酒の如き旧慣例は一切撤廃せられて、全国の民心をしてその向かう所を知らしむるこそ、焦眉の一大急務と言うべきである。

◇酒精の原因とその性質　酒なるものは、人を酩酊せしむる力をなす。この酩酊の力は酒情に由って生ずるのであるから、吾人が酒と云うのは即ち酒精を指すのである。さて酒精の原素は酵母にして、この酵母なるものは一種黴菌《ばいきん》なるが故に、発育繁殖の力を有すれども自身発育するものにあらずして、必ずや他の食料に由って発育するのである。然れば酵母が水の中に在る澱粉《でんぷん》の糖化に混合する時は糖分を変じて炭酸ガスと酒精を生ぜしむるのである。

◇酒は酵母なる黴菌の小便なり　この酵母なる黴菌は、その大きさは日本の尺度にて、一寸を更に千分にせると同じくして、非常に微小なるものなれども、これが糖分を含有する液中に入り、温度三十五度くらいに至る時は、非常の速度を以て繁殖し、即ち人間が米を食する如く、黴菌が米を摂取して自己の営養となし、炭酸と酒精を排泄するのである。然れば酒精はこの酵母なる黴菌の排泄物である。故に、酒を飲むは、黴菌の小便を飲むに斉しきものである。然ればこの黴菌の小便を採りて、恭《うやうや》しくこれを神前に供するとは、言語同断沙汰の限りにして、神に対しては不敬これより大なるなく、人に対しては自己の無智蒙昧を現すこれより甚しきはない。固より知らぬ時は是非もなき次第なれど、一旦科学上より研究した結果、いよいよ酒が黴菌の小便と分かった以上は、速やかにこの大不敬の陋習《ろうしゅう》を一掃して、清く正しき供物を神前に献げなければならない。（大正八・六）

労働者と禁酒

近来世界万国を通じて、労働問題の解決は、人間社会中最も重要なる部分を占有し、已に吾邦に於いても同問題の紛起《ふんき》に由り、製作工場、汽車、汽船会社等に於いて、同盟罷業《どうめいひぎょう》の結果、殆ど凡てが、多少互譲《ごじょう》を以て労働者の要求に応じたる観なきにあらず。而してその影響の全社会に及ぼす所少々にあらずして、前途の形勢実に寒心に堪えざるものがあるのである。

職工労働者の輩が苦訴する所は、物価の騰貴《とうき》に由り日々の生活難に在りと云う。これは申すまでも無き事にて、第一に賃銀の割増しより始めて、労働時間の制限等に在るは、一般普通の要求なれども、さて雇主が割増しに対し労働者が所謂生活難の程度を調査し、右割増しの当否を研究する場合に臨み、彼等が日々の生活費中の凡てが必要品として、毫も贅沢物の混入は無きやを精査したるに相違なしと確信するのであるが、茲に吾人が問わんと欲する所のものは、彼等の生活費中に米、味噌、醤油、及び一と通りの副食物の外に、一合二合もしくは五合内外の酒類が含まれてはあらざりしや。もしこれありとするならば、まず以てこの無用有害なる贅沢品を控除し、然る後割増額の多少を定むるこそ、当然と思うのである。然るに世人の多くは、矢張り酒類を以て労働者が無二の骨休めの材料として、必要物品中に数うる者あり、謬《あやま》れるの甚しきものと謂わざるを得ない。さてその輩の所説を聞くに、

「中等以上の者に禁酒を勧告するは、蓋し至当なるべしといえども、労働者に禁酒を強制するは残酷の所置と謂わざるべからず。彼等は終日勤労の後、僅に一盃の酒に依りて、陶然《とうぜん》休養するものなり。実に晩酌の一盃は彼等の生命なり」

とは、吾輩が毎度耳にする所であるが、およそ世の中に事実に相違した理窟が随分あるが、これ程相違した見解は余り多くあるまいと思う。然るにこの不条理なる理窟が、啻に常人の口より出るばかりでなく、堂々たる政治家、学者、実業家、殊に人身生理の研究を職業として居る刀圭社会の人にして、この骨休めを唱導して、更に怪しまざる者あるに至りては、何とも以て慨歎の至りに堪えないのである。

稼穡《かしょく》の事は老農に問うべく、餅屋は餅屋の諺の通り、世の智者学者に不案内の事物が不思議千万にも吾等禁酒会員には炳乎《へいこ》として、火を睹《み》るよりも明らかなるは、敢えて他の理由があるのでない。即ち吾等が禁酒を覚悟して以来、二、三十年昼夜この禁酒の一方にのみ汲々として、しかもその交際する所のものは中等以上よりも寧ろ下流社会、即ち労働者仲間に多くして、平素その人達と手を把《と》り膝を交えて、各自の所感を相語るを常事となしたるがためである。然れば飲酒は果たしてこの労働者達には骨休めであるか、そもそもまた骨折らせであるか、世人の所謂一盃なるものは、果たして常に一盃限りにして彼等はこれに由って、一層誠実勤勉となり、またその事業はこれが為に進歩発達に至るべきか、はたまた二盃三盃が階梯《かいてい》となり、果ては、乱飲泥酔せざれば已まず、而してその人は遊惰に陥り、疾病に罹り、その結果無辜の家族を駆って、この世からなる地獄の境涯に惰落せしめ、遂には社会の迷惑を惹起するか否やは、即ち斯道《しどう》の老農たる禁酒会員が、この問題に解決を加えて、案外不案内なる世の政治家、学者、実業家へ報告するの必要があろうと思う。

さて何故、今日吾輩老農の一言が必要であるかと云うに、先年某所に於いて増税問題に付き、大隈侯その他の諸氏が意見を発表せられた時、実業家中錚々《そうそう》たる某氏が、酒類の増税に反対するの理由として「余は、増税に反対する理由として、酒は労働者の骨休めを防げ、慰労の資料を奪うことを挙ぐ」との語が吐露せられたるには、例もながら歎息の至りであった。余は固より増税の可否に付き、玆に意見を試むるの積りはないが、一体この人など普通の物識連中とは違い、商工業の関係より、下層社会の事情には精通して居る次第であるのに、飲酒の一点に至ると全く不案内にて驚くべき程迂闊《うかつ》な言論を陳じ、平然顧みざるのは、蓋し無頓着に坐する者にして、気の毒と称するの外はない。これらの事情を総合して見ると、吾邦文明の程度が、尚未だ此輩をして、酒の利害を研究せしむるまでに進歩して居らぬ。これを約言すれば文明が尚まだ幼稚の時代にあると、遺憾ながら謂わざるを得ないのである。

しかし今日、いくらか物識顔に喋々する吾輩にも、禁酒以前は勿論、その以後といえども暫くの間、矢張り禁酒は暴飲者にのみ必要と考えた時代があった。または飲酒家の労働者が、終日の辛苦は、一盃の熱燗《あつかん》にあらざれば、これを医する事能わずと心得て居たのであるが、それは大間違いと漸々に気が附いたのは、即ち多年間禁酒運動の余沢であると云わねばならぬ。成程今日現に飲酒して居る八公熊公《はちこうくまこう》に尋ねて見たならば、いずれも異口同音に「無論一盃は何よりの骨休めである」と返答するに相違はない。然るにこの同じ八熊《はちくま》が何かの動機で断然禁酒して、およそ日数の少なくも一月と二月経過した後で、再び意見を糺したならば如何であろうか。彼等の返答は全く正反対にして、その禁酒の利益を吹聴する事は、飲酒時代に酒の功能を説明したよりは幾百倍だか分からない。それは何故かと云うに、彼等が一盃飲んで居る時には「酒ほど旨い物はない」とか「腹に染みる心持は何とも言えない」とか云いながら、心の底には「飲むから女房子供が不自由する」という観念が、何時も多少良心を刺激して居るから、飲酒の功能が思う存分に云われない。否な、さすがの八熊にも飲酒の功能の無い事が分かるのである。況んやこの八熊の禁酒に由って、その家内等が以前とは全く別天地の生活をなす事を感謝する。その美妙音は、到底禁酒会員にあらざる以上は、聴取する能わざるに於いてをやである。

さてこれらの八熊連中が一日の骨休めに、一盃引掛けるとした処で、十人が八、九人までは、決して一盃では満足するものにあらずして、必ずや二盃もしくは三盃乃至は六、七盃くらいは煽るのである。それに肴《さかな》の一皿くらいは喰べるに極《きま》って居る。仮りに一皿七銭とすれば、まず平均二十七銭乃至三十銭は毎日の所謂骨休めに消費する次第である。この一ヶ月の金額を累計すれば、実に八円より十円に達す。労働者の生計として、毎月十円の散財をするのは、決して軽少の次第でない。況んや八熊は、この単調の飲み方で満足するにあらずして、或いは祭礼とか、または交際とか、その他祝儀、不祝儀さてはヤケ酒を合計したらんには、その消費金額は往々妻子の衣類を奪い、身分不相応なる借財を山積すべきに於いてをや。然れば今日の給料問題の如きも、固より物価騰貴の為め幾分か割増を実行すべきは論を俟たずといえども、労働者にしてもし禁酒を決行するに於いては、雇者被雇者双方の間柄を円満にする為めに、殆ど唯一の方法として、なかんずく工事就業上、能率を増進するの点に於いても、万欠くべからざる手段と申すべきである。

回顧すれば、今より三十二年前、強飲の一事に於いては人後に落ちたる事なき余が、禁酒を実行するに至りたるも、畢竟するに労働者に禁酒の必要を感じたるが動機となったのである。そもそも今日の我が外交問題中、最も重要なる状態を呈して居る移民一件も、元はと云えば、ハワイ移民の成功が米国の移民を誘致したのである。而してそのハワイの成功は、殆ど一に日本労働者間に禁酒主義を奨励したるに在る事は、余が当時の外務大臣大隈伯、即ち今の侯爵に上申したる書中に、彼等の衛生、風紀、勤勉、貯蓄の統計的事実に於いて明瞭である。もし当時ハワイの官民が、我が今日の朝野の如く、一向酒害に無頓着にして、例の骨休め主義にても妄想して居りたらんには、ハワイの移民事業も到底明治十九年を以て、失敗の歴史に終局したるに相違なしと断言するを憚らない。而してこれが何よりの証拠と云うは、大隈侯には余の労働者に対する禁酒事業を盛んに称讃せし事を当時逓信大臣たりし榎本子爵から余に通信された事である。

然るに或いは説をなす者ありて、ハワイの如き熱帯地に於いて、規律を以て検束したる労働者には、飲酒の弊害固より論を俟たざるべきも、吾邦の如き寒温両帯の土地柄に於いては、余程体質と気候をも熟考するの必要がある。然るをハワイと一様に禁酒を断行せんなど、愚もまた甚しと謂う者あらんが、これらの論者に対しては、寒国にては露国、及び最近禁酒国となりたるフィンランドを始め、寒温両帯に跨《また》がる米国全体の禁酒の状況を細説する時は、思い半ばに過ぐる者あるべしと信ず。殊に東京その他の各地方に於ける労働者の禁酒会員より、論より証拠の禁酒実験談を『国の光』誌上に毎度掲載するものあれば、彼の骨休論者もこれを一読して、迷夢を一覚する所あるべきを希望するのである。（大正八・一〇）

第六篇

禁酒桃太郎

私がお話する今日の演題は「禁酒桃太郎」というのです。そういうと、皆さんの内には、そんな桃太郎があるものか、と云われる方があるかも知れない。成程これまでは、そんな桃太郎は一人もなかったが、しかし今日は禁酒桃太郎が入用になって来ましたから、是非それを拵えなければなりません。それから昔の桃太郎は桃から生まれて、爺さんや婆さんに育てられ、鬼ヶ島へ宝を取りに行くので黍団子《きびだんご》をつくったり、犬や猿、雉子などを供に連れて、鬼退治に出掛け、首尾よく宝を分捕って凱旋、それで市が栄えたのですが、今日私どもが欲しいと云う桃太郎は、第一に一人ではない。幾百万人あっても差し支えはない。多ければ多い程都合がよい。それは何故かと云うに、鬼も昔から見ると大変に数が殖えまして、而してまた昔の鬼は私ども銘々の家の内に這入り込んで居りますから、また鬼を製造したり、販売する者があって、成るたけ一軒でも余計に鬼を入れようとして居るからです。

そこでその鬼とは、一体何かとお尋ねがありましょう。それは外でもありません。即ち酒がその鬼のことなのです。それなら酒が何故鬼かと申しますと、世間で人が酒を飲みますと、酒の内にはアルコールという悪魔が居りまして此奴が飲む人の胃袋を恐ろしくいためます。それから脳をいためます。心臓だの、肝臓だの、腎臓だのという人間の身体の内で、大切な機関をいためまして、人を病気にしたり、狂気にしたり、終いには生命までも奪ってしまいます。それがウソなら酒飲みを御覧なさい。一盃飲むと、その人の顔が鬼の様に真っ赤になる。それから怒る、暴れる、家内の者を困らせる。お金は段々無くなって来る。ま正月になっても酒飲みの子供は、新しい着物なんぞ着ることも出来ない。まだそればかりでない。沢山酒を飲む人は、早死をして、家族に難儀をかけるのです。

こんな悪事をする酒は、鬼と申すが当然です。イヤ鬼以上と申してもよい。それですからこの悪鬼どもを退治して、一疋も人の住む家に入れない様にしなければなりません。さてそれを退治する桃太郎は誰かと云えば、即ちここに居られる皆さんが、凡て桃太郎さんになるのです。それから女の方はこれもすべて桃子さんになって、男の方と一緒に鬼退治をやるのです。それから鬼の退治方はどうかと云えば、今日は黍団子《きびだんご》だの、小具足《こぐそく》や陣羽織などは不用です。また犬や猿、雉子などの御供もいりません。ただ皆さんが、銘々の家に、もし酒という鬼が居ましたら、お父さんお母さんに向かって斯う言うのです。

「酒は毒です。酒を飲むと身体に障《さわ》ります。そして生命が段々縮みます。私はお父さんに長生きがして頂きたいから、これから何卒酒を家へ入れないで下さい。本当に酒は鬼です。鬼よりモット恐しいものです。」

と、それでも聞かない時は、一生懸命に禁酒唱歌を謡うのです。

昨年の調べによると、日本全国の男女で五歳から十歳までの子供が五百六十七万人、十歳から十五歳までの子供が五百〇五万人であるから、合計で子供の総人数がチョット一千万人余であります。この一千万の桃太郎と桃子の軍勢が、歩調を揃えて、威勢よくお働きになりましたら、いくら酒魔が頑強でも、何時か一度は、屹度日本から全然退治して了う事は出来ると存じます。

しかし皆さんの内には、昔の桃太郎は、鬼ヶ島から宝を取って来たが、酒の鬼を退治したら、どんな宝が取れるのかとお尋ねになりましょう。それは、昔の様な珊瑚樹《さんごじゅ》や、宝珠の玉や、金銀のような眼に見える物ではありませんが、その代わり人間誰にもなくてはならない物で、第一には健康、即ち無病息災であります。第二には長命です。第三は貯蓄、即ち金が溜って、皆さんがどんな良い本でも、衣服でも、サッサッと買えます。第四には、家庭の平和で、お父さんお母さん、それから皆さん方が毎日ニコニコして暮らす事が出来ます。それから勤勉だの、信用だの、まだいくらも結構な宝が、皆さんのお家にドンドン飛び込んで参ります。ナントお目出度いことではありませんか。

　サア桃太郎さん、桃子さん、禁酒唱歌を唄いながら、運動場へお出なさい。（大正四、一）

伊藤一隆氏と語る

　吾人の師範たる伊藤氏、当今新潟県柏崎地方に在って、日本石油株式会社の為に、その老熟の技能と敏腕を揮い、側ら北越禁酒会の首領たる所の伊藤一隆《いとうかずたか》氏には、今日でこそ土地柄や仕事の都合等にて、禁酒事業に就き十分にその驥足《きそく》を展《の》ばす能わざる有様であるが、氏は往年札幌農学校に於いては、新渡戸稲造《にとべいなぞう》氏等と共に、秀才を以ってその名声嘖々《さくさく》たりし人にて、爾後北海道に於いて初めて禁酒会を起こし、天下に率先して酒害を喝破されし時は、全帝国中一人の比肩するものなき勢いであった。されば禁酒と言えば、伊藤氏を連想したる様にて、已に余が明治二十一年の頃、ハワイに於いて禁酒の際第一に目に触れたるものは、北海禁酒会の機関誌『護国の楯』で、また耳に響いたるは伊藤一隆氏の雷名であった。固より余は氏に長ずる事十三、四年の年長者たるも、禁酒の道に於いては氏の余に長ずる逕に遠きが故に、韓愈の所謂その道を聞くや固より吾より先なれば、吾従って而してこれを師とす［「師説」］べき道理で、即ち伊藤一隆氏は吾人の師範と申してよい。

同盟会の伊藤公爵　それのみならず、氏は吾が日本禁酒同盟会に於いては、帝国憲政史に於ける伊藤［博文］公爵とも称すべき創業功労者の一人である。その次第は曾て『国の光』紙上にも掲載ありし如く、今日同盟会の憲法たる規則全十六ヶ条は、凡べて氏が単独の起草に係り、明治三十一年以来今日に至るまで殆ど一の改竄《かいざん》を加うる事なかりしは、一に氏の規画その宜しきを得たるに職由《しょくゆう》すると申すべく、また今日一万二千有余の会員が、その胸間に輝かす所の金、銀、白銅三種の徽章もこれまた伊藤氏の意匠に成れる者にして、爾来優勝旗、雑誌、織物、器具、菓餅の類に、この徽章形を使用し、幾百千人に酒害を警戒したるか計り知られぬくらいである。されば事こそ違え、伊藤氏の功労の大なるは、憲法起草者たる博文公と敢えて伯仲なしと称するも溢美《いつび》ではあるまい。唯その異なる所は憲法の伊藤公は、人爵《じんしゃく》の光栄を受け、同盟会の伊藤氏は天爵《てんしゃく》の恩寵を蒙れるの一点である。

申し分なき出品陳列　伊藤氏は至って器用なる性質の人で、本職たる実業技術の外に隠芸甚だ少なからずして、手品の如きは専門家の奇術師も往々三舎《さんしゃ》を避くるの手腕を有し、次いで会場の装飾もしくは演芸の番組等に至りては、所謂痒い処に手随て達する程に行き届く人なれば、今回の大正博覧会に於ける禁酒出品陳列の場合に当たりては、吾人は幾度か伊藤氏を想起したる処、過日偶然にも氏は本部を訪問したるにより、何はさて置き出品陳列上に付き、氏の意見を質したるに、氏は如何にも満足の体にて言わるる様「自分は今回、日本石油株式会社の出品に関し、博覧会へは時々入場する故、禁酒会出品所へは都合三度見物に参りたるが、実に善くも彼れ程までに手が行き届きたる事かと、唯々満足するのみ申し分更にこれ無し、自分も単に見物する許りでは気が済まぬ故一度説明を試みたが、イヤ実に来観者の群集する体、また善く注意して視察する有様は何分とも愉快で堪らない。この度は確かに全国一般に酒害を教訓する事が出来たと思う。ナント御同様に本懐の至りではあるまいか。唯一つ遺憾に思うのは彼の三号館へは下足が付くので、人足が他の場所程に繁くない、しかしそれであればこそ、手帳などを附けてユルユル見物も出来るので、もし押すな押すなの混雑であったなら、却って不便至極であろう、兎に角大成功云々」と。余はこの器用な伊藤氏に、斯くまで満足されたので、また一層の安心と満足を加えた。

米国の禁酒と能率の関係　氏はまた語をついで言わるるには「自分は去歳《きょさい》以来二回も渡米したが、さてその都度余の眼中に映じた米国実業社会などの禁酒に対する態度は、非常の変化にして、今日同国に於ける禁酒問題は、酒害を警戒するなどの程度を遥に打越て、実際禁酒にあらざれば人生百事不可能を感ずるというまでに、この問題の研究が進歩発達した。換言すれば米国現今の禁酒問題は飲酒が衛生や風紀に有害なりなどの範囲は最早や脱却して、禁酒にあらざれば今日の事業は到底遣り切れない。酒など飲んで頭脳を傷め精神を鈍らせる如き事を行っては、一日に何程と、キチンと極められた仕事の能率を完全に遂行する訳には行かぬ。即ちそこは拝金宗の国柄だけありて一日の能率が一杯の酒で妨害せられ、為に何ドル何セントの損失を蒙ったと知れては、我慢にも意地にも酒などへ手を出す事はとても出来よう筈がない。それ故大抵の会社などでは、殆ど全然禁酒主義を実行して居ると申してよい。一例を挙げて見ようならば、余が「スタンダード」の社員をサンフランシスコの或る日本食料理店に案内して饗応した時、余は同人に向かって、自分は禁酒主義であるから酒を供さぬと言ったら、彼が言うのに、自分も矢張り同主義なれば一向差し支えなし、その仔細は会社に居って酒など遣っては、とても今日割宛てられた一日の仕事が満足に遣り切れる者ではない。酒と能率とは全く正反対のくらいに立つ者で、決して並行するものでない。已に先頃も両人の社員が上役に呼ばれて仕事の不成績に付き、糺明された結果全くその原因が飲酒である事が分かり、直ちに解雇された事実があると話された。つまり今日米国の実業界は酒の入り込むべき余裕がないまでに能率が発展して、事務が繁忙複雑であるのである。誠に驚くべくまた羨むべき次第である。」

国防上寒心すべき現象　右伊藤氏の事実談を聞きては、吾人日本国民たる者は今日安閑《あんかん》として待合に出入したり、さなくも骨休めと称して晩酌を試むるなど心得違いを行って相済まざる次第と思う。対手国は何方であろうとも、わが立法部の両院は、共にその討議の問題は、一も国防二も国防であった。その国防問題が解決に行き悩むも、畢竟する所は一に資力の不充分に帰着するのである。さてその資力を充実するに最も必要なるものは、即ち米人が今日血眼になって発展を計る所の能率こそこれが根本と言わねばならぬ。然るに金が有り余って、戦闘艦でも、師団でも、自由自在に新設する事の出来る米国ですら、禁酒を以て国民各自の能率を完成せんと試みつつあるのに、財況上遥かに下流に位する吾邦に於いては禁酒どころか、酒害という事さえ一向不案内無頓着にて悠々閑々《ゆうゆうかんかん》として居りながら、唯国防国防と叫びつつあるは、これ程辻褄の合わざる話はない。嗚呼憂国の政治家よ。学者、実業家、さては軍人その他の同胞よ。この際是非とも覚醒奮起して、一方に酒杯を抛《なげう》つと同時に、他方に各自の能率を発展し、以て国防問題の解決に努められよ。（大正三、五）

正宗の大気焰

人類諸君　諸君の内には、近頃何か事々しく酒害を喋々して、禁酒論を主張する者が之有《これある》趣きであるが、さてその人達の所説を承るに、酒は毒物である、酒は個人を毒し家庭を乱し国家社会を害するなどとて、或いは生理上より、或いは道徳上より、または経済上より立論して、拙者ども正宗一家は申すに及ばず、一族同類にして、およそアルコール的飲料たる者には、何やら陰険姦悪なる手段でも運《めぐ》らして、人類諸君を瞞着《まんちゃく》し、以て暴飲乱酔せしむるが如く、吾等酒類を讒謗せらるる由なるが右は拙者どもに於いて、寃罪この上もなき次第にして、甚だ以て心外千万の至りである。

そもそも拙者どもがこの世の中に出生したるは、人類諸君が一片の肉欲を充さんが為めの悪戯にして、決して拙者どもが好んで造化の力を仮り自ら出現したるには毛頭これ無く、殊に当時の聖人大禹《だいう》陛下には、大活眼を以て、拙者どもの本性を看破し給いて「後世必ず酒を以て国を亡ぼす者あらん」と千古不抜《せんこふばつ》の宣告を下された。この一事によりても、拙者どもの毒物たることは、すでに三千年の以前に於いて、証明せられてあるのだから、拙者どもがよし人類諸君を瞞着せんと欲するも、到底その余地のあるべき筈はないのである。

然るに万物の霊長とも言わるる諸君には、愚か千万にも、斯かる大聖の金言に一向頓着せず、三千年来の今日に至るまで、国という国、家という家に、拙者どもを歓迎せられ、一年三百六十五日間、寒にも暑にも、吉凶禍福、祝儀不祝儀の別なく、如何なる時にも拙者どもにあらざれば、夜も日も明けぬと言う方さえあるのは、御厚志千万忝けなきも、所謂贔負《ひいき》の引きたおし、甚だ以て迷惑この上もなき次第である。しかし拙者どもにはたとえ大禹の宣告がないにもせよ、決して先天的有害の性質を隠蔽して、人類諸君を誘惑せんとする卑怯未練の輩にはこれなく、否自ら進んで、明々白々に、自己の人類に有害なる事実を世間に吹聴する事には、あらゆる手段を尽して来た。而して今も尚尽しつつあるのである。例えば諸君の内、一回たりとも拙者に接近する者あれば、まず以て柔和な人物を乱暴者にして見せる、謙遜なれば傲慢にする、沈黙なれば多弁にする、謹直なれば浮気にする、勤勉なれば懶惰にして、諸君の注意を促がすのであるが、尚それ等にても頓着しない者には、一歩をすすめて、或いは乱暴狼籍を働かせて、妻子眷族を始め、親類朋友果ては見ず知らずの他人社会にまで厄介をかけさせたり、或いは身体の各部を侵害して、胃腸、脳髄、心、肺、肝、腎その他神経血管等に、種々なる病気を発作せしめたり、なおそれにても懲りざる者には、一ト思いに脳溢血などにて息の根を止める事もあれば、または肺結核や、胃癌もしくは食道癌等の慢性病を以て、世間の懲戒とする事もあり、或いは健康妨害の外に、信用を剝奪して見たり、身代限りを試みたり、或いは喧嘩口論の結果、負傷させたり、死亡せしめたり、或いは汽車汽船等で、ポイントマンや、機関士等が酩酊のために、一大椿事を引き起こさして、社会全般の耳目を聳動《しょうどう》せんとするなど、古来拙者どもが人類諸君に酒害を警戒する為に、手に手を尽したるは、中々一朝一夕の事ではない。然るに万物の霊長を以て自ら任ずる諸君、なかんずく、平素智者、学者、大政治家、大事業家を以て自負する諸君が、この一点に至ると、蒙昧不霊にして、その状下等動物にも劣れりとは、豈に遺憾の至りではあるまいか。何故なれば下等動物中には決して酒や煙草に接近する者がないからである。

然らば禁酒家諸君は如何にと言うに、成程まだ飲んでいる者から見れば、比較的優劣はあるに相違ないが、拙者どもがこのくらいに酒害を警告した暁に、それでヤット眼がさめたからとて、別段感心する程の事でもない。殊にその運動ぶりに至りては、イヤハヤ迂濶千万、言語同断と言わねばならぬ。されば世間に禁酒する者のあるのは、禁酒家の運動に依って禁酒したるにあらずして、実際は拙者どもが右の如く酒害を懇切に警告するからである。また大澤《おおさわ》［謙二《けんじ》］、片山《かたやま》［国嘉《くにか》］両博士の如きも、矢張り以前は拙者どもの門に出入して、頻りに交際を求められた連中であったのだ。しかもさすがに大学者だけあって、遂に拙者の忠告に気がつかれて、今日酒害の警戒上に於いて、大いに拙者どもに協力せらるるのは誠に悦ばしき次第である。

かかる次第であるから、禁酒家諸君には、運動上拙者ども一類を無闇に罵詈讒謗《ばりざんぼう》せられたる従来の口調をサラリとやめて、向後は「見よ、酒それ自身があれ程まで、苦心惨憺《くしんさんたん》、手を替え品を替えて、俺と交際するとロクな事はないぞ、と酒害を警告して居るではないか。されば吾人類は決して一滴たりとも酒類を飲用すべからず」と、斯様に演説して貰いたい。尚一応注意して置くべき事は、禁酒会でも月次会でも、いつも千篇一律のお浚《さら》い演説でお茶を濁さないで、時には歌舞伎座もしくは有楽座の如き場所へ、まず第一に居酒屋、ビヤホール等より泥酔客をかり集め、これに各所の病院より、酒害の結果と知れ渡った患者若干名と、暴飲者の家族で貧困に陥りたる者、また出来るなら在監中の犯人数名を加えて、而して満堂の聴衆に対し、右の出き拙者の声色をつかって御覧《ごろ》うじろ。それこそ因果覿面の大演説で、これに感動しない聴衆は、まず一人も有之《これある》間敷《まじ》く思うのである。良薬口に苦し、忠言耳に逆うとは申しながら、賢明なる人類諸君には、必ずや雅量怛懐《がりようたんかい》、御聴納《ごちょうのう》あらん事を篤信するものである。(明治四五、四)

節酒問答

問　世間飲酒の弊害吾人よく知る、然れどもその幣害多くは暴飲の結果にあるが故に、吾人は須く節酒すべし。禁酒は余り極端なりと思う。如何？

答　この説程世間に迂潤な論説はあるまいと思う。而して吾等禁酒家も近頃は最早かかる迂論に相手になる必要はない筈だが、もしこの迂論がなお未だ今日の輿論の幾分を占めて居るという以上は、吾等はそれだけこれに対して、極力論破の労をとらねばならぬ。そもそも世間に何事が実行なし難いといって、節酒程実行のなし難い者はないのである。それであるに、世人が節酒を唱えて禁酒に反対するのは、あながち酒が飲みたいばかりでなく、多くは節酒家と小飲家とを混じてこれを論ずるから起こるのである。小飲家は生来下戸に均しき小量の飲酒家にして、飲んでもよし飲まぬでもよしという人物なれば、これらが晩酌に一合乃至一合五勺を傾けて、直ちに陶然として愉快になり、それより熟酔する等の有様を見て、あれくらいに飲んで置けば、薬になるとも毒にはならずとて節酒を主張する者がある。

然るに節酒とは、読んで字の如く、酒量を節減するの訳にて、五合の量を二合に、一升の量を五合乃至三合に節減する事だから、丁度一回に五椀の飯を常食とする人に、一椀にて済せよと命ずるに均しく、その困難は禁酒するより幾層倍なるか知り難い。イッソ禁酒なれば、成るだけ酒器を遠ざけ、酒類は勿論一滴たりとも咽を下さずとするが故に、困難中にも辛抱の致し方無きにあらざるも、節酒は飯よりも好きという酒類を、五合の量ある者に一合乃至五勺を与え、その味を以て飲欲を呼び起こさしめ、而してそれだけにて我慢せよという事なれば、如何なる克己節欲の力ありとも、暫時は兎に角、早晩再び従前の大酒に立ち戻るは、世間にいくらも例証のある事である。もしまた果たしてその困難なる節酒をも忍耐する克己力のある者なれば、何を苦んで節酒の愚を学ぶべきや。断然禁酒を決行して差支なき筈である。

それから節酒を主張する者の辞柄に、衛生上とか、交際上とか、種々な説をつけるが、これらはその実禁酒断行の勇なき卑怯未練な根性から出る囈語《うわごと》同様のものであるから、その囈語に対し呶々しく論ずるの必要は無いけれども、さりとて、これらの辞柄に欺かれて、節酒論に賛成する者その数幾千万をるを知らずという次第である日には、極力この節酒論を根底から刈尽さなければならない。

兎に角節酒論の無益なる第一の証拠は、今日の如く世界到る処に、斯くばかり禁酒事業の盛大に成り行く世の中に、およそ唯の一ヶ所にても、節酒会という者が満足に維持されて居るのを聞いた事がないのでも分かるであろう。

さて右の如く、節酒は実行が出来ないという以上は、禁酒より外に方法はない訳であるから、禁酒は決して極端論ではない。いやでも応でも、禁酒しなければならないので、もし禁酒がいやなら、飲みに飲んで、酒と討死するより外は無い。却ってこの方が極端論ではあるまいか。

斯う云うと、イヤ、それが極端というのだ。見よ、世間には酒飲みだから尽く短命で、下戸だから長命とも極って居るまい。殊に程善く飲んで済まして居る。所謂小飲家がいくらあるか分からないなどという者が随分ある。これらの論は酒飲み自身が、自分の急所を敵に吹聴して、わざわざ敗北を求めるも同様の次第であるのだ。何処の国に酒飲みが短命でないと云う証拠があるか。他国は知らず、欧米文明諸国に於いて、人間の生命を金銭で請合うと云う、生命保険会社では、数百年来の統計と学理と実験とに由って、如何なる保険会社でも、酒量の多少に由って生命の長短を見積り、酒を飲めば飲む程保険掛金の割合が高くなるのは、少し保険の事を心得て居る者には誰れでも知って居る筈だ。なかんずく彼の有名なるニールソン氏の死亡生残表にも、立派な証明が上って居る。これらの次第は、伊藤一隆氏が得意の演説で、世間の人が善く知って居る筈である。

これでも酒飲みは、下戸よりも短命でないと言われるであろうか。固より仲間に酒飲みで、六、七十から八十くらいまで、まれには生き延びる者も無いではない、しかしこの人達も禁酒して居たなら、尚長命で、その間にいくら幸福な事があったか分かるまい。但し斯様な事は、酒飲み連中が銘々の本心に聞いて見れば知れる事だから、多言を要せぬであろう。

それから節酒論者に、是非一言して置かねばならないのは、元来酒というものは、他の麻酔剤と均しく、飲むに随って追々分量を増すものであるから、全く下戸で居た者が何時か相応な酒飲みになり、またそれ相応な酒飲みが、この次ぎに非常な暴飲家に変じて、始末に終えない人間になるのは、世間に決して珍しくない。尤も酒に手をつけると、誰れも彼れも左様になるというのではない。しかし酒を飲むと、誰かが左様になると知れて居るのに、平気でこの危険な物に手をつけるというのは、随分大胆な話と言わねば成らぬ。

この話で思い出す事があるのは、余が先年支那に居った時、支那人の馳走になって、宴後別室に誘われて、阿片煙草を勧められた。固より阿片煙草は国禁であるのみならず、更に吸い度《た》い訳もないから体よく断った処が、相手の酔客は颯々と寝転んで、早速吸い始めて言うには「チョット試しにやって見ろ」その時余は所謂物は試しだと、フトその煙管に手をかけんとする一利那、オット万一この一ト吸いが病み着きになったら、それこそ一大事だと思ったその時は、思わず身の毛が竦立って、その室を駈け出した事があった。酒精の害毒は阿片に勝るとも劣らないのに、その酒精を浴びる程飲んだその当人が阿片を斯くまで恐るるとは、全く習慣の然らしむる所で、この点などは、吾党禁酒会員の運動上すこぶる注意すべき所であろう。（明治四〇、一〇）

聖書と酒

（二九）禍害《わざわい》ある者は誰《たれ》ぞ、憂愁《うれい》ある者は誰ぞ、争端《あらそい》ある者は誰ぞ、煩慮《わざわい》ある者は誰ぞ、故《ゆえ》なくして傷をうくる者は誰ぞ、赤き目ある者は誰ぞ、（三〇）是《これ》すなはち《わ》酒に夜をふかす者、往きて混和《まぜあわ》せたる酒を味《あじわう》ふる者なり（三一）酒は赤く盃《さかずき》の中に泡だち、滑《なめら》かにくだる、汝之《なんじこれ》を見るなかれ（三二）是は終に蛇の如く噬《か》み蝮《まむし》の如く刺すべし（三三）又汝の目は怪しきものを見、汝の心は謊言《いつわり》をいはん《わ》、（三四）汝は海のなかに偃《ふ》するも

ののごとく帆桅《ほばしら》の上に偃す者の如し（三五）汝いはん人我《わ》を撃《うて》ども我いたまず我を搭《たた》けども我おぼえず我さめなば又酒を求めん

支那の諺に「若要㆓断酒法㆒、醒眼看㆓酔人㆒」の語がある。蓋し禁酒教訓中に、これくらい簡単にして、しかも事実に適切なる警句はあるまいと思う。即ちその意味は、禁酒がしたければ、白面の時酩酊した人を看るのが一番であると云うことである。またこれを精しく言えば、広い世界に、如何程飲酒の好きな人でも、自分が酒を飲まぬ時に、酒に酔うたる者を一見したならば、その醜状狂態《しゆうじようきようたい》に愛想が尽きて、自分も飲酒を慎まんとする決心が生ずるという意味である、支那人がこの諺を実行するや否やは別問題として、さすがは言語の国柄だけありて、誠に至言と申して宜い。さてこの醒眼で酔人を視た、その状態に至りては、旧約聖書箴言二十三章二十九節以下三十五節に至る数句の間に、世の酔酒者の状態と、その行為と且つその運命の成行を、如何にも善く言い尽して而してこれに訓誡を与えてある所は、読めば読む程、唯感服の外はない。およそ古往今来、飲酒に耽りたる者にして、この範囲内に含まれて居らぬ者は、一人もあるまい。これは一片の理論ばかりでなく、吾人が多年飲酒の実験と、また禁酒運動の際、幾百千人の酔酒者の身上に於いて、見聞したる所にても、この箴言の数句は、即ち醒眼に看る生酔の写真鏡、大酒家の活歴史とも言うべきものである。実にこの一事に由って考えるも、聖書が人間以上の知識になりたるものにして、所謂書中の書たる所が判然するのである。因って余は実験上よりこの聖語の解釈を試みようと思う。

箴言第二十三章中に、二九節 **「禍害《わざわい》ある者は誰《たれ》ぞ、憂愁《うれい》ある者は誰ぞ」** 世の中に一生涯禍害なく憂愁なくして暮し得るものは、殆ど唯の一人もあるまいが、しかし自身が殊更に求めて、禍害を招き来たして、その身を苦境に陥る者は、まず以て飲酒者を以て第一とするであろう。酒の為には言うべからざる事を言い、なすべからざる事をなし、それが為め禍害に罹り憂愁を致すは、世間にその例多くして数うるにたえざれども、今試みに最近の一例を挙ぐれば、東京に程遠からぬ処に、徳望高き立派なる村長某氏があったが、この人の唯だ一の瑕瑾《かきん》というは、飲酒を嗜む事にして、それが為め一杯の酒に昏酔の結果、在職中人の為に不正捺印の科に問われ、幾多の朋友故旧が、救護に百方尽力せしもその甲斐なく、遂に鉄窓裡《てっそうり》呻吟《しんぎん》の身となりたる事あり。これらが即ち禍害あり憂愁ある人にして、誰ぞと問わば、唯だ酒飲む人と答えるの外はない。しかし幸いにこの紳士は入監前、酒害を悟り、断然禁酒会に加盟して、爾来一滴の酒も咽喉を下さないのは、感佩の至りである。

「争端《あらそい》ある者は誰ぞ、煩慮《わざわい》ある者は誰ぞ」 争端をなす者、尽く酒飲みというを得ず。また煩慮即ち心配を懐く者、これまた下戸にも往々少なからざれども、酒飲みは百人が百人まで、動もすれば争端を起こし煩慮を来たす事は、吾人が日常見る所である。而してその理由は飲酒の為に、アルコールが脳を刺衝《ししょう》侵害して、その人の忍耐力や判断力を、薄弱遅鈍ならしむるが故に、勘弁すべき場合に、勘弁すること能わず、忍耐すべき事柄に、忍耐が出来なくなるから、争端の起こるは自然の理にして、而して争端の結果に煩慮の伴うは決して不思議な事ではない。

「故なくして傷を受くる者は誰ぞ、赤き目ある者は誰ぞ」 人は狂人白痴にあらざる以上は、誰にても自分の身体を大切に思わざる者はない。その故に如何なる人に頼まれても、何程の金銭を与えられても、それが為にその身を傷つけ破り、平気でいる者はこの二十世紀の今日に、一人としてあるべき筈がない。然るに不思議なる事には、人が一旦酒に酔いたる暁には、その身体の貴重なることを打ち忘れて、何の理由もなきに、喧嘩口論をなし、果ては修羅場を演じてその身に負傷し、甚しきは生涯不具の身となるか、またはこれに由って生命さえも失うに至る者、日本国中を綿密に調査したならば、毎日何百人という出来事であろうと思う。今仮りに一例を掲げて、これを説明せんに、軍人が戦場に立って負傷するのは、これ即ち負傷すべき故あって、負傷したのであるが、もしこの軍人が陣中に在って加給品の酒に喰べ酔いて朋輩喧嘩を始め、負傷する事あらんには、これ故なくして傷を受けるというものである。

次に赤き目云々に至りては、これまた故なくして負傷したる一例にして、飲酒者自身が充分に、経験ある事柄である。そもそも飲酒の事たるや、ひとり身体の外部にのみ、傷害を加えるのみならずして、内部にも同様の傷害を加えるものである。否、内部には、より多大なる傷害を蒙むるものである。その次第は酒飲み必ずしも、飲む度毎に争闘を為し、また失脚などして創傷を受ける者にはあらざれども、酒が一旦口中に入り腹部に下る時は、直ちに胃を傷つけ、それより血液に入り、全身各処、ありとあらゆる部分に傷害を加えざる事がない。これらの説明は余り多端にして、一々数え尽されぬ程なれども、その尤も著しく外面に顕わるるものは即ち目なのである。吾人は生来白く且つ黒くして、玲瓏透徹《れいろうとうてつ》なる双眼を、天より賦与《ふよ》せられて居るに、然るに自ら酒なる飲料を嗜める結果アルコールは血液を刺激し、血派を膨脹せしめ、遂にこの白黒透明なる眼球を赤色に変じ、為に視力を害するに至るのである。而してこの目が赤色に変ずると同一の程度に於いて全身到る処凡て酒害を蒙るものと覚悟しなければならない。実に恐るべきことでは無いか。

「是すなは《わ》ち酒に夜を更《ふか》す者、往きて混和《まぜわ》せたる酒を味《う》ふる者なり」元来人は昼間は動作して夜間は定時刻に休息安眠すべき筈なるが、酒飲みはこの休息安眠すべき夜分に於いて、兎角夜うくるまで飲み続け、時として徹宵《てつしょう》飲み明かす事さえあり。この夜をふかすの一事ですら健康上に有害なるに況して以上の如き傷害を与うるところの酒類を暴飲するに於いては、如何に強壮なる人物といえども、その健康を害せざる筈はないのである。さてまた茲に混和せたる酒とあるは、当時ユダヤ人が味を調え酔いを速やかにするが為に、この混和法を取りたる由、尚我が邦に於いて味《み》淋《りん》に焼酎を混和してその味を甘美にし、その酒気を強烈ならしむるが如きものと思われる。

「酒は赤く盃の中に泡立ち滑かにくだる、汝之を見る勿れ」酒の赤色なるは、葡萄の溶汁なるが故にて、我が清酒の淡黄色を帯ぶると一般である。さて滑かにくだるの一句はこれ実に好飲家をして感服に堪えざらしむる一語である。吾人が実験上、酒を一度口中に入るるや、これを嚥《の》み下すともなく、すらすらと咽喉を流れ落ちる有様は、何とも譬うるに物もない。斯かる一種特別の旨味を有する飲料に由って、古来幾千百万の人類が誘惑せられ、身を亡ぼし、家を破りたる次第に由り「汝之を見る勿れ」と戒めたのである。さてこの「見る勿れ」の一語こそ、蓋しこの全篇の精神眼目とも称すべき所にして、而してこの聖書が如何にも善く飲酒の真情を洞察したるものである事が分かる。何故に斯かる危険なる飲料には触るる勿れとか、また飲む勿れと言わずして単に「見る勿れ」とのみ戒めたるかと云うに、そもそも飲酒家の飲欲なるものは、一種不可思議なる性質を有し、その色を見ば、その香も嗅がずして、唯これを空想するのみにても、飲欲勃々《ぼつぼつ》制止する能わざるに至るもの、世間にすこぶるその人に乏しからざるが故に、もしこれらの徒をしてユダヤ国ならば、その赤く泡立つ葡萄酒、また日本ならば山吹色の正宗か、さなくば白く泡だつビール等を一見せしめたならば、それこそ彼等が咽喉は、グビグビと鳴り出して、眼も暗み、耳も塞がり、一目散にその酒に飛び掛るまいものでもない。これ実に憫笑《びんしょう》に堪えざることながら、酒飲みの側から見る時は、決して無理ならざる事と言わねばならぬ。然れば苟くも禁酒を実行せんと欲する者は、何はさて置き、酒類を振り向いても見ざる様注意すること肝要にして、而してまた他人に禁酒せしめんとするにもその人の目前に、酒類は勿論、酒器も一切近づけざるべく、なお当分の間は、なるたけ従来の飲友達にも近づけざる工夫必要なるべし。

「是は終に蛇の如く噬《か》み蝮《まむし》の如く刺すべし」酒害の人身に及ぼす有様は、猛獣に呑噬《どんぜい》されたる如く、即死するとかまたは直ちに足腰も起たざる大負傷者となるものにはあらずして、その酒毒は次第次第に全身に蔓延浸及して、遂に薬もこれを救う能わざる危際に陥るものである。即ちその状態を譬うれば、一疋の毒蛇に足を噬まれ、もしくは蝮に刺されたる如く、その当座は格別にもこれを意とせざるも、その毒は漸次に蔓延して、大事に至るのと一般である。

然るに世の人は、或いはこの話を聞きて、毒蛇は固より人命に危険なりといえども、飲酒は必ずしも然らず、すでにその確証は吾等の如き多年間飲酒を継続すれども、未だ死に至らざるのみならず、健全依旧かくの如しなどと、揚々得意を鳴らす者なきにあらず。然れども、もしそれらの人が全く飲酒をせざりしならば、それよりも尚健康にして、またその命数も六十に終わる者は、七十乃至八十にも達するを得るであろう。況して吾人が以前経験のある通り、酒飲み自身に健康なりと唱えている間には、すでに幾分か身体に不健康を感じて、唯これを口になさざるまでなれば、酒飲みの称する健康は、甚だ保証の出来ざる健康と知るべきである。

「又汝の目は怪しきものを見汝の心は譌言《いつわり》をいはん《わ》」暴飲の極度に達する時は精神混乱して、その人の眼に怪異の幻象を見る。即ち鬼や蛇が突然出現したり、または警吏が捕縛に来たりとて、急遽遁走する事等は毎度にして、病理学上これを酒毒発狂と唱えるものなるが、斯の如き病症は、彼の胃癌と伯仲の間に在るものにして、暴飲の為に胃部の組織を痛く傷害したる結果、胃癌症に陥るか、さなき時はこの発狂症を発すると云う。さてこれらの人が、その目に怪異を視るまでに精神錯乱する以上は、その口に譌言譫語《せんご》を吐くは自然の成り行きにして、敢えて怪しむに足らず。

「汝は海のなかに偃《ふ》す者の如く帆桅《ほばしら》の上に偃す者の如し」世の中に危険なるものその数少なからず、されどもおよそ酔酒者程に危険なるものは稀なりと思う。その次第は、他の危険はこれを冒す者が、大概最初よりその危険なることを承知してなすこと故、これに対するの覚悟も相応にこれある筈なれども、飲酒者は自分にも決して危険となさず、他人もまたこれを見て格別に危険とも心得ざる故、双方共に何の用意なきそこへ、意外の珍事が出来して、意外の災厄に罹るのである。即ち飲酒者自身だけで云えば、喧嘩口論から殴打負傷が起こる如き、平地で突然転倒する如き、高処から不意に墜落するが如き、酔中刃物を取扱う如き、酔歩鉄道を横切るが如き、それより他人に及ぼす上にては、汽車汽船の運転手が酩酊に由り、幾多の生命財産を水泡微塵に附するが如き、斯かる危険の状態を形容して、海中桅上に偃臥するが如しとは、実に古今無双の名評と称するの外はない。嗚呼飲酒者程世に危険なるものはないと申してよい。

「汝いはん《わ》人我を撃てども我いたまず我を拷《たた》けども我おぼえず我覚めなば又酒を求めんと」飲酒家泥酔の状僅々この一話に説き尽して余蘊《ようん》なしと申すべし。箴言の記者自身にこの実験なしとなれば、如何にも善く泥酔者の状態を熟視研究したものと云わざるを得ない。すでに前文にも説明せし如く、アルコールが脳髄を浸し、神経の作用を遅鈍ならしむるに由り、甚だしきは全く疼痛の感覚を失いたる結果、手足が火に触れても熱気を感ぜず、況して撃れても拷かれても疼痛を覚えざるは更に怪しむに足らざることである。然るにこの飲酒者が斯くまで大酒したる事なれば、一旦酒醒めて本性に立ち戻りたる時には、定めて酒には懲り果てて、二度と再び酒気さえ嗅ぐも忌み嫌うかと思いの外、飲欲は不思議なるものにして、少しにても酔が醒めるや否や、また候、一盃酒を促がすというが普通暴飲家の常態である。尤も人の性質とその時の模様に由りて、一時は全く飲酒を嫌悪する者なきにあらざれども、これとても暫時の事にして、僅に半日か一日も過ぎれば、また候従前の飲欲に復帰するものである。（明治三九・一）

禁酒万能論

多方面という訳語が世間に紹介せられて、以来世人口を開けば彼は極めて多方面の人物なり、これは甚だ多方面の事業なりなど称する事、一時は一種の流行語の観を呈したりき。然れども世間の事業中、真に多方面にしてその範囲また極めて広大なる者を挙ぐれば、蓋し禁酒事業の右に出るものはあらざるべし。而してその決して吾人が我田引水的の私語にあらざる次第は、左の事実に由って自ら明瞭なるべし。

第一　禁酒は衛生事業なり

諺に「生命あっての物種」という語あり。生民《せいみん》あって然る後国家社会も存立することなれば、この生民の健康状態や寿命の長短が、直接に国運の消長に関係を生ずるは固より当然の事にして、文明諸国の国家が国民の衛生に重きを措くまた怪しむに足らざるなり。然るに禁酒はこの点に於いて衛生事業の大部分を占有し、国家社会に貢献する所、実に偉大なるものあり。

これらの事実は片山、大澤両博士が医学上より幾多の論説に於いて明示せられたる事なれば、茲に縷述《るじゅつ》の要なしといえども、唯遺憾なるは、世の識者先覚を以て自ら任ずる人々が、一方に向かって懇々《こんこん》衛生を説明するにも拘わらず、他方に於いては酒害を軽々看過するのみならず、甚だしきに至りては税源の名義の下に飲酒を奨励するの方策を講ずるが如きは、矛盾もまた極まれりと謂うべし。もし吾人をして有体に言わしむれば、国家社会が検疫消毒その他の衛生事業に関する費額の幾分を禁酒事業に割与し、その運動を一層敏活ならしめんには、衛生事業の目的は必らずや過半遂行せらるべきを疑わず。これ即ち両医学博士の卓説《たくせつ》に由って解決したる所の断案《だんあん》なり。

第二　禁酒は慈善事業なり

世の所謂慈善事業の多くは、悲惨の状態が目前に現出して、始めて着手するが通例なれども、吾人禁酒家の慈善事業なるものは、事故の未然に於いて酒害を根底より排除し、以て社会の厄介者を一人も少なからしめん事を期するに在り。見よ、彼の慈善事業の目的物たる困窮人の多数は飲酒に由ってその家産を蕩尽し、妻子を路頭に彷徨《ほうこう》せしむるの輩なるが、禁酒事業はこの目的物を、社会の各階級より一掃せんとするの手段を講ずるものなり。欧米の統計に由れば貧困者の過半はその原因飲酒に在りとすれば、吾邦に於ける禁酒事業の成功は、即ち慈善事業の少なくとも三分の一を未然に成功せしむるものと謂うも誣言にあらず。況んや禁酒事業は如何なる富豪にも閥族《ばつぞく》にも到底手の届かざる方面に於いて、善くその慈善の功用を奏するに於いてをや。例せば独り下層社会に限らず中流以上の家庭に於いても、暴飲者の妻女が日夜の呵責に堪えざるの際に当たり、一冊の禁酒雑誌や一言の禁酒勧告に由って、主人が翻然昨非《ほんぜんさくひ》を悔いて禁酒を断行したる結果、昨日の地獄的生活は一変して、今日の楽園的家庭となりたるより、その家人が歓喜の余り吾人に感謝状を寄送せし者、爾来その幾百なるを知らざる程なり。これ豈に偉大なる慈善事業と謂わざるべけんや。

近頃伝聞する所に拠れば、無智の賤民が究迫の余り非行を企《はか》るの虞れありとかにて、当局者はこれが為に大いに救済の道を講じ、広くその資金を閥族富豪の間に募集するの挙ありと言う。もしその伝聞にして果たして真ならば、禁酒事業こそはこの目的に対して最も有力なる援助を与うるものなれば吾人はこの際切に当局者の慎重なる注意を斯業の上に喚起せんと欲するなり。そはもし禁酒が下層社会に於いて実行せらるるを得ば、究乏《きゅうぼう》の徒は自ら減却すべく、究乏の徒減却すれば恒心自ら生じ非行を企るなどの狂漢も、全然その跡を収むるに至るべし。果たして然らば、今日の如き救済法も募金の挙も一切不要に属すべきは必然なり。世の閥族富豪以て如何となす。

第三　禁酒は矯風事業なり

禁酒と矯風は日本に於いてこそ名称の相違はあれ、欧米に於いては全然同一の事業たり。これ百般の矯風事項が、殆ど一として禁酒事業の間に包含せられざるものなきが故なり。今二、三の事例を挙げてこれを証せんに、過般吉原の大火後有志者が廃娼運動を企て各方面に向かって極力奮闘するその勇気と熱心には、吾人はひたすら敬服するの外なく、一日も速やかにその目的の貫徹せん事を希望する者なれども、またこれと同時にますます奮闘せざるべからざるものは、禁酒事業これなり。彼の買手あればこそ売手ある所の需要供給の原則より推究する時は、売手なる公娼廃絶の運動と倶に、買手なる嫖客《ひょうかく》を抑止するの方法を講ぜざるべからず。元来世間幾多の遊冶郎《ゆうやろう》が柳巷花街に出没するや、いずれも夜陰一盃の酒気を仮りてその良心を隠蔽し、然る後その醜行を逞うするものなれば、彼等に対するの禁酒運動は、取りも直さず一種の廃娼運動なれば、吾人禁酒会員は平素不断廃娼事業に従うものと称するも過言にあらず。次に多年間の懸案たる一夫一婦問題、即ち姦通罪を男子にも適用すべき請願事件に於いても、これまた禁酒が多大の関係を有するを忘るべからざるその次第は、そもそも吾邦の蓄妾《ちくしょう》なる多くは芸娼妓の落籍《らくせき》せられたる者にして、而してこれが媒介物は殆ど一として飲酒にあらざるはなし。然れば余程の好色漢にあらざる以上は、家内の風波を目前に控えながら、白面酒々として醜業婦に狎近するは甚だ稀れにして、必ずやこれまた旗亭待合の密室に杯盤狼藉《はいばんろうぜき》の結果、この醜行を敢えてするの外なきなり。この他幾多の弊風汚俗が禁酒に由って矯正せらるべきは勿論、彼の官紀《かんき》振粛瀆職《しゅくとくしょく》検挙の類、枚挙に遑あらざるなり。

第四　禁酒は平和事業なり

万国平和会議が露国に由って唱導せられて以来、世界の各地に於いて二国もしくは数ヶ国の間に平和協会が組織せられんとするもの少なからず。現に日米両国の間にも平和維持の為め各種の団体を設立する者あり。誠に時節柄恰当の美挙にして、吾人が最も賛成する所なるがこれまた禁酒がこの事業に於いて重要の地位を占有するを知らざるべからず。

人或いは言わん、国際の平和は大問題なり。瑣々たる禁酒事業などの能く料理すべき所にあらずと。然れども国家社会が一個人一家庭より成立するの原理より推考する時は論者は思い半に過ぐるものあるべし。そもそも家庭の平和を攪乱《こうらん》する者は飲酒を以て第一となす事は、古来聖賢の誡むる所にして、史乗の徴する所なり。故に禁酒家の家庭の平和なるは自然の道理にして、この家庭の団体たる国家社会の平和なるべきも、これまた当然の結果なれば、これらの平和なる国家と国家の交際、即ち国際が平和ならざらんと欲するも得べからざるにはあらざるや。これを要するに禁酒は人を真面目ならしめ、忍耐力を強からしめ、判断力を敏活ならしむるが故に、一国の当局者は勿論、国民全体が如何なる国際事故起こるに遇うも、是非の分別明晰にして、慎重事を処し、漫りに感情に駆られて軽挙に出るが如き事は甚だ稀なりとす。言やや極端に近しといえども、全世界が禁酒するの日にあらざるよりは、地上に真正の平和を来たす事は、到底希望すべきにあらず。これ即ち吾人が禁酒を以て平和事業となす所以なり。

この他、禁酒が財政問題に大関係ある事は、島田三郎氏が「禁酒は税源を拡む」の一篇善くその要を説き尽して余蘊なく、その商工業に必要なる事は、実業界の偉人故小林富次郎《こばやしとみじろう》氏これを事実に徴して吾人に多大の教訓を遺せり。斯く詮《せん》じ来たれば、禁酒事業の範囲の広大にして、しかも極めて多方面なるは、全世界到る処何人も争うべからざるの事実なりとす。欧米の識者が曾て言えることあり、曰く「二十世紀の劈頭《へきとう》第一に解決を要すべきものは禁酒問題なり」と、吾人もまた我が帝国戦後の新世紀に於いて、全国同胞が何よりもまず禁酒事業の研究に着手せん事を切望して已まざるなり。片山博士曰く「酒害に無頓着なるは国民の恥辱なり」と宜ある哉言や。（明治四四・七）

第七篇

禁酒会員の心得

一度禁酒会員となりたる人には、最早酒害の説明は無用なるべしといえども、これに対して禁酒会の何物なるかを一応弁論するは、すこぶる必要と思わるるなり。その所以たる第一には、余輩会員中には自身一度禁酒の覚悟を以て入会に及び、規則に従って誓約書に記名調印し、徽章を受領して毎月三銭の会費を納め、月報を購読するに於いては、それにて禁酒の事業相済たりと心得、何等の集会にも出席致さざる向無之《むきこれなき》にもあらざるが如し。また第二には会員の中には、本部の月次会は勿論、その他支部の奨励会等にも、一々出席し、その運動の為には時間と労力を費し、または金銭をも抛ちて奔走従事する熱心なる人々、固よりなからざるなり。然れどもその間時としては、禁酒会の趣意とその将来の目的とを審《つまびら》かにせざるより、その禁酒を世間に勧告するに当たり、議論上動もすれば答弁に窮し遂には自身すら疑問を生じて、破禁の惰落の境界に陥る者無之《これなき》にあらざるなり。既に斯く云う余輩にも、会費を納め、徽章を帯びれば、それにて会員の義務を尽せりと誤解し、それが幾度かこれらの危難に出会しても、幸いにして先覚者の注意と奨励に由って、破禁の禍にも罹らざりしが故に、今茲に内外実験家の所説と従来の意見とを斟酌《しんしゃく》して、吾人会員の心得方を逐次に掲載して、聊か読者が参考に供し、以て互に相研究する所あらんとす。

前文第一種の会員諸氏に就いて一言せんに、諸氏が酒害を覚悟し、断然口腹の情欲を抛棄《うちす》て、禁酒会員となられたるは、その勇決実に感服の外無しといえども、篤とその原因を考うる時は、全く内外の先輩諸氏が、幾多の尽力にて開設せられたる禁酒会の存在するあるに由って、今日会員諸氏が昨非を悟り、禁酒の英断に及ばれたる次第なれば、即ちこの会の盛衰は、諸氏が禁酒の成敗に関繋《かんけい》する甚だ密にして且つ大なりと謂うべきなり。

余輩といえども、諸氏と斉しくこれが完全の肉体なれば、たとえ今日禁酒に対しては、如何程堅固なる決心ありと広言するとも、もし平生互に相注意奨励するの方法なきに於いては、交際上余議なく、金樽に対し途上偶然麴車《こうじぐるま》に遇いたる時、再び前日の酒仙に復籍せざるとは、決して断言する不能なり。故に余輩会員が、自身の禁酒を堅固になさんと欲せば、禁酒会をますます盛大にすることを第一の良策と謂うべきなれ。固より会員多数の内には、公私の事務多忙の為め、または地方遠隔の為め、不本意ながらも無渉汰に打過ぎらるる向も少なからざるべし。然れども中にはまた、余暇もあり、便宜もありてなお集会等に出席せざる者あるが如し。その人々の語に曰く「この方どもは禁酒の事業には甚だ不案内なれば、顔を出すも何の役にも立たざる故に、寧ろ引込んで居るに如かず」と、これ大なる誤解なり。百人千人の奨励会も、矢張り一人より成立つにはあらざるや。如何程役に立たずと謙退するといえども、聴衆の役の勤まらざる事あるべからず。況んやこの聴衆の役たる中々に必要なる者にて、座中熱心なる意気込を以て謹聴する者一人も余計にある時は、弁士もまた熱心なる演説をなし得るは、自然の勢なれば、随って禁酒の運動も、いよいよ発達するに至るべきなり。聴衆の功績豈に偉ならずや。故に諸氏には、身の為め人の為め、向後は成るべく支部の奨励会もしくは本部の月次会に出席は勿論、ますます進んで、自ら会中の責任地に立ち、十分の尽力あらん事を余輩の冀望《きぼう》に堪えざる所なり。

次に第二種の会員即ち各種の集会に出席は勿論、禁酒運動に長時間と労力を費し、または金銭をも擲《なげう》ちて従事せらるるも、時としては禁酒事業の経験に乏しきより、反対者と討論の際、その答弁に窮し、遂には自身すら疑念を生じ、破禁惰落の危険に陥る者の為め、聊か意見を吐露せん。

そもそも余輩会員が、世人に対して禁酒を勧告するに当たり、正反対の罵詈讒謗は却って防御の手段容易なりといえども、彼の飲酒の害を悟り、禁酒の利益を知りて、十分賛成の意を表しながら、唯日常交際に不都合なるの一語を以て、勧を丁寧に謝絶する輩に対して、会員諸氏の内これが答弁に往々困却する者ありと聞けり。而して余輩にもまた当初同一の感を懐きて、幾回か破禁の災に罹らんとせし者なるが、多少経歴したる今日に在りては、この問題を解釈するは甚だ易々たり。その所以は、例えば官吏に向かって禁酒を勧告せんに、彼曰わん「余もまた酒害を知らざる者にあらざれば、子が好意は余よくこれを感謝す。然るに奈何《いかん》せん、余が官衙《かんが》は宴会極めて頻多、加うるに長官性甚だ酒を嗜み、同僚は孰れも飲客にして、殊に余は夙に鯨飲家の称号を博したる程なれば、今日突然禁酒会に加盟して、一切酒杯を拒絶するに及ばば、長官は余を擯斥し、同僚は余を疎外して、遂には禁酒と共に一家糊口の道さえ絶ち果てるに至るべし。故に余は当分入会する能わざるなり」と。また商人は云わん「禁酒の利益は余もまた熟知せり。然れども商人の生計は、愛嬌を以て第一となすものなれば、彼の同業集会等の場合に臨み、取引先の誰彼より一杯を勧められたる時、余は禁酒会員なりとて、これを拒絶せばその感情果たして如何。僅に宿酔位の苦悩を厭いて交際を損じ、為めに一攫千金の奇利を失うが如き事ありては、たとえ道徳上完全なる人物たるも商売社会には嗚呼のシレモノたるを免がれざるべし。故に余は加盟する能わざるなり」と。この他農と云い、工と云い、交際を以て禁酒を難しとする者は、その情実は蓋し殆ど一轍《いってつ》に出るが如し。因って今まず官吏より弁解を試みんに、禁酒家一夕長官の宴席に侍座して、平常の如く御杯頂戴《おさかずきちょうだい》の場合に当たらば、同人にはまず以て態よくこれを謝絶すべし。然れども長官は酒興の事故、中々に承知せられず、必ずや酌を強迫せらるべしといえども、禁酒家にもまた断然動かざるより、蓋し長官には不快を感じ、遂には怒気色にあらわるるまでにも及ばん乎。これ余儀なき事にして、固より覚悟せざるべからざるなり。然れどもこの不快の事情よりこの長官には、官衙執務の際までにも、なおこの禁酒家を敵視して偏頗不公平の取扱に及ぶべき乎。否苟くも一官衙の長官たる者が如何にしてそれ等卑劣の所業に出て可ならんや。固よりこの剛毅不屈の禁酒家には、平時酒席等に於いてこそ、御覚え芽出度からざるも、重要事務の起こるに当たらば、却って抜擢信任の光栄を蒙るは、当然の理なるが故に、禁酒は官吏立身の階梯と謂うも、決して誣言にはあらざるべし。また商人社会も同一にして、同業集会等の酒席に於いては、蓋し多少の不快を引き起こし、或いは禁酒家を目して馬と呼び、鹿と唱うる者あるべきならん。然れどもこれは僅に宴会一座限りの事にして、誰か平時緊要なる取引を行うに当たり、彼は禁酒家にて酔倒せざるが故に、危険なり、不信用なりと云う狂漢あらんや。却ってその清醒謹直なるを以て、一層の信任を博し、貸借事件も他の交際家よりは、容易に決行せらるべきは、数の実に観易きものにして、蓋し禁酒こそ商売上の秘訣《ひけつ》と謂うべきなれ。それかくの如く官途にも、商売にも、禁酒の交際に不都合あらざる以上は、豈に農工その他に不利の理ありて可ならんや。然れども世人が禁酒に対して、拒絶弁駁するの口実は、一にして足らざるが故に、更に項を述べて開陳せん。

世間の飲酒家が口実の金城鉄壁として立て籠りたる、交際上不都合の一事も既に十分の攻撃を試みたれば、苟も理義を解するの飲客は、右にて翻然悔悟、倶に禁酒主義の拡張に尽力すべき筈なれども、理論と情欲の兎角に背馳《はいち》し易き内、なかんずく飲酒上にはこの弊最も甚しくして、彼等口実の一塁を失えばまた新たに一塁を起こして防御の続く限りは、禁酒に抵抗せんとする者、往々少なからざるが故に、余輩会員にもまたこれに対し、攻撃の続く限りは、その略を講ぜざるべからざるなり。さて飲客が交際と称する一塁壁《いちるいへき》没落後は、如何なる防御の手段に出るやと云わんに、蓋しその城郭とする所は、慰労掃愁《そうしゅう》の一事を以て最も多くすべし。而してこの口実たるや、これを交際に比すれば、外見に於いては、その組立甚だ脆弱にして、一挙直ちに抜くべきが如しといえども、実際決して脆弱にあらずして、攻撃の如何に由りては、その堅牢却って交際の一事に勝《まさ》れるは、余輩が爾来しばしば勧告上にて実験する所なれば、所謂小敵と見て侮どらずの古訓に随い、茲に読者と方策を研究すべきなり。

禁酒家少しく奮発耐忍すれば、交際上決して不都合なきのみならず、却って生計に永遠の実益を与うべしとの忠諭に対し、飲客もこれに抗論する能わず、さりとて禁酒の賛成にも及ばざる者は、吏たり、農たり、工商たるに論なく、その口実を概言せんに、彼等曰わん「禁酒の交際上に不都合なきの理論は、蓋し或いは然らん。然れども人木石にあらざれば、苦労に次ぐに、これを慰むるの快楽なかるべからず。たとえまた快楽とまでに至らざるも俗に所謂骨休めなるものは、霊智ある動物に万已むを得ざるものなりとす。而してこの慰労の材料は、廃人一般の下戸を除くの外は、酒類の右に出る者なかるべし。即ち官吏が職務に鞅掌《おうしょう》し、商人が掛け引きに奔走し、農工が力役に労働して、向晩帰家、浴後僅に一杯を傾けて、始て終日の苦労を一洗し、併せて翌日に向かい、余勇を養うを以て、その一班を知るべきならん。また世間一般の風俗人情にして、下戸上戸の別なく、およそ宴会と称するものに、酒盃座に無ければ、山海の珍膳もその味を甘しとせず、春花月風雲の妨げなきも、金樽に対せざれば、その興を添ゆるに足らざるが如き、これらの類は枚挙に暇あらざれども、或いは禁酒家にはこれを以て、奢侈贅沢の所業として擯斥するや計りがたし。然るに花月宴遊《かげつえんゆう》も、またこれ斉しく慰労掃愁の一端たる言を俟たざるものなれば、その遊興を適宜の程度に止めて、労逸相調和することは、人間欠くべからざるの要事とこそ謂うべきなれ。それかくの如く酒類の人に必要なる以上は、万一他に酒に代わり、慰労掃愁の用をなすものあらば格別、もし無之《これなき》に於いては……」等、花月宴遊の談は、中人以上の口実たりといえども、この中人が内実は自己防御の為め、なお一層堅固なる口実を構造する事往々少なからず。即ちその言に曰く「余輩は苟も克己復礼の何物たるを知る人物なれば、たとえ酒無きも、また他に慰籍の材料を発見すべしといえども、憫然なる下等の賤民なり。彼等車夫馬丁の如き、もしくは田舎の農夫、海辺の漁民の如きは、実に終日の粒々辛苦を、僅に一杯の濁醪《どぶろく》を以て医するの外他に方法なきを奈何せん。これらに対し、生涯の禁酒を勧告するは、人類を木石視する者にして、蓋し無情残酷の極度とも謂うべきならん」と、この所説の勢力たる、中々に前陳《ぜんちん》花月宴遊の比にあらずして、余輩会員の外は、殆んど万口一声に、これに賛成を表すべきが故に、禁酒軍の鋭鋒も、ここに至りて逡巡挫折の厄難を蒙むるは必定なるが如し。今これらの口実に対し、順次に弁明を下さんに、元来飲酒を以て、慰労掃愁の一良法とするの一事に付ては、多年の慣習と一般の風俗より推考する時は、論者の謂う如く、禁酒は無情とも、残忍とも謂うべきならん。既に斯く云う余輩にも、右と同一の論説を講えて、禁酒家に抵抗したる事その幾回なるを知らざりしが、自身禁酒を実験せし今日に在りては、たとえ余輩には例の矯風上より厳格に立論せずして全く世間一般に通用する所の肉体保養の一方に付き弁護するも、禁酒こそ人類に真正の快楽を与え、純粋の興を添ゆる者と謂うべきなれ。即ち中人以上の花月宴遊の折柄に当たり、一切酒類を除却せば、人々は盛膳に対し、唯喫飯啜羹に汲々するのみにして、咄嗟に満腹殺風景の至りと思いの外、まず第一に酒気の腸胃を侵す事なくして、食欲は常に十分なるが故に、膳部、一として美味ならざるはなく、殊に料理人が試験品とも称すべきものにして、余輩上戸が殆んど度外視したる彼の口取物《くちとりもの》の如きも、これに至って始めてその真味を発見するの奇事となるなり。それより飲食の間に於いても、献酬起座の煩雑なく、また喧嘩紛擾《ふんじょう》の醜状なく、而して食後は団々相集って談笑和楽、満堂春海の如きなり。これ則ち真正の快楽にして、決して彼の酒気の為めに、漫りに放歌高笑するの偽造元気の類にはあらざるなり。今その実況の一、二を挙げれば、余輩会員が、時々盛宴を開き、談和楽十二分に歓を尽くすに当たり、これを隣席に聞く者、その必ず酒宴なるを疑い、襖を開き、座中一滴のアルコールなくして、加うるに婦人小児も打交りて倶に楽しむを一見して、始めて禁酒なおこの快楽あるを驚嘆する者あるを見たり。その節会員こ

れに答えて曰く「禁酒会員而後楽レ此飲酒者雖レ有此而不レ能レ楽レ此也」。(明治二四・五)

禁酒賛成者は会員外にも多し

禁酒の事業とし云えば、世間唯だ吾人禁酒会員かもしくは有数の宗教家に限るが如く想像して、その勢力微々たるを慨嘆し、時に或いは、失望落胆の余り、再び昔日の鯨飲家に復籍する者無きにあらざるなり。

然れども少しく眼界を拡めて、社会の実況を観察する時は、禁酒会に加盟こそせねど、個人が一身一家の上に、禁酒の必要を隠然感悟し、禁否の間に彷徨する者、その数幾千百なるを知らざるに、加うるに、近来輿論の一問題として人心を鼓動しつつある所の、海外移民事業の如きに至りては、これに従事する人々には、殆ど尽く禁酒の必要を感じ、早く已にこれを実行して、その成果を収獲したる者往々少なからざるなり。即ちその著しき例証をあぐれば、第一に在東京ハワイ公使館にては、爾来殆ど十ヶ年間、各縣地に向かって渡航人を募集するに当たり、その発布する所の心得書なる者には、明白に就役中は飲酒を厳禁するの箇条を掲げ、而してまた渡航者身元検査に当たり、もし酒癖ある事判然する時は、たとえ、事、既往に属するといえどもなお懸念の余り、これが渡航を拒絶する事ありと聞けり。また近頃米国もしくはオーストラリア、南洋等の移民事業を経営する会社に於いても、その募集心得書中に、右と同一なる禁酒の条項を載せたる上に、これにはまた禁煙の一項をも加えたるものあり。今その概要を掲ぐれば、即ち

一、労働時間は十時間にして月々の給料は十円より十二円くらいの事。

一、衣服食物及び住居は雇主より支給すべき事。
一、誠実に四ヶ年労働する者は往復の船賃は総て雇主より給すべし。
一、賭博飲酒は厳禁たるべし、もし犯す者あれば軽きも相当の罰に処せられ、重きは本国に返さるべし。
一、煙草は用ゆる可からず、彼地に於いて煙草は非常に高価なるが故に、これを用うれば得たる給料もこれが為め悉く失うべし。
故に煙草入煙管は持ち行くに及ばず。

そもそも右ハワイ公使館の如き、または移民会社の如き皆敢えて禁酒会員もしくは宗教家のみを以て、成り立ちたる団結にあらざるや明らかなり。然り而して、その移民を募集するに当たり、飲酒を以て社会の公害たる博奕と相並べて、これを擯斥厳禁する事かくの如きを見れば、その事業上に禁酒の必要を感じたる最も深重なるを知るべくして、而してまた社会の一大部分が禁酒の必要を明認したるの一例を、吾等に示したるなり。

然らば則ち、自今而後《じこんじご》、幾多の殖産興業家が同一の覚悟より、この公使館と会社の所為に習い、以て禁酒事業を賛成する者四方に烽起《ほうき》するや疑いなかるべし。嗚呼吾人禁酒会には現今将来に、有力かくの如くなる応援者を有す。しからばなお容易に失望落胆して可ならんや。語を寄す、世間の皮相家、漫に禁酒事業の勢力を以て、微々たる者と軽視する勿れ。(明治二七・三)

自然にして容易なる禁酒演説

吾邦古来演説なるものなく、そのこれありたるは維新以後の事にして、即ち欧米の輸入物に外なきなり。然るにこの技もまた、他の学芸と斉しく、異常の進歩をなして、一場の演説、能く人心を聳動し、輿論を喚起するに足るもの少なからざるを以て、到る処、演説は次第に流行して、遂には問題の当否よりは、寧ろ弁士の巧拙を詮議するの弊風起こるに至れり。これ蓋し勢の已む能わざるものにして敢えて独り吾邦に於いてのみ咎むべきにあらずといえども、然れども弁士の巧拙に由って、問題の是非せらるる所以のものは、畢竟するにその問題の理非曲直、尚未だ曖昧に属する者多きが為に由らずんばあらざるなり。もし然らずして、その論旨明晰、秋毫《しゅうごう》も左右すべからざる者あるに於いては、百の張蘇《ちょうそ》ありといえども、またこれを奈何とも能わざるべく、今世間百般の人事中に於いて、この種の問題を教える時は、吾人まず指を禁酒の一事に屈せずんばあらざるなり。

そもそも禁酒の問題たる事体如何にも単純明白にして、これが演説をなす者、またその間に立案の巧拙と弁才の能否を試むるの余地あるを見ざるが如し。何ぞや他なし。飲酒その者がすでに何人の上に、家族の間に、その弊害を自白証明する所なるが故なり。これを換言すれば、一瓶の麴生《こうじ》自身が一個人の腹中に入り、その性質を変じ、その言行を乱し、その身体を害し、その家計を破り、而してこれを公衆に示して曰く「諸君よ、もし諸君にして、余と交を結ぶ者あらんには、諸君が温厚の性質は、忽ち変じてこの如く狂暴となり、端正の言行はこの如く醜陋となり、健全の身体はこの如く多病となり豊裕の家計はこの如く貧困となるべく、然るに諸君は尚悟らずして、余の色香に眷恋《けんれん》し、決然絶交する事能わざる乎」と如何にも丁寧親切なる一場の演説を、吾人の面前に試むるが如き者あるが故なり。蓋し欧米諸多の禁酒演説家には、金言玉語を吐露して、天下に運動する者ありといえどもこの麴生の天然的演説の単純にして、しかも明瞭なるには如くものなかるべし。故に世間の有志者にして、もし禁酒演説会を開き、以て広く禁酒の効用を世間に表彰せんと欲せば、第一に飲客は、演壇に自身の過去帳を朗読すべく、下戸は酔客を誘い来りて、その現状を聴衆に披露せば足れりとすべし。また何を苦しんで禁酒演説の為め、殊更に理窟家、能弁家を聘《へい》するを要せんや。

然るに説をなす者あり。曰く「これ甚だしき極端説のみ、たとえ麴生が飲客の身上に於いて、その弊害を自白証明する者ありと云うも、その天然的演説を多趣巧妙に、敷衍《ふえん》宣伝する弁士あるにあらざれば、如何にして能く公衆の注意を惹き、飲客の反省を促がすを得んや」とこの説一理あるが如くにして、その実は皮相の見に過ぎざるのみ。固より酒害が一社会もしくは国家天下に及ぼすが如き一大問題に至りては、能弁なる演説は勿論、博識経験ある政治家、経済家、医者、学者、宗教家等の必要あるべしといえども、単に一人一家の禁酒運動に至りては、即ち日常吾人の面前に、時々刻々出現する所の事実を指して、これ利なり、これ害なりと一言すれば充分なりとす。故に吾人が今日その人に乏しきを患えるものは懸河滔々《けんがとうとう》の能弁士にあらずして、利害を明白に一言するの矯風家に在るなり。往年ハワイ移民の間に、禁酒会の創立せらるるや、これが奨励の為め、時々演説会を開きたるに、その会員なる者は、尽く山口、広島もしくは熊本等の純農にして、演説はさて置き、眼に一丁字《いちていじ》を解せざる者さえ少なからざりしも、司会者の勧誘に由り、その起立口を開くを聞けば、即ち甲は曰く「余は年来頭痛溜飲を以て不治の持病と断念せしが、禁酒僅かに二ヶ月を出ざるに、二病とも今日は全然平愈せり」。乙は曰く「禁酒以来不思議にも賭博の味を忘れて、勤勉の意は勃々湧起為に借財を清償して、尚若干の剰余を得たり」。また丙は曰く「余は禁酒に由りて、始めて妻子と談笑和楽の真味を発見せり」。丁戊己庚相次いで呶々演説せしに、その語如何にも簡単朴訥《ぼくとつ》にして、一見殺風景の観なきにあらざるも、事皆適切にして、真理言外に溢るるが故に、聴衆に無量の感動を与え、遂に全島移民の間に一大勢力を有する禁酒事業を振起するに及びたり。これ豈禁酒演説が、最も容易にしてその効用の最も偉大なる明証と謂わざるべけんや。

近頃吾邦各地方に於いて、禁酒事業漸く勃興せんとするの傾向あり。而して有志者中弁士の乏しきが為に、その運動を躊躇するもの往々少なからざるとの報に接し、吾人甚だこれを憾《うら》む。因って聊か所見を記して、その参考に供せんと欲す。

パウロに向かって「我は言と智慧の美《すぐ》れたるを以て神の証を伝えず」〔一コリント二章〕と説けり。吾人もまた禁酒演説に於いてパウロと同感を懐く者なり。（明治三〇・六）

禁酒事業と団結の必要

禁酒事業に一致団結の必要ある事は、吾等すでに度々これを論説し、以て東京、横浜の二大団体が、虚心坦懐《きよしんたんかい》、善くその提携の実を挙げたる事を称讃せり。蓋し団結の事たる社会万般の事業に於いて、必要ならざるなしといえども、禁酒に於いてその最も甚しきを見るは、吾等が従来の実験に徴するも明白なる所にして、即ち京浜の両団体が、各々の感情を一切排棄して、断然今日の挙に出でたる者も、またこの理由に外なきを知るなり。

されば禁酒主義者の性質を仔細に考察する時は、その団体と個人との論なく、決して単独孤立にては満足に実行し得らるべきものにあらずして、是非とも多数の同志者と一致団結して、始めてその目的を達するの理由は、少しく斯業に経験ある者の善く了知する所なり。然るに世人動もすれば「余輩は酒害を知る、故に禁酒を賛成せざるにあらず、然れども禁酒すればとて、必ずしも禁酒会に入り、その所謂運動なるものに齷齪《あくせく》するの必要を見ざるなり。蓋し禁酒運動の事たる、善はもとより善といえども、元これ博愛慈善を以て自ら認ずる宗教家流の事業にして、一般人の関係すべき所にあらず」などとて、吾等の禁酒運動を冷然度外視する者少なからず。もとよりこれら皮相の陋見は取るに足らずといえども、また此輩の為に、一言の弁明を必要とするその次第は、元来世間の禁酒家が往々その節操を全うする能わずして、破禁堕落に及ぶ所以のものは、多くは交際上の宴席に於いて、或いは儀式の為め、或いは強酌の為め、当初に甚だ不本意ながらも、余儀なく酒杯を手にし、随ってこれを口にしたる結果、遂に再び酒魔の奴隷となり、また救うべからざるに至るものなれば、今もしこれらの徒にして、果たして能くその禁酒を厳止に実行し、自家の福利を安全に保有せんと欲せば、是非ともこの一大弊害たる、吾邦宴会の慣習即ち献酬の儀式を変じ、強酌の弊風を除かざるべからざるなり。

然るにこの一大改革を決行せんとするには、先以てこの弊害に対抗するに充分なる勢力を養成せざるべからず。而してこの勢力を養成するには、到底単独孤立の能くなすべき所にあらずして、必ずして多数の同志者が、一致団結して、百方計画を施すにあらざれば望むべからざるものともす。これ則ち吾等が、禁酒運動の万止む能わざる所以にして、而してこの運動なるものは、世の皮相論者が、所謂慈善主義または宗教家の専門事業と称するよりは、寧ろ禁酒家各自より、一身一家の利害安危《あんき》に関する正当防御運動とも唱うる方穏当なるべきを信ずるなり。

過般膠洲湾《こうしゅうわん》事件の起こるや、某憂世家は嘆じて曰く「日清講和の際清隊を全然没了せしは反対の勢蓋し避くべからざる者にして、如何にも一時は壮快なるが如しといえども、もし他に適当の代償を得て、その幾分を北洋に留めたらんには、清国は斯までに欧洲諸国より不法の挙動を蒙らざりしならん。而して極東の吾人も、また斯までに危機一髪の警報に驚かさるるの患なかりしならん」。この言やや奇抜に類するといえども、また決して真理の味うべきなきにあらざるなり。かの「唇亡ぶれば歯寒し」の譬《たとえ》にもれず、日本は自己一国の海陸軍を拡張すれば、それにて日本の治国平天下には充分なり。隣邦の利害等に懸念するは、もとこれ宗教家流の博愛主義にして、風俗常人の関係すべき所にあらずとて、他国の出来事は一切冷然顧みざるの政治家ある乎。もしこれ有りとせば、吾等日本国民には一日も斯かる無謀の輩に、この大切なる金甌無瑾の邦国を委托する能わざる者なり。

それ海陸軍備に事欠かざる一国の独立すらも、単独孤立の姿にては満足に維持する事極めて容易ならざる者なるに、然るに肉欲のために、その本心を左右せらるる吾等一個人が、人間社会に無双の勢力を有する酒という勁敵《けいてき》を目前に引受けながら、如何にして単身赤手、以てその日夜間断なきの攻撃に対抗し、その禁酒を維持する事を得べけんや。世の孤立禁酒家が、その節操を全うする能わざる、復た怪しむに足らざるなり。故に吾等は深く今日京浜二団体一致団結の美挙を称賛すると同時に、世の孤立禁酒家をして、一日も速やかに、団結の利益を悟り以て、禁酒運動即ち自家の正当防御に熱心従事せられん事を勧告して已まざるなり。（明治三一・二）

禁酒運動利己論

世間禁酒運動を以て、多くは宗教もしくは博愛家一派の専門事業と見做し、これを称賛する者は、全く献身犠牲の精神に出るとなし、これを嘲笑する者は一種の道楽物好きに外ならずとして、毀誉紛々一方ならざるは、蓋し斯業に対する一般の情態なるが如し。

もとより禁酒事業の主唱者に於いては、献身犠牲の精神を以て、熱心事に従うにあらざれば、その成功覚束なき事は勿論なりといえども、これを以て直ちに禁酒事業は宗教家流の特有物の如く断定するは、惑えるの甚しきものと謂わざるべからず。吾等今最も見易き日常の事物に就き、一例を挙げて、その次第を弁ぜんに、吾邦人家稠密《ちゅうみつ》の地に於いて、なかんずく東京市中に於いて、最も多く見る所の災害は失火の一事にして、殊に冬季の時季に在りては、一夜に二、三回の出火は敢えて異とするに足らざる事なるが、さて仮に消防の準備なき場合に在るか、たとえその準備あるも、甚だ不完全なる維新以前の時代に在りとせんに、その頃に当たり、一旦火起こるや、風下の者は家々各自の家財を救護するに齷齪して、火元に走りて、一滴の水を注ぐ者なく、而してまた風上の輩も、冷然として袖手傍観その甚しきに至りては、一時の奇観の為に、不人情にも火勢のますます熾んなるを希望するが如き者あらんには、その結果如何なるや、風下の家屋が一掃蕩尽の災いを蒙るは勿論、風上といえども、時に或いは風位の変更に由って、意外の延焼に罹るか、然らざるも間接の影響なる、遭災の知人救助の如き、または隣街の雑費負担の如き、到底幾多の危難は免るる能わざるなり。

そもそも今日の東京が、徳川時代の江戸に比して、斯かる繁栄の域に達したる所以のものは、もとより、幾多の原因あるべしといえども、消防法の次第に発達して、年々巨大の財産を救済したる事、実に与って力ありと謂わざるべからず。

然るにこの恐るべき火災に対する消防事業は、如何にして成立せしかと云わんに、決して世間の或る一部の宗教家もしくは慈善家が世人をこの惨害《さんがい》より救済せんとするの犠牲献身の義侠心に出るにあらずして、全く江戸満城の人々が自家の直接間接の災厄を免れんとする満腔の利己心に外ならざるや明らかなり。さればその平素火事人足の消防操練より、これに関する器械用水等の準備を以て、誰かこれを一種の道楽、物好きの業と嘲笑する者あるべけんや。

今それ酒害の勢力を仄聞《そくぶん》に逞うするや、その猖獗の状決して火災の比にあらず。即ち全国到る処都鄙の別なく、一年三百六十五日、殆ど一日としてこの麻酔物を飲用せざるの地なき事は、彼の人家稠密の地と冬季に限れるが如きにあらず。またその酒毒の身体を毀傷し、精神を錯乱し、道徳を破壊し、家産を傾倒し、遂には禍害を妻子眷族にまで波及し、延いて国家の元気を消耗し、その経済を紊乱する事は、到底火災が一町一市を灰燼に附して已むの比にあらざるなり。然るに吾等が怪訝に堪えざる所の者は、その惨害の割合に軽小なるに対して、消防の道を講じて、ますますその方法を研究するに引き換え、禍患の莫大なる酒害に至りては、殆ど平然顧みざるのみならず、たまたまこれに対して、消防策を計画する禁酒運動の如き者あれば、自家の屋上には火粉恰も雨下するの状況なるにも拘わらず、或いはこれを許して宗教家の慈善事業とし、または一種の道楽物好と称するは、苟も常識を有する者のなし能わざる所なるべし。

さてまた彼の火災には風上、風下の別あるも、その風従の変更に由り、火勢の逆行あり。また風力の激甚なるに由って飛火の虞あると斉しく、酒害も飲者その人に止まらずして、その一家一族は漸次伝播すると同時に、代々下戸を以て安心せる子弟が突然この飲酒者の風俗のために、意外の場所に於いて感化せられ、果てはその一身一家を滅亡に帰する者、世間その例証に乏しからず、また地方の青年が都会に留学する者の内、その過半の失敗の原因は、放蕩懶惰に外ならず、而してこの放蕩の主因は、殆ど悉皆飲酒の一方に存せりと断言せらるべし。然らば即ち彼等の父兄が、志想未だ堅固ならざる青年輩を、酒害の汎濫せる都会の地に、単身留学せしむるは、恰も保険を附せざる茅屋を浴場、鍛冶屋、焼芋店の近隣に建築すると異ならず。その危険智者を待たずして知るべきなり。

これの時に当たり、これが消防の義務否な必要を感ずべき者は、常に彼等各地方の父兄のみにあらずして、これら放蕩青年が横行する都会の父兄に於いても、また同一にして、煙焰《えんえん》漲《みなぎ》る処、火粉の散する処、延焼の虞あるはその世間また敢えて都鄙の別あるを見ざるべし。この如く詮じ来たれば、およそ日本全国中、その身体を重んじ、その家産を愛し、その名誉と信用を惜しむ者、即ち一方の利己心を存する者は、酒害の消防に尽力すべき事、万やむべからざる次第なりとす。これ吾等が禁酒事業は決して宗教家の専門にあらず、博愛家の特有にもあらずして、一種の利己主義に外ならざるとする所以なり。諺に「大欲は無欲に似たり」と、吾等は世人が非常な大欲大利己心を発して、禁酒事業に賛成せられん事を希望してやまざるなり。(明治三一・一二)

暴飲家に対する運動

吾党の禁酒運動に従事する者、動もすれば世上の暴飲乱酔の徒に向かって、百方酒害を演述してこれが悔悟を促す。その衷情《ちゆうじよう》の懇切なるには、吾等が常に深く敬服する所なれども、退いて身を酒仙の境界に措き、その実況如何を熟察する時は、蓋し天下酒害を明知する者は、この暴飲者流の右に出る者はあらざるべし。これ飲酒ますます甚しければ酒害を感ずるいよいよ深きが故に、尋常の酒害列挙の禁酒演説ならんには、暴飲家には所謂釈迦に説法と一般、そのくらいの事情は乃公《だいこう》百も承知、敢えて卿等が喋々を煩わすに及ばずと、口外こそせね、心中には冷笑を潜めて、謹聴《きんちよう》を装う者、演壇の下、爾来その幾百人なりしを知らざるならん。

想うに暴飲家には、飲酒の習慣は第二の天性となり、到底尋常一様の方法にては、その悪習を脱する能わず。殊に酒害は虎疫または赤痢の如く急劇ならざるに搗《か》てて加えて、小量の飲用は却って滋養に適する等の、無責任極まる漫言は、時々彼等の耳朶《じだ》に触るるものあるより、或いは慰め、或いはあきらめつつ、遂に霊肉倶に救うに救うべからざるの極度に至る、誠に愍然の次第と謂うべし。然らば即ち此輩に対しては、如何なる手段が最も適当の方法なるかと言わんに、吾等が実験上に於いても、矢張りこれに勧誘演説を試むるの外他策なしといえども、唯だその演説たる、従来の如く尋常の酒害を排列するの代わりに、禁酒の実行は思いの外容易なる事を、また人身の機関は堅牢に似て、これまた案外薄弱なる事実を、丁寧に演述することこそ暴飲家をして、反省せしむる唯一の手段とは謂うべきなれ。蓋し世間何事も着手前には兎角困難の感を免れざるものなれど、もし一旦直前勇往《ゆうおう》、これに蹈み込みたる時は、案外容易にして、即て着手の晩《おそ》きを悔ゆる者、その例枚挙に遑あらざる内、その最も著しき者を禁酒となす。即ち禁酒の実行は、如何なる大酒家といえども、決して至難の事にあらず、否案外に容易の業なるなり。されば従来暴飲家に禁酒の難きはそのなし難きが為めにあらずして、自ら進んでなさざるが為めに在るなり。然れどももし、これらの勧告にして、なお容易に聴従せられざるに於いては、即ち飲酒家にも物種なるべき生命即ち身体なる者が、如何に精巧に組織せらるるかを説明すると同時に、またこの組織が如何に薄弱なるかを会得せしめたらんには、元来酒害を明知する飲酒家の事とて、茲に至りて十の八、九は必ず悔悟の域に達するや明らかなるべし。今極めて卑近の一例を挙げてこれを証せんに、蓋し人工の機関中、袂時計《たもとどけい》の如きは、最も普通の器物なれども、その細微の歯輪が両々廻転するの状を見る時は、その中間に微塵だも容れざる様、蓋の開鎖にすら、特別の注意を加うるは、一般所持人の人情なるべし。然るにこの時計よりも遥かに大切にして、またその機関も極めて精巧なる自己の身体に至りては、独り衛生上の不注意なるのみならず、却って酒煙草の如き害物を注ぎ入れ、吸い込みなどして、平然自得の色あるに於いては、狂愚の誹りは免れざるべし。斯かる狂愚は、苟も常識ある者の演ずる能わざるべき云々の意を以て丁寧反省を促さんには、普通の飲客は兎に角暴飲家たる者恐らくはこの明々白々なる理由に対し、反抗を試むる事はあらざるべし。これ此輩が酒害を明知するの一致なり。聖経に罪の増すところには愚もいよいよ増せり［「ロマ五章二〇、ただし原文（文語大正改訳）は「されど罪の増すところには恩恵も彌《いや》増《ま》せり」」とはこれらの謂なるべし。（明治三二・八）

習慣と戦うべし

吾党到る処、口を開けばまず酒害を唱え、筆を把れば禁酒を論ずるを以て、運動上唯一の方針となすが如しといえども、顧て仔細に世間の実況を観察する時は、この第二十世紀の今日に在っては、格別の蒙昧愚物にあらざる以上は、最早や酒類を以て百薬の長などと称して、これを飲用する者は殆ど無之《これなき》を断言すべきなり。然るに滔々たる天下、飲客が依然としてその数を減ぜざるの観ある者は、要するに積年の習慣、これが主因たる事最も明白なる事実たるを以て、今日に於る禁酒運動の方針は、先以てこの積習を社会より一掃するに極力勉めざるべからざるなり。蓋し飲酒の習慣に二種ありて、一を個人の習慣とし、一を社会の習慣とす。而して個人の習慣なる者は、尋常禁酒の方法を以て、兎に角これを抑止矯正するを得べしといえども、社会一般の習慣に至りては、特殊の手段と非常の英断を以て、これが破壊を決行するにあらざれば、容易にその効を奏する能わず。これを詳言すれば、如何なる飲客たりとも、生来酒類を嗜む乳汁に於る如き者は殆ど無之《これなく》して、多くは先輩長者の行為を見習い、または宴席等の所謂交際酒一、二杯を試飲するの結果、竟に終身救うべからざるの悪習慣を養成するに至る者なれば、今青年子弟をして、この悪習に感染せしめざると同時に、一旦感染したる成年者をして、この悪習より全然脱却せしめんとするには、是非ともこの悪習の根原たる全社会一般の習慣を、根底より一掃するにあらざれば、決して禁酒運動の成効は期すべからざるものなり。

然るにこの社会の習慣なるものは、その範囲極めて洪漠《こうばく》にして、その種類また甚だ雑多なるが故に、これを一々明掲するは容易の業にあらずといえども、まずこの百般の禍原たる飲料を以て、人事の大礼たる冠婚喪祭を始め、吉凶禍福何事に限らず使用し来りたる。並びに幾百千年の久しきに亘りたる事等は、その最も著しき者にて、即ちこの飲料の為には大切なる家庭を攪乱せられ、夫婦親子の間に幾多の悲劇を演じ来りたるにも拘わらず、社会はこれを以て結婚の大礼に万欠くべからざるの要具となすが如き、或いは前途有為の青年子弟を駆って、往々救うべからざる堕落に至らしめる者はその原因飲酒の結果たる明々白々なるにも拘わらず、社会はこれを以て学校の儀式祭典等に使用し、彼等をして神聖の飲料たる感念を抱かしむるが如き、或いはこれが為に公務を誤り、公害を来たし、世教を乱し、風俗を壊る等その悪例枚挙に遑あらざるにも拘わらず、社会は酒盃を以て賞賜の重品と定むる如き、或いは父兄もしくは良人が、現に飲酒の為に落命したるその葬式に於いて、この毒物を来客に供し、主人自身もこれを飲用して、平然敢えて怪まざるが如き、斯かる習慣の事例を数え来たれば、天下如何に咄々《とうとつ》怪事多しといえども、この飲酒の奇怪千万なる習慣の右に出る者蓋しこれ無きを信ずるなり。

さて天下の人心が、斯かる奇怪至極なる習慣の下に、束縛支配せらるる間は、如何程熱誠激烈なる禁酒運動を以て、個人の習慣を矯正せんと欲するも、その状恰も一杯の水を以て一薪車《いちしんしゃ》の火を救うと一般にして、到底これが消滅の成効を期すべからざるや明らかなるものなれば、今日吾等が急務とする所は、従来個人の習慣に対する禁酒事業よりも、寧ろ社会一般の習慣に対する運動を拡張するに在るべきを信ずるなり。而してこれが方法たる、固より一様ならずといえども、今この方面に向かって滔々たる流俗に反抗し、大英断の挙動に出たる一、二の前例を挙げれば、第一には横浜禁酒会が賞盃返却の挙の如き、日本禁酒同盟会が賞盃廃止に関する請願の如き、金沢の高等中学校が天下に率先して禁酒を励行したるが如き、根本代議士等が禁酒禁煙法案提出の如き、また個人の事業としては往年藤田敏郎《ふじたとしろう》氏がサンフランシスコ赴任の際、鹿鳴館に酒類皆無の留別宴を催したるが如き、近くは山東直砥氏が芝三縁亭に禁酒の婚筵《こんえん》を張りたるが如き、孰れも皆多年の積習に向かって一大打撃を加えたる者にして、その都度天下の耳目を警醒し、禁酒運動に幾多の勢力を与えたるや知るべからず。この種の盛挙にして陸続四方に湧起せん乎、遂には冠婚葬祭の大礼典も、清醒厳粛に挙行せられて、その結果、家庭に風波起こらずして、学校に堕落生を出さず、人々公務に、私事に、謹恪《きんかく》にして周密なるが為に、その行為も随って敏活なるを得る等、社会万般の事物が、自ら面目を一新するに至るべきは、極めて数の覩易き者たりとす。而して後始めて吾党年来の宿願も成就の域に達するを得べきなり。もしそれ積習一掃の難易如何に至りては、吾等は他日これが為に詳説する所あらんとす。(明治三四・五)

禁酒党を組織せよ

東京社会改良倶楽部が、曩に余を東京市選出代議士の候補者に選定して以来、余が平素の主義が、事々物々凡て流俗に反対なるにも拘わらず、到る処賛成の声は、案外にも嘖々として、僅に二ヶ月を経ざるに、その運動の地盤は、早く已に固定の状を呈するに至れり。以て今日社会改良なる問題が、如何に世間に歓迎せられつつあるかを卜すべきものにして、吾等は向後の成敗如何に関せず、単にこの現象のみに於いて満足せざるべからざるなり。

さてこの案外の好景況に次いで、第一に来るべき所の緊急問題は、即ち禁酒党の組織これなり。そもそも社会改良の事たる、その範囲如何にも洪漠にして、その種類如何にも多端複綜、一々枚挙に遑あらずといえども、これが改良の必要を来したる原由に溯りて、仔細に稽査《けいさ》する時は、蓋し殆ど一として飲酒の弊害に基因せざる者無きを知るべし。然らば則ち社会改良の事業にして、十分その目的を達せんと欲するには、禁酒事業をますます拡張するに如くはなく、禁酒事業をますます拡張せんには、この事業をして、国家的の運動となさしむるにあらざれば、到底吾等が希望する所の目的地に達する能わざるは、智者を待って而して後知るべきにあらざるなり。

今やこの主義に熱心なる有力者にして、立法部の代議員に推薦せらるるに至りたれば、吾等が多年の宿望は、漸く茲にその成就の端を開かんとする者なるが故に、これが後援たるべき禁酒党の組織は、この際万已むべからざるの事業たるなり。

顧うに吾邦に禁酒事業の発起せしは、距今二十有余年の久しきに亘り、而して輓近また漸く前途好望の兆証ありといえども、要するにその動作たるや、都鄙の別なく、いずれも宗教家もしくは一種の矯風有志家の団体が、区々たる運動に過ぎざる事なれば、これに由りて旗鼓堂々、社会の害毒を根底より排除し、以て国利民福を永遠に進長せん事は、先以て目下至難の業と謂わざるを得ず。斯かる禁酒事業の現状は、決して新世紀気運の趨勢《すうせい》と相伴わざる者にして、吾等が早晩一大革新の方法を講ずるの必要ある事は、今更多弁を俟たざる事なるが、幸いにして今日代議士候補選出の盛事に際会せり。吾等豈斯業の為に慶賀せずして可ならんや。

方今禁酒事業の欧米文明諸国に於いて、駸々《しんしん》発達の勢あるは、蓋し前古無比の称あり。而して北米合衆国がその最たるは天下公論の許す所なるが、さてその合衆国を今日の優勢に至らしめたるものは、第一に同国に於いて、禁酒党の組織が夙に成立して、輿論を喚起し、立法部に対しては、常に有力なる議員を選出し、行政部に向かっては大統領を始め、州部の知事以下の顕職《けんしょく》にその同志を推薦し、以て旗鼓堂々、社会の個人に対する禁酒矯風の運動をして、到る処にその勢力の伸張を勉めたるに在るなり。吾等はこの明々白々なる成功の例証を、常に対岸の米国に眺望するものなれば、全国有志は、この際一日も速やかに禁酒党の組織を決行して、この千載一遇の好機を逸せざらん事を、吾等は切望に堪えざるなり。(明治三五・六)

禁酒会の組織について

◇禁酒会組織の必要

ここに述べんとする疑問は、世間の飲酒者のみならず、禁酒家中にも往々口する所にして、その言に曰く「吾等自身さえ禁酒すればそれにて充分なり。禁酒会などは余計な世話なり」と。然るにこの組織必要の理由たる、敢えて国家社会などに対する余計な世話ばかりでなく、昨今禁酒したるその人自身の為にも、万欠くべからざる事業にして、これを換言すれば飲酒防御法とでも称すべき者にして、斯かる団体を組織し、公々然禁酒主義を発表するの方法を採らざる以上は、折角の禁酒も四面の攻撃に堪えかね、竟に孤城落没の悲境に陥り、元の杢阿弥《もくあみ》に立ち返る者、これまでその幾千百人なるを知らざる程である。されば禁酒会組織は、国家社会の公益たると同時に、個人自衛の私利に万止むべからざるものである。今この有様を時局に譬うるに、酒魔は露国にして禁酒者は日本である。露国の暴戾貪欲《ぼうれいどんよく》なるには、吾国は到底平和主義を以て、これと円滑に交際する訳には参らない。もし吾は彼と衝突するを恐るるか、もしくは面倒を厭いて、満洲撤兵など余計な世話なりとて、沈黙を守らんには、必ずや彼はますます暴威を逞うして、侵略強迫至らざるなく、竟には吾が国家の危殆《きたい》をも醸《かも》すに及ぶべし。故に日露の戦争は清韓の為め、世界の為なると同時に、日本国民自衛上万止むべからざる者であるが、即ちそれと同一の理由で、禁酒家が公然団体を組織して世間飲酒の勢力に打撃を加うるは、正しく自己が四方八方より侵略強迫を蒙らざる自衛策に外ならない。この点から見るならば吾人銘々には、戦地にある軍人に対しても、一日半時も安閑と拱手して居る訳には往くまいと思う。

◇禁酒会組織の手続

国体組織の必要は右の如くとして、さて一地方に禁酒家四五名乃至八九名も出来し上は、早速協議を遂げ、右の人々には銘々最寄最寄の親族、朋友等、成るべく勧誘し、少なくとも十教名の同志者を得て、この内より発起者を選み、まず従来普通の慣例通り演説会を開くか、さなくば協議会の如きものを設け、禁酒会を組織し、規則を作り、役員を選びて、事業の実施に着手するのである。但し右規則その他の手続については、同盟会本部へ予め照会して、その雛形を取りよせ、然るべく作製すべきである。

禁酒事業とは読んで字の如く、飲酒を禁止するの事業であるのだから、自分の禁酒が出来たならば、それから先は自分の禁酒を堅固に維持する為に、他人の飲酒を禁じ、一人でも余計に同志を増加する事を謀るべきである。而してその実施の方法も種々ある内、尤も重要なるものは毎月の月次会と個人の勧誘運動の二つである。この二法が満足に実行して往かれるならば、禁酒事業は確かに成功するに相違ない。

◇禁酒会実施の方法

さて月に一回の月次会といい、または個人運動と一口に言えば、何の雑作もなき様なれども、いよいよこれを実行する段になると、中々容易な事ではない。その証拠はこれまで十数年間の経験にて、全国内に幾多の禁酒会が発起せられたか分からぬ程だが、その内今日まで存在して居る者は十中三、四であって而してその余の六、七が如何にして消滅し終わったかというに、悉く月次会の継続せざるに原因するのである。然るにこの月次会の継続が何故それ程困難であるかと云えば、畢竟するに忍耐が足りなくて、些細な事に失望するの一事である。例えば禁酒会を創立した当座の一、二ヶ月は人々が珍らしいから、幾らか乗り気になって、定規の月次会に出席して会勢もすこぶる活発の有様であるが、追々熱度が減じ、その間に世間の攻撃迫害も起こりなどして、月次会の当日に到り会合する者至って少なく、それでも会員中の熱心家のみは尚辛棒して出席して見るが、終いには会衆は殆ど皆無という様な始末であるので、遂に延会また延会と、延会の重なった末が、全会跡方もなく消滅となるのである。然るにここを一つ踏ん張って、誰も来なければ自分一人でも開会するという程の勇気を持って、月次会を継続する事に勉める会友が一人でもあれば、その内には再び会況を回復する時機が確かに来る。これには誠に無類の適例がある。夫は毎度雑誌にも演説にも評判の高い、彼の小田原禁酒会長二見《ふたみ》常吉《つねきち》氏が、同会開設以来およそ八ヶ年間、未だ一度も月次会の報告を同盟会本部へ提出しない事がなかった。然るに或る時僅々三、四行の通信が本部に達したので、一読して見ると曰く、「同月次会の夜は、折悪《あしく》敷雨天にて会する者僅に三人、即ち二見会長とその妻子両名なりし、因って例の如く、会長司会の下に、唱歌、祈禱、聖書朗読の後、一場の感話を為し、右にて閉会云々」とあったので、これを伝聞する者が如何にも二見氏の熱心と忍耐力の堅固なる事に感服し、それより各団体にも月次会の継続法自ら成立するに至りたる事あり。果たせるかな、小田原禁酒会は今日まで連綿継続して、会勢確乎、抜くべからざるものあるは、会員四十名に対して、機関雑誌の購読部数毎月四十四部に達する一事にても推して知るべきである。日本全国各団体が、苟くもこの精神で禁酒事業に従事する事ならば、如何なる地方に於いて、何等の情況の下に在りとも、斯主義の拡張万々疑いなしと断言せらるるのである。

◇会費徴収の必要

前項月次会及び個人運動の二件に次いで、最も緊要なる禁酒運動は、即ち会費の徴収に在りとは余がこれまで幾回となく演説したる所であるが、今また茲に繰り返すの必要を見る次第は、まず大概の禁酒団体に於いては、その創業日浅き間は、余り会費を喧敷《やかまし》く徴収すると、会員が脱会するの恐れあるにより、それは追々実行すべしとの心算から、兎角会の役員には、会費徴収を緩慢に附するの傾きが多い。而して余輩もまた丁度それと同一の考えを懐いた事も一度はあった。然るにこれが甚だ間違った考えである事は、先年故ウエスト［Mary Allen West］嬢の遺訓によって初めて発明したのである。嬢の説に会費が兎角未納になり勝ちなる事は、日本ばかりでなく、大小の差異こそあれ、米国も同様であるが、これは如何なる費用が掛かっても、精出して徴収しなければならぬ。而してその理由というのは人は誰でも幾らか出金して居れば、それだけ利害の感念を懐く者である。もし一文半銭も出金しなければ、自然疎遠になって、物事を度外に措く傾きになる。則ち書物の如きも、貰った物と買った物では、同じ読むのでも読み方が違うので分明である。また或いは僅々五銭十銭の会費を集めるのに、二十銭乃至三十銭掛る事もあろうが、五銭の徴収費に二十銭掛ったなら、十五銭を禁酒運動費と思えば、敢えて遺憾は無い筈である。またこの徴収の為めに脱会する者があらば、これらの会員は徴収せざるも、早晩脱会する人なのである。固よりその間に多少の手加減もあるだろうが、敢えてそれ程までに心配する必要はない。要するに会費の徴収如何によって、会況の盛衰が分かり、個人出金の多寡に由って、その人の熱心が知れるくらいの者であるから、会費徴収の一事は禁酒運動中、最も勉むべきの急務と申すべきである。(明治三七・九)

第八篇

二十五年の回顧

余は個人として、この際懐旧の情に堪えざる事は、今日でこそ、人の前で先天的禁酒家ででもある様に済して居るが、二十五年前即ち明治十九年は、余が恰度ハワイに最初赴任の年で、日本移民一千三百人と共に、横浜から太平洋郵船会社汽船北京号で出発した。飲酒真ッ盛りの時代であった横浜禁酒会の林会長は、同会創立二十五年記念の会場たりし指路教会の場処は、氏がその以前酒屋を営業して居た土地だと云われたが、余はまた二十五年前は、その教会堂の真向こうにあった富貴楼で、彼の有名なる女将お倉を相手に、毎度一酌を試みた処である。二夕昔の変遷また甚しと言わざるを得ない。

さて余がホノルルで禁酒したのは、忘れもしない明治二十年の十二月十一日の事で、他人に酒樽をこわされて、ヤット無明の夢が覚め始めて、禁酒を誓約したという始末であるから、林氏は禁酒会の先輩で、言わば斯業の兄弟子である。即ち氏の卒業は慥かに余よりも丸一年くらいは先であろうと思う。

それから、明治二十二年十月、ハワイから帰朝すると間もなく、横浜禁酒会から、会長林蓊氏、副会長二宮安次氏の名を以て、余に叮嚀《ていねい》なる歓迎の招待状をよこされたので、早速出席に及んだ処、太田町の日盛楼《にっせいろう》に晩餐会が開かれて、故津田仙《つだせん》、平岩恒保、島田三郎の諸氏が参会せられた。その席上でちょっと一椿事が起こったのは、津田氏が脳に異状を生じて、一時昏睡状態に陥り、一座大騒ぎをなし、医者を呼び薬を投じて介抱した結果、漸く本復して滞りなく演説した。その時から明治四十一年の四月四日まで、二十年間生存せられたのは、全く氏が早くより禁酒禁煙した功能であろうと思う。

宴会が済むと一同打連れて海岸教会説教会に赴いた。当夜の弁士は、バラ教師、平岩氏、津田氏と余の四人であったが、非常な盛会で、満堂空席もなき様に覚えている。何しろ余が日本へ帰って禁酒会に臨席したのはこれが初めてであるから、余の日本にての禁酒演説も、またこれが口切りなのであった、昨非今是《さくひこんぜ》の転変は、決して他人の身上談でない。林会長が酒屋の亭主から禁酒会長に一足飛びの懐旧談は、余が過去帳を繰り返す様に偲《しの》ばれて、転《うた》た感慨の至りに堪えないのである。（明治四三・三）

ハワイ禁酒事業の由来

ハリス博士の叙勲　吾邦に於いて、これまで外国人に勲章を贈与した事は夥しき数であるが、宣教師を叙勲したのは、蓋し在サンフランシスコのハリス［Merriman Colbert Harris］博士が最初であろうと思う。さてその叙勲は何故であるか。或いは云う同氏は在米日本人を親切に世話をして、日本人が某学校より拒絶せられんとした時などは、博士は百方尽力して遂に吾国人の名誉を保全した事がある。それ等の功労に対して叙勲の沙汰があったとの事だ。

もしそれなれば、至極適当な次第ではあるが、余はこれらの箇条にもう一つ博士の功労を加えて貫いたいものがある。それは何かと云えば、即ち氏が在ハワイ日本移民間に禁酒事業を開設した一事である。

移民の渡航　日本人は元来官史書生もしくは紳商連の外は、余り海外に渡航しない。明治十八年井上［馨］伯が外務大臣の頃、初めて農工社会の労働者を募ってハワイ群島へ契約移民として渡航させた事があった。この事に就いては、種々入り込んだ事柄もあるが、それ等は問題外であるから略して置いて、さて同年間に二回程渡航が開けて移民がおよそ三千人近くになった処が、外国［に］慣れないのと種々なる事情の下に、日本人が多くは懶怠放逸に流れ、飲酒博奕に耽けるので内外人の間に苦情が起こり、当時在留の領事もその始末に困却し、遂に呼び返された。然るに余はその頃上海領事館に居ったが、急に右移民取締の為に、ハワイ国へ転勤を命ぜられた。今でこそハワイと云えば総領事館中の場所柄となって居るが、その頃は高《たか》が人足の取締りくらいな事で、余り名誉な地位でない故、余は上海より転任するのは、頗ぶる不快に感じたけれども、政府は特別余の為に総領事館を新設し、外交官をも兼任させるなどの沙汰があったので、余儀なく赴任した次第である。さて赴任して見ると、三千人という外国不案内の労働者の事故これが処分方の容易ならざる事は申すまでもないのに、日本人はますます懶惰放逸に陥り、而して外人は待遇いよいよ苛酷に渉り、如何ともする能わず、果ては余が自身の進退をも決せんとする場合にまで切迫した。

美山氏渡米す　明治二十年九月三十日、サンフランシスコより郵船が入港して、一人の日本伝道師が領事館へ飄然《ひょうぜん》来訪した。これが即ち美山貫一氏にして、余が初めて氏に面会したる時であった。その折美山氏はハリス博士より派遣せられたる趣きにて、在ハワイ我が移民の悪評判が遠く米国に伝播し、何分傍観し難きにつき、その実況視察の為め渡来に及びたり云々ということにて、何なりと取締上相応の事業もあらば欣《よろこ》んで協力すべき旨を陳《の》べられた。然るに有体に云えば、余は当時キリスト教の伝道師に左程重きを措かず、随って美山氏の慷慨談にも耳を傾けざりしが、氏は余に難民救済の必要なる事を弁じ、これらは凡て慈善的事業の方法によって一の団体を組織すれば、その実施案外容易なる次第を勧告せられたので、余は職掌上《しょくしょうじょう》より大いにその説に服し、早速日本人中の有志者を招集して、日本人共済会なるものの組織を協議し、次いでこれが設立に着手する程の場合に進んだから、美山氏は日本人間にすこぶる信用を博せられた。それより氏はハワイ群島を巡廻して、移民の状態を視察し到る処福音を説き、禁酒を勧められた処、その結果の目覚ましき事は、恰かも聾者は聞き唖者は物言い、瞽は視るとでもいう有様にして、ここの博徒は秘蔵の骰子《さいころ》を抛棄て、彼処の酔漢は酒瓶を打ち破りて悔い改めを表す勢なれば、他人は知らず、当局者たる余は取締上非常の援助を得たるにより、余が美山氏に対する信用は、日にますます厚きを加えたのであるが、この如き氏の成功と信用は、即ち日本移民の禁酒、これを換言すればハワイ禁酒事業の発端であった。

偉大なる婦人の力　一体何事に限らず、個人の身上談は、本人は固より言いにくく、聴者も頗ぶる聞きにくき者故、成るべく忌避すべき次第であろうと思うが、余の禁酒始末は、今日まで幾十回となく、国中到る処に演述し、世人のよく知る所となり、またこの件は明らかに自身の羞恥を暴露して他人を警戒する者なれば、今更憚るべき必要なしと信じ、茲に再陳する積りである。元来余は十四、五歳の頃より飲酒を初め、二十歳前後には一廉の鯨飲家となり、彼の健康を害し、事業を妨げ名誉を傷つけ、経済を乱す等飲酒の害毒殆ど一として実験せざる事なく、されば自身は勿論、他人に及ぼす迷惑は少々にあらざる内にも、なかんずく妻の難儀の一方ならざるは、世間大酒家の家庭にあり勝ちの事として、茲に呶々するの必要はあるまいと思う。それ故妻の余に対して飲酒を警戒する、これまた尋常一様にあらずして、五合の時には二合に減ぜよと言い、二合にすれば一合に節せよと説き、なるべくは全然禁酒せしめんと勉めるものの如くであった。余もまた自ら酒害を確認して幾度も禁酒を試みたる事ありしといえども、長きは半歳《はんとし》、短きは一、二ヶ月に過ぎず、已に美山氏渡来の頃にも、領事館にて遠慮会釈なく太白を傾けて居た始末であった。然るに氏が移民の間に成功を奏し禁酒談が追々と盛んになるに従い、館中第一番に耳を傾け初めたる者は余の妻であった。彼れは蓋し美山氏に斯く尋ねたに相違ない「一生涯禁酒させると云う事が出来るものでありましょうか」と氏はこれに答えて「出来ます所ではありません。已に米国では禁酒を法律として、全州酒を飲まない州さえあります。それには酒害を最も多く蒙る所の婦人が、その固有の忍耐と熱心を以て、この禁酒運動をしなければ成りません」などと話されたろうと思う。その次第は当時余の妻が余に対して、禁酒勧告を開始したる、その勢いの容易ならざりし有様を見ても推察が出来るのである。されば正直に申せば、美山氏は余に取りてはすこぶる厄介な人物であったのである。

二樽の酒微塵となる　折りしも日本より、郵船会社汽船和歌浦丸《わかのうらまる》は、移民一千余名を搭載して、ホノルル港に到着した所が（明治二十年十二月十一日）同船にて榎本逓信大臣と森岡《もりおか》郵船会社社長より美酒各一樽を余に寄贈せられた。然るに余の喜びと正反対に、妻の恐慌は一と通りではなかった。この二樽の菰被《こもかぶ》りが、領事館に担ぎ込まるるや、妻は直ちに余に向かって、「断然二樽とも取り捨つべし」と呼んだ。余はこれに対して「無法千万なる事を申す勿れ。飲酒の善悪は暫く措き、斯かる貴顕紳士より折角寄贈せられたる物品を棄却するなどとは、以ての外なる次第にて左様なる儀は戯れにも、二度と再び発言すべからず」と叱責したが、同人中々承服せず「今や移民の取締りに禁酒を必要とするの詮議最中なるに、誰れより寄贈せられたとて、二挺の酒樽を領事館内に貯存するは甚だ不都合ならずや」など、気焔中々当たり難きに由り、暫時その鋭鋒を避け、然る後徐ろになす所あるべしと云う考えにて、ちょっと外出したる後、およそ一時間も過ぎて帰館したるに、その留守中に右の二樽は、微塵に破砕せられて、八斗の酒は一滴も余さず、地上に放流したるを見た。その時の余の驚愕と憤怒は、固より尋常一様ではなかった。然るに日本とは違い、女尊男卑の米国風最も流行の土地柄といい、殊に禁酒主義は到る処に盛なる社会の事とて、万一飲酒欲の事より婦人に無作法を働き、その始末が新聞紙にでも評判せられたらんには、余が職掌上、国家の不名誉を来たす事なきを保せずとの観念が、忽ち心頭に湧き起こり、飲酒家として非常なる忍耐を以て、万事穏便に取計いたるのみならず、この機を以て、終に生涯禁酒を断行するに及びたるは、自分ながら不思議と思うばかりにして、今日よりこれを回想する時は、尚余の身辺に囲繞したる、幾多の事情が、余をして禁酒の万やむべからざるに至らしめたるは、確かに大能の摂理に外ならざる事を分明に理解するものである。これ即ち余が在ハワイ禁酒の始末として、爾来幾多の聴衆に演述したる概略である。さてその年の歳末に至り、例年なれば、忘年その他の名称の下に日々酩酊をこれ事とする筈の処、まず以て生まれて初めて清醒気楽なる歳暮に接したりとて、腰折れ一首が出来た。

払うべき憂《うれい》もなければ玉箒《たまははき》手にだに触れぬ年のくれかな

榎本子爵の雅量　前述の如き、万余儀なき事情より禁酒はなしたものの、さすがに逓信大臣へは万事秘密を旨とし、寄贈品に対しては体よく礼状を送り、一時を弥縫したる処、豈計らんや、右酒樽破砕の件は、忽ち時事新報紙上に於いて「安藤総領事日本酒を捨つ」なる題目の下に暴露せられ、次いで米国幾多の新聞紙上に、甚だ慚愧に堪えざる讃辞を以て、同学に余の発意に出たるかの如くに吹聴せられ、内外に対し恐縮千万の折柄、また候榎本子より好便《こうびん》に托し、左の書状と二個の紙包が到来した。

時下《じか》御両所様共《ごりょうしょさまとも》御《ご》安康《あんこう》奉大賀候《たいがたてまつりそうろう》野生《やせい》始《はじめて》一家《いっか》無恙《つつがなく》消光《しょうこう》罷在候《まかりありそうろう》間《あいだ》御休神被下度候《ごきゅうしんくだされたくそうろう》明日貴地行船便有之候《これありそうろう》に付《つき》乾魚羊羹《ようかん》各二箱荊妻《けいさい》の気付にて進呈候《しんていそうろう》間《あいだ》御笑納被下度候《ごしょうのうくだされたくそうろう》羊羹は御禁酒の趣《おもむき》に付《つき》注意候事《そうろうこと》と存候《ぞんじそうろう》貴兄御禁酒と敬神の二大件は実に感服の至過日大隈氏内閣に於いて談ハワイ移民の事に及び貴兄大御奮発の状を賞讃いたし小生に於いても誠に心嬉敷存候《うれしくぞんじそうろう》。（下略）

二十一年十月初六日　　　　　　　　　武　楊

安　藤　太　郎　様

同子爵の襟度《きんど》と寛潤《かんじゅん》同情の深厚なるには、余は想わず感泣した。而してそれから以後は、安心してますます日本移民間の禁酒事業に尽力したのである。

禁酒会の創立　美山氏は明治二十二年十二月二十日を以て一と先サンフランシスコへ帰りたるが、翌年三月十六日、再びその夫人及び鵜飼猛《うがいたけし》氏を伴うてホノルル府へ渡来し、この度はまたアヌ街の一屋に居を構えて、専ら日本人共済会なる慈善事業を担当し傍ら伝道に従事するという都合になった。然るに移民に対する禁酒事業は、日にますますその必要を感ずるより、遂に同年四月七日を以て、美山氏の万居たる共済会事務所に、至極厳粛なる禁酒会の発会式を挙行した。その概況は、即ち余の司会に美山夫人の奏楽唱歌、美山氏の祈禱の後、規則の審議に移り、まず同会を在ハワイ日本人禁酒会と名称し、徽章は青白の緒紐に留針を刺したる者、また会費等も有志者の寄附に止めて、別段各会員より徴収せざるが如き、万事凡て簡易質素を旨としたるは、労働者をして一人も多く入会せしめんが為めであった。次いで役員を選挙したるに、その結果は左の如し。

会長　安　藤　太　郎　　副会長　伴　　新　三　郎　　書記　鵜　飼　　猛

その他役員としては藤田敏郎、新内千代橘等の諸氏にして、会員には群島各耕地の労働者を勧誘したる事とて、その数一時に増加して数百に及び、半歳を出でざるに、一千余人に達したる勢なるが故に、その感化力もまた偉大にして、爾来在ハワイ日本人一般風俗習慣は、全く一変して、懶惰者は勤勉家となり、虚弱なる者は健強となり、賭博地を払い、喧争殆どその蹤を絶つの有様なれば、随って雇主たる欧米人間に日本移民の声価は一時に高まり、ますます労働者の需要を増加し、遂に今日の繁盛を致したる次第である。而してその実証は一々枚挙に暇あらざれども、禁酒が日本人間に実施後、移民各自の貯蓄は著しく増加して、日本領事館（今日は正金銀行《しょうきんぎんこう》なるも）を経由して、日本に送金の高が、これを禁酒前に比するに六千余人の移民にて無慮三十余万円を増加したるの一事に就いても明瞭である。然るにこの好成績の原因に溯れば、無論余が禁酒にも在らず、妻の破樽にもあらず、はたまた美山氏の尽力にも関せずして、畢竟するにハリス博士の熱誠にして、その卓越なる企画に出たりとする方至当なる見解であろうと思う。

これ余が、氏の叙勲の功労中、第一等にこのハワイの成功を加えんと希望したる所以である。（大正四・四）

樽割り美談の真相（安藤文子夫人談）

ハワイで酒樽を取捨てました事は、毎度人様から御尋ねに与かりますし、また折り折り間違った事が書き物などに載せてありますから、一と通り書いて置きます。

安藤が自分でも毎度話します通り、当人は中々の大酒家で、それが為に身体を害し、その外種々不都合もありますから、縦令《たと》い禁酒は出来ませんでも、せめて分量でも減らしたいものと、私も始終苦心しまして毎度それが為に言い合いも致した事がありました。ところがハワイで美山さんに御目に掛りまして、種々御話しを聞いて見ますと、一生禁酒する人が、米国にはいくらもありまして、そしてまたそれも決して出来ない事ではないと伺いましたから、ドウカ安藤にも一生涯禁酒をさせたいと存じまして、その頃移民の新規取締を立てるというを幸い、先ず自分から手本にならなければならんと、頻りに禁酒を勧めましたが、当人も禁酒を善事とは充分承知して居りましたなれど、何分その決心が出来ませんでした。

　すると丁度明治二十二年十二月頃、日本から移民を載せた船がハワイに参りました。その船で榎本逓信大臣と森岡郵船社長のお二人から、日本酒を二樽安藤へ下さいました。私はこの際困った事が出来たと存じて居りましたが、当人は余程喜んで居った様子でした。そしてまた領事館の人々の内にも、矢張り好物の方が居られますから、この二樽を飲み出されては大変だと存じ、早速美山さんに伺いました処、煙草なら人に遣っても済みますが、酒はどうも捨てるより外致し方がありますまいとの事でした。

　私もそれで大いに勇気が出まして、安藤に捨ててしまう様に勧めました処「如何に飲酒が宜しくないからと申して、折角榎本様方から御深切に御贈り下さった物を、捨てるという事は何分出来ない。何しろ少々味わって見よう」と申して承知しませんから、余儀なく片口で少々出しました。すると当人は猪口に一杯飲んで見て「これは美酒だ」と大そう誉めました。「もう一杯」と申しますから、私は直ぐに残りをヴェランダの外に零して終いました。

　彼れこれする内に、安藤は用事が出来て外出致しましたから、御贈り下さった方へは実に相済まない事と存じましたが、何分このままに致して置けない場合でありますから、思い切って馬丁の近藤と申す者に命じまして、右の二樽を領事館の裏手の空地へ運ばせました。ところが丁度そこに掃溜めがありましたので、馬丁は鉄鎚を持参して酒樽の蓋を打ち破し、八斗の酒を掃溜の中へ全く明けて終いました。その後承りますと、その穴へ火を附けましたら、終夜燃えて居ったそうです。

　一時間ばかりで安藤が帰りましたから、その始末を話しました処、当人も最早や仕方がないと断念したと見えまして、それならこれを好機会に、一生涯禁酒しようと決心致しました。それ以来一滴の酒類も宅へは入れない事に致しました。これがハワイの酒樽処分の事実でございます。

第九篇

新婚者に与うるの書

拝啓仕候《はいけいつかまつりそうろう》。陳者兼《のぶればかね》て承り候《そうろう》御縁談も、いよいよ相整い、不日《ふじつ》御結婚式被行候《おこなわれそうろう》趣《おもむき》恐悦至極に奉存候《ぞんじたてまつりそうろう》。

抑々《そもそも》婚礼は人間一生の大事にして、日本は勿論、外国に於いても、文明国は殊にこの儀式を鄭重に致し、必ず礼拝堂に於いて至極厳粛なる契約を司婚者と衆人の目前に於いて、執結候《とりむすびそうろう》は固《もと》より御承知の次第に有之候処《これありそうろうところ》、一体右様鄭重に取扱い候《そうろう》も、敢えて男女の風俗を厳格に致候《いたしそうろう》一片の儀式のみに無之《これなく》して、凡《すべ》て格別著しき場合に抱きたる感情は常に人心を支配する者にて、仮令《たとえ》ば子として父母平日の教訓に格別介意も不致候《いたさずそうら》え共《ども》、送別などの場合に被申聞《もうしきかせ》たる一言は、一生涯心魂に徹し耳底に留りて、何事に付けても被思出候者故《おもいだされそうろうものゆえ》、結婚も同様、斯かる一大神典《しんてん》に於いて、清粛厳正に契約致候《いたしそうろう》は、その折の感情は常に男女双方の心を支配し、自然夫婦の和合親睦を維持するの助けと相成り可申《もうすべし》との意に可有之《これあるべし》、さればこの大礼を挙行に当たっては、その間一点の不潔不義なる事物は決して不容様《いれぬよう》注意致候事《いたしそうろうこと》最も肝要の義と被存候《ぞんぜられそうろう》。今やこの大切なる時機御身上に到来致さんとする場合に相成候《あいなりそうろう》に付ては、元来家庭教育より社会矯風上に御注意被為在候《あらせられそうろう》貴所様《あなたさま》の義に付、定めてその辺は種々御賢慮も可有之候得共《これあるべくそうらえども》、この際拙者《せっしゃ》が意見申上候《もうしあげそうろう》時は、彼の従来三々九度と唱え盃を男女の間に献酬致し、酒を以て結婚式を執行候《とりおこないそうろう》一事は、断然御廃止相成候様《あいなりそうろうよう》冀望《きぼう》の至に不堪候《たえずそうろう》。元来この酒盃の献酬は吾邦慣習上、婚礼の大眼目とも可申《もうすべき》儀式に付、右廃止する事蓋し或いは容易に有之間敷候《これあるまじくそうら》え共《ども》、その大眼目《だいがんもく》と相成居候《あいなりおりそうろう》に付、いよいよ以て捨置難《すておきがた》く被存候《ぞんぜられそうろう》。その次第は御承知の通り飲酒の人間社会に害毒を相与え候《そうろう》は申すまでも無之《これなく》、殊更一家族の間には主人一名が飲酒の悪癖より妻子に不可謂《いうべからざる》の災害を加うるのみならず、その毒を子孫にまでも遺伝致候事《いたしそうろうこと》はその例余りに夥《おびただ》しく枚挙《まいきょ》に暇《いとま》なき程に有之《これあり》、されば世間には娘可愛さに下戸を第一の目的として、その女婿《むすめむこ》を選ぶ親達も不少有之候《すくなからずこれありそうろう》斯かる大毒水、俗にも狂水とまで相唱《あいとな》え候者《そうろうもの》を、苟《いやし》くも人間一生の一大事たる夫婦和合を祈り、一家の繁昌《はんじょう》を謀《はか》らんとする礼式に相用い候《そうろう》は、不吉千万の至り、以ての外なる心得違いと可申被存候《もうすべくぞんぜられそうろう》。前文にも申述候《もうしのべそうろう》通り、人の心は常に特別なる場合に抱きたる感情に支配せられ候者故《そうろうものゆえ》、もしこの最も可恐《おそるべき》、また可悪《にくむべき》飲料にして、一旦この大礼式に用いられ、夫婦偕老《かいろう》の媒酌と相成候《あいなりそうろう》以上は、一生涯この毒物を目出度物《めでたきもの》と貴重する感情に、不知不知《しらずしらず》支配せられ、暴飲乱酔、身を害し、人を毀《こぼ》つは可厭事《いとうべきこと》と知りながら、酒料を排斥する念慮の起こらざる者あるは、畢竟するに三々九度の結果と申すも敢えて酷論には、有之間敷被存候《これあるまじくぞんぜられそうろう》。固より反対者には、種々の意見も可有之《これあるべく》、礼儀上酒を用ゆるは日本古来の風俗にて、強《あなが》ち婚礼に不限《かぎらず》、既に今日朝廷に於いて褒賞に酒杯を賜わるの制さえ有之事故《これあることゆえ》、平常の飲酒と儀式の使用とは、自ら差別無かるべからず、然らば妄りに風を破り、俗を易《か》うると申す者にて、甚だ忌まわしき事共《ことども》なりとの説も可有之候《これあるべくそうら》得共《えども》、恐れ多き事ながら、今日朝廷に於いて施行せらるる儀式とても、百事完全と申す次第には有之間敷《これあるまじく》、蓋《けだ》し時機と場合に応じ追々改良せられんとするもの如何程有之《いかほどこれある》や相分り申間敷《もうすまじ》、なかんずく右酒杯下賜の如きは独り民間に於いて彼此《あれこれ》物議有之《これある》のみならず、在朝貴紳の内にも酒杯を以て賞与の料とするのは、今日の徳育上至当の者には有之間敷《これあるまじ》との説頗《すこぶ》る不少《すくなからぬ》趣《おもむき》伝聞致し候《そうら》えば、この制とても他日改正の期可有之《これあるべし》と被察候《さつしられそうろう》さればこれらを以て直ちに、一家道徳上の標準と見做《みな》し候は、その当を得たる説とは難被申候《もうされがたくそうろう》、はたまた先祖伝来の風を破り、俗を易《か》うるを以て不吉の様に心得《こころえ》候《そうろう》は、不可解千万の義と可申《もうすべし》、固《もと》より吾邦の美風良俗は如何様《いかよう》にもして保存に尽力可致《いたすべき》は、我等国民たる者の義務にも有り、また自然の人情にも有之処《これあるところ》、右は事と品にもよる事、申すも畏きことながら、我が　聖上、皇后陛下が御累代の衣冠《いかん》を恐れ多くも一朝に取り去り給いて、昨日まで擯斥したる洋風を御採用在らせられたる杯も井蛙《せいあ》の人々には不吉の甚しき者と心得たるべし、乍去《さりながら》若《も》し斯かる大英断の御所為無之候《これなくそうら》わば、如何にして吾邦積年の頑夢を相醒《あいさ》まし候事《そうろうこと》出来可致《いたすべき》やと、実に叡慮の程感泣の至りに不堪《たえず》候《そうろう》、今この御改革の一事に付て考え候《そうろう》ても、結婚式の三々九度の改革は、何の懸念にも不及《およばぬ》義《ぎ》と被存候《ぞんぜられそうろう》。余人と違い、平生風俗矯正上御配意不浅《あさからず》貴所様の義に付、無御遠慮鄙見《ひけん》申上候間《もうしあげそうろうあいだ》、将来御家の為め、また社会一般の為め、この際十分の御勘考被遊度《あそばれたく》奉存候《ぞんじたてまつりそうろう》。謹言《きんげん》。（明治二五・一〇）

警察官禁酒の必要

拝啓、陳者《のぶれば》、昨七日発刊の時事新報中、天意人言と題せる欄に「警察官には、市中至る処に樽酒を煽り居り云々」と記載有之候処《これありそうろうところ》、その語調より推読するも、蓋しその所謂《いわゆ》る傍観生なる者には、何等かの観察違いに可有之《これあるべき》やとは被存候《ぞんぜられそうら》え共《ども》、或いは万々一にも貴庁に於いて、警官慰労等の為めに酒樽御配付にも相成りたる事ならんには、右は今回の如き騒擾鎮《そうじょうちん》撫《ぶ》上《じょう》に於いて、万有之間敷《これあるまじ》き義と乍憚《はばかりながら》考察被致候《いたされそうろう》。その次第は、総じて人気激昂の際に当たり、聊かにても精神に興奮昏酔の作用を与える飲料の如きは、最も厳禁可致事《いたすべきこと》は、固より貴官の十分御熟知の義と存知候。已に欧米等に於いては市街に於いて、何等かの紛擾《ふんじょう》相起こり候節は、警官が第一に注意すべきは、酒店（サルーン）の閉鎖と承知致候《いたしそうろう》。さればにや前年拙者ハワイ在勤の際、同地に革命の内乱起こり候節警官が機敏にも第一着に、市内各所の酒店を閉鎖したるを以て、ホノルル市内に流血を見ずして鎮定に至り候は一時米人間に一美談として、嘖々《さくさく》称讃被致候《いたされそうろう》。因って当時拙者には、その筋の参考として、巨細報告に及びたる事有之候《これありそうろう》、斯かる次第に付、今回の如き人心激昂の場合に当たり、殊に凶器を携えて立ち働き候人々へ、聊かたりとも精神に異状を生ずべきアルコール的飲料を給与するが如きは、危険この上も無き次第に有之《これあり》、固よりこれらの義は、貴庁に於いて万有り得べからざる義とは存候《ぞんじそうら》え共《ども》、杞憂《きゆう》の余り、鄙見《ひけん》御参考迄申進候《までもうしすすめそうろう》、匆々拝具《そうそうはいぐ》。

明治三十八年九月八日

日本禁酒同盟会長　安　藤　太　郎

警視庁総監安立綱之《あだちつなゆき》殿

英国陸軍大臣閣下に感謝す

謹啓《きんけい》仕候《つかまつりそうろう》、拙者儀、貴邦同盟国の臣民たると、また幸いに同主義の下に微力を致すの故とを以て、敢えて一書を大英国陸軍大臣たる閣下の座右に進呈仕候《つかまつりそうろう》。陳れば、近頃貴邦より到達の新聞紙を一覧候処《そうろうところ》、去る五月三日、英京ウエストミンスターに於いて開設せられたる、近衛師団の禁酒演説会に於いて、閣下には親しくその司会者となられ、軍隊が禁酒によってその品性を高尚にし、その風紀を振粛したるの実証を挙げ、いよいよ進んで、全軍に禁酒を奨励せられたるの壮挙を悉承したるは、近来の一大快事にして、只管《ひたすら》感喜の至りに不堪候《たえずそうろう》。そもそも我邦は閣下の熟知せらるる如く、開国以来、泰西の文物を輸入し、なかんずく貴邦と米国に学ぶ所最も多くして、すこぶる長足の進歩を致せしものありといえども、多くは政治、文学、武術、工芸の如き物質的の文明にして、禁酒矯風の如き精神的の類に至りては、尚未だ幼稚の時代に属し、その発達兎角緩漫にして、他の文運とその歩調を同じうする能わざるは、余輩の遺憾に堪えざる所に有之候《これありそうろう》。然るに幸いにも吾が陸軍には、この点に於いては予て注意する所有之《これあり》、殊に日露戦役以来は、出征の軍人が戦地に於いて親しく飲酒の有害なる事を実験し、直ちに禁酒を断行したる者不少《すくなからず》、また当路者に於いても、満洲より軍隊引揚の際、全く禁酒主義を以て徹兵を挙行し、而してその成績は至極良好に有之《これあり》たる由この他陸軍学校に於いて、禁酒禁煙を励行して衛生風紀に特別の注意を払うが如き、いずれも必定閣下の御称讃を博すべき者と推知被致候《いたされそうろう》。但しこれらの概況は、別冊禁酒雑誌『国の光』に於いて貴覧に相供候間、御参考の一助とも相成候《あいなりそうら》わば幸甚に不堪候《たえずそうろう》。

由来日本国民は英国を欽慕するの深きより、その国人の言動に注目するまた一層深切なるが故に、同盟国たる貴邦の内閣大臣にして、この国家社会の矯風進徳に、最も緊要なる禁酒に対し、斯くも熱誠に従事せらるるを一見せば、軍人社会は勿論、日本国民には多大の感動を引き起こし、随って余輩禁酒会員の事業上に将来幾多の便益を可与《あたうべき》や不可知と存候《ぞんじそうろう》。而してその結果、直接間接、同盟国間相互の福利を進長すべき、これまた疑なき事と篤信被致候《いたされそうろう》。

目下日本には禁酒団体総計大小八十余にして、これに属する会員は無慮一万有余有之《これあり》、而してこれらの団体には日本禁酒同盟会なる者に由り、相連絡して、事業の統一を謀り、微力ながらも年々進歩の傾向に有之候《これありそうら》えば、何卒斯業に対し、将来閣下の深厚なる御同情を切望仕《つかまつり》候《そうろう》。茲に恭しく貴邦皇軍に於ける禁酒事業の隆盛を祝し、併せて閣下の健康と幸福を奉祈《いのりたてまつり》候《そうろう》。恐惶謹言《きょうこうきんげん》。

明治四十年七月

日本禁酒同盟会長　安　藤　太　郎

英国陸軍大臣ハルデイン［Aylmer Haldane］閣下

○○令夫人に送るの書

御者拝見仕《つかまつり》候《そうろう》。陳者《のぶれば》御主人様には御禁酒以来至極御無事の趣き、何寄り大慶に奉存《ぞんじたてまつり》候《そうろう》。然るに万一友人の誘惑等にて破禁の場合等には、禁酒会にては何か厳重なる規則も有之《これある》や、との御尋ねに候処《そうろうところ》、会の方にては破禁者に対して、精々訓諭を試み、それにても改心不致《いたらぬ》時は、無拠退会させるまでの事にて、別にこの上の制裁とては無之《これなき》候《そうろう》。さりながら右破禁の人には、斯かる会則よりもなお幾層倍恐るべき罰則有之候《これありそうろう》。それは余の儀に無之《これなし》、まず第一に仮初《かりそめ》にも飲酒家が、一旦禁酒を誓約し、徽章を佩用したるにも拘わらず、仮令《たと》い友人の無理なる勧誘とは申せ僅かに咽三寸の為め、記念捺印までしたる禁酒の誓約を破ることは、返す返すも腑甲斐なき、所謂《いわゆ》る薄志弱行の人物にて幾多の会員よりも、無量の軽蔑を受け候事《そうろうこと》にて、とても大和魂のある男子が善く堪え得べき所に無之《これなし》、この徳義上良心の苛責は、文字を以て記載したる会則などの比類には無之候《これなきそうろう》、また次に或いは飲欲の為に、良心の呵責も顧みざると致し候《そうろう》とも、再度の飲酒は禁酒家よりは、尚甚しき影響を身体の上に蒙り候者《そうろうもの》にて、これが為に健康を害し、二ツなき命を短縮し、家庭の平和を乱し、経済を破り、徳義を傷《そこな》い候《そうろう》に付、後悔して再び禁酒を企て候《そうろう》も有之《これあり》、然るに再度の禁酒は初度の禁酒よりも、幾層倍困難にして斯かる人は気の毒ながら、遂に一生完全の禁酒を実行する能わず、不幸極まる生涯を送る者に有之候《これありそうろう》。即ちこれらは破禁の冥罰にして、色々なる会則よりも、何程恐しきものか相分り不申候《もうさずそうろう》。

さて右等に対する用心には如何《いかに》せば宜《よろ》しきやと申せば、第一に従来の飲友達に対し、充分防御の為めまた自身禁酒維持の方法として、まず門口には禁酒の標札を掲げ、胸間には何時も麗々と徽章を佩び、世間に自身の禁酒を公々然発表し、而して誰れに逢うても、時機さえあれば酒害を説き、禁酒を勧め、一人も余計に禁酒会員を作る事に有之《これあり》候《そうろう》。況してこれまでの飲友達に向かっては一人も残らず入会せしむるが如き意気込みに有之候《これありそうら》わば、仮令《たとい》その友達が禁酒不致《いたらざる》もこの方に向かい飲酒を勧むる如き懸念はまず以て有之《これある》間敷《まじく》被存候《ぞんぜられそうろう》。而してこれが会員たる主人公の義務に有之候《これありそうろう》。此段貴答迄《まで》。匆々敬具《そうそうけいぐ》。

明治四十一年五月

安藤太郎

○○令夫人御許

なお主婦たる御自分様には三度の食事に可成《なるべく》良人の御嗜好物を供せられ家庭を愉快に、平和御整頓可成《なるべき》事、尤も肝要の義と存知候《ぞんじそうろう》。これらは無論御熟知とは存じ候え共《そうらえども》一片の婆心禁じ難く申添候《もうしそえそうろう》

学習院院長乃木伯爵閣下に呈するの書

謹啓　未《いま》だ拝眉《はいび》を得ず、唐突呈書《とうとつていしょ》に及び候《そうろう》は甚だ欠礼《けつれい》の至りに候得共《そうらえども》、事すこぶる緊要の件に渉り是非共《とも》御高諭《ごこうゆ》承り度存知《たくぞんじ》、今朝貴邸に参上候処《そうろうところ》、目白学習院内へ御移転の趣き、依て不取敢《とりあえず》書面を以て鄙見開陳《ひけんかいちん》仕候《つかまつりそうろう》。陳者《のぶれば》、生儀今より二十四年前、当時の外務大臣井上伯がハワイに移民の挙開始有之《これあり》たる節、同地へ右御国人取締の為め、領事として被差遣候《さけんされそうろう》、然るに数千の労働者に対し、風紀、衛生、貯蓄等の点より、彼等の間に禁酒を誘導するの必要を感じ、遂に在ハワイ日本人禁酒会なる者を創立し、自身もこれに加盟し、奨励相試みたるに、意外の好結果を収め、為に日本移民の声価を一層高むるに至り候。蓋し今日同地在外我移民の繁殖を来たし候は、右禁酒の成功に基因せる者可不少《すくなからざるべし》と勘考被致候《いたされそうろう》。

然るに生儀は元来非常の好酒家にして、移民取締の為とは申乍《もうしながら》、自身の禁酒は定めて困難を感ずべく懸念致候《いたしそうろう》処《ところ》、実行は案外容易にして、殊に精神身体共に、日を逐《お》うて至極爽快に相成り、果ては禁酒の晩《おそ》かりしを後悔する程に有之候《これありそうろう》。さて当時本邦にも既に禁酒会の設置有たる上ハワイより帰朝の後も、有志者と相謀《あいはか》り、ますます禁酒の運動に従事致し、已に日清日露の両役にも、軍中酒害猖獗の風聞往々有之《これあり》たるを以て、禁酒の印刷物を不絶戦地へ発送し、為に多少奏効有之《これあり》たる趣きは、毎度軍人より報道有之《これあり》、一同満足致候《いたしそうろう》。これらの次第は、当時辱交《じょっこう》の大山《おおやま》［巌《いわお》］元帥、福島［安正］中将にも熟知の事にして、委細は別紙「陸海軍々人に与うるの書」中にて御一覧被下度候《くだされたくそうろう》。

さて過般内外禁酒団体より組織相成候《あいなりそうろう》、日本禁酒同盟会には、その大会を東京に開設致候《いたしそうろう》。その節右大会に於いて、将来皇室の藩屏《はんぺい》たるべき学習院の青年男女に対し、人生、風紀、衛生、経済等に最も緊要なる禁酒主義を鼓吹するは、吾人が国家に対するの責務なりとの趣意にて是非共《ぜひとも》閣下へ具申可致様《ぐしんいたすべきよう》全会より生へ依嘱相成候《あいなりそうろう》、然るに学生風紀の点に就いては、閣下御親任以来、殊に御配慮相成り候に付、今日改めて貴院に対し、これらの御注意を促がすべき必要毫《ごう》も無之《これなし》とは万々承知候得共《そうらえども》、已《すで》に彼の未成年者禁酒法案は、再三議会に提出せられ、当局に於いても、禁酒禁煙の必要は十分認識致し、唯これを法律として施行するの点には、彼此異論者の候《そうろう》のみ、殊に右禁酒禁煙事たる、独り学生のみならず、教鞭を執る者に於いても、すこぶる反省に必要なる場合可少被存候間《すくなかるべくぞんぜられそうろうあいだ》不遜を顧みず蕪言開陳仕候《ぶげんかいちんつかまつりそうろう》次第に御座候《ござそうろう》。はたまた大将閣下に対しては、我等帝国臣民が負う所の者実に少々に無御座《ござなく》、これを外にしては我等は、戦時国民として常に肩巾《ひれ》の広きを感じ、これを内にしては、昭代鼓腹《しょうだいこふく》の民たるを得るも、閣下が献身犠牲の力与《あずか》って多きに居るは、今更呶々《どど》を要せざる儀に付、願くは閣下にはこの上共幾久敷《ともいくひさし》く御健勝にして、邦家《ほうか》の為になお一層御尽瘁相成候様《ごじんすいあいなりそうろうよう》、我等切望の至りに堪えず、殊に児玉《こだま》［源太郎《げんたろう》］大将の如き痛惜すべき出来事も有之《これあり》、旁々《かたがた》この際禁酒主義に、閣下の御賛成を賜わり候わば、実に帝国の一大慶事と奉存候《ぞんじたてまつりそうろう》。因って御参考の為め、禁酒禁煙教科書等の印刷書類その他禁酒会規則書及《および》誓約書一括、座右《ざゆう》に進呈仕候間《つかまつりそうろうあいだ》、篤《とく》と御勘考の栄を賜わり度《たく》余は拝晤《はいご》に護り、匆々敬具《そうそうけいぐ》。

明治四十一年十一月二十七日

安藤太郎

乃木《のぎ》［希典《まれすけ》］伯爵閣下

陸海軍々人に与うるの書

陸海軍々人諸君。諸君が今回の開戦以来、国家の為に一身を犠牲にせられ、海陸勇往、向かう所善く偉功を奏し、吾邦の光輝をますます発揚《はつよう》せられたる事は、余輩が日本国民として、深く諸君に感謝する所なるが、これと同時にこの際敢えて一言して、諸君の熟考を煩わさんと欲するものは、即ち諸君の利害得失は、余輩国民の安危に、一大関係を有するものあるが故なり。吾が陸海軍の、規則の厳粛にして、軍備の整頓せる、兵器の精鋭にして、操練の熟達せる、加うるに将士は上下忠勇無双、以て軍務に従事せられる事は、已に実例の昭々乎《しょうしょうこ》として、目前に明らかなる者あれば、余輩はこれらの点に対しては、偏に感謝安心の外なしといえども、唯だ一の懸念に堪えざる者は他なし、軍人の飲酒の件にして、即ち吾が敬愛する国家の股肱《ここう》たり干城《かんじょう》たる軍人諸君を飲酒の害より如何に安全に保護する者あるかの一事これなり。

蓋し飲酒たる、その利害の分明らかなるにも拘わらず、滔々たる天下、これが禁止もしくは制限を唱える者、甚だ稀れなるの今日に当たり、独りこれを少壮気鋭、危険を冒し艱難を凌ぐの、大責任あるが故に、特に諸君に対して、また諸君もこの問題に就き、平素少なからざる経験を有し、敢えて他人の勧告を待たず、或いは大いに決する所なきを不保が故なり。

世間酒害を知る者不少《すくなからず》といえども、軍人諸君のこれを知るに如く者無しとは、余輩禁酒家の宿論にして、軍人間にもまたこの説に賛同して、一点の異議なき者甚多し、蓋し世間無責任の地に在りて不取締の境遇に生息する者は酒害を語る甚だ緩慢なりといえども、平時の起臥動作、凡て規律の検束を受け、而して一旦緩急の場合に当たれば、その一挙一動は、全軍の成敗より、次いで国家の安危にも関係する如き、責任重大にして、取締厳重なる、軍人諸君に在っては、飲酒が如何に諸君をして、犯律者たり違令者たらしめ、竟には貴重なる身体を傷つけ生涯を誤らしむるかを、充分に覚知するや疑なし。これ即ち余輩が軍人諸君を以て、酒害を知るの明は、尤も他人に超越すると為すの所以なり。

今それ酒害を知る如く明敏なるにも不拘《かかわらず》、飲酒が軍人間に兎角流行の観ある者は、蓋し左の二、三の理由を出でざるべし。

一、飲酒の害を熟知するも、到底禁酒の実行覚束なしと予想する事。

一、自己一人禁酒するも、他人との交際上、これを確守する不能《あたわず》と強惧強惧する事。

一、酒類の害毒と人身の生理を通暁《つうぎよう》せざるより、如何なる酒害も格別に感覚せざる事。

余輩は右の理由に対し、順次にこれが弁明を試みんに、まず第一に対しては、飲酒は容易に且確実に厳禁する事を得るを、断言して不憚者《はばからぬもの》なり。而してその理由もこれまた至極簡単なるその次第は、そもそも酒類なる者は乳汁の如く、吾人人類が生来これを嗜好する物にあらずして、中年一種の習慣よりこれを飲み習いて、始めて飲酒者と為りたる者なれば、これを禁酒するは即ち以前の天性に復帰し、所謂《いわゆ》る逆を出て順に帰する者にして、その易々たる朝食前の一細事に不過《すぎざる》なり。余輩禁酒家も往時は熟れも暴飲者にして、その害毒を知るといえども、これが禁止は到底不能なりと妄想し、禁酒の断行に躊躇したる輩なりしが、先輩の熱心なる勧誘に由り、竟に禁酒を決行したるに、その実施の易々たるは実に予想の外にして、爾来幾多の歳月を無事に経過して、今日に到れる事即ち、その明証なり。もとよりその間種々なる誘惑と迫害に遭遇したること不少《すくなからず》といえども、これらに対するの反抗手段は、他に詳記する所あるを以て茲に省略すべし。

さて第二条の交際云々の事情に対しては、自己身上に、禁酒の実行を為し遂げたる以上は、交際上の不利不便の如き、敢えて数うるに不足なれども、この場合に於いては、軍人諸君が尤も好都合の地位に置かれたりとするその次第は、今もし諸君が全体に猛烈禁酒を断行するに於いては、諸君の交際は即ち禁酒の交際にして却ってその節には飲酒者こそ、他の大多数の禁酒者との交際上に、不利不便を感ずるの奇態を演ずるに至るべし。故にこの他に熟考を不要《いらざる》者は、第三の理由たる酒類の害理と人身の理を不知《しらざる》に由り、如何なる酒害をも格別に感覚せざるの一点なり。

酒類を以て百薬の長とし、または掃愁の玉箒と唱える、蛮俗時代の妄言は、二十世紀の今日、蓋し全くその蹤《あと》を絶ちたりと信ずるも、酒類は多量に飲用するが故に有害なり。もしこれを少量に用ゆれば、利あるも害なきの説は、世間到る処に囂々《ごうごう》甚だ盛なりとす。然れどもこれまた不足採《とるにたらざる》の謬説のみ。即ちその次第は最近欧米諸大医の間に、議決せられたる所に拠れば、酒類は徹頭徹尾有害物にして、秋毫《しゅうごう》の利益ある者にあらず。これを換言すれば「アルコール」を含有する流動物は、果たして普通の飲料にあらずとなり。また唯にそれのみならず、医薬として使用すべからずと論定するに及べり。但しこれらに関する学術上の説明は、別に記述する書冊に譲り、さて仮りに酒類は少量なれば、多少の体温を増進して、格別の場合に利益ありとするも、諸君が実験上、この酒類なる者が、果たして能く常に少量の程度に、制限せられ得る飲料なるや否やは、十二分に熟知せらるる所なるべし。もし世間の飲酒者中、我は善く節酒して乱に不至《いたらず》と云う者あらば、決して五合の量ある者が、三合乃至、二合に節減したるにあらざるなり。要之《これよう》するに節酒なる者は到底可言《いうべく》して不可行《おこなうべからず》の空言たるや弁を不俟《またぬ》なり。それよりまた滋養の点に於いても、前述の如く諸大家の反対論数うるに遑あらずといえども、仮りに一歩を譲りて、酒中に幾許かの滋養部分を含むとするも、その些少の滋養を得んが為に、多大の害毒を飲用するの理あらんや、不思の甚しき者と謂わざるべからず。次に酒類は体温を増進するの一事も、これまた事実は全く正反対にして、酒は決して体温を増進する者にあらずして、却ってこれを減退せしむるなり。然るにその増進の形跡ある所以は「アルコール」の作用に由りて、内部固有の体温を駆って一時外面に集積するに不過《すぎぬ》が故にその体温は直ちに寒冷の外気に触れて、多少の散出を免れざるなり。即ちその明証は飲客酒醍むるの時、俄《にわか》に悪寒を感ずる者にして、厳寒の気候にて、飲酒者が往々凍死の難に罹るは、全くこれが為めなりとす。但しこれらの理由も他に詳説する所あれば、茲に贅言《ぜいげん》せざるべし。

それ如此《このごと》く酒類は人身に有害なる者なれば、苟も身体の生理を知り、生命を重ずる者は、何人に不拘《かかわらず》、これを飲用すべからざる者なり。況や大責任を帯び、大難事に当たる所の軍人諸君に於いてをや。諸君は已に酒害を知る事常人に超越し、而して今この禁酒の容易なると、またその必要を通暁せらるるに於いては、余輩は必ず諸君が平生の勇気を奮って、自今以後皇室の爲め、同胞国民の為め、旦つ一身上の為めに、断然禁酒を決行せらるるを篤信する者なり。如此《このごとく》にして而して後、初めて完全無欠なる皇室の股肱として干城として、大日本帝国を千代に八千代に大磐石の安きに置く事を得べきなり。

然るに為説者は曰く、酒類にしてもし如此《このごと》く大害物たらんには、何故に欧米文明国人が挙《こぞ》ってこれを排斥するに勉めざるか。殊に軍中の如きに於いて、最も厳律を設けて、これを禁制して可なり。然るに今日欧米諸国の内、孰れの海陸軍に於いても、未だ飲酒全廃の挙に出ざるは何ぞや、と余輩はこれに答えて言わん。文明諸国に於いて、戦争が全廃せられざると一般にして、即ち欧米文明が未だその絶頂度に達せざるの徴証に外ならざるなり。

然れども欧米の識者は新世紀の劈頭《へきとう》第一、解決を要すべき大問題は禁酒に在りと絶叫して、その主義拡張に勉めるに至り、而してまた軍中にもかの有名なる英将「キッチナー」[Horatio Herbert Kitchener] 将軍の如きは夙に禁酒をその軍隊に実行して、インド、アフリカの両役に好成績を収めたるあり。またドイツの軍中にも「フォン・ヒュルゼン=ヘーゼラー」[Dietrich von Hülsen-Haeseler] 伯の如き、飲酒厳禁の名将を出したるは、文明社会の善く識る所たりとす。唯だその武器は精鋭を尽し、軍備は整練を極める今日に於いて、軍中に酒害排除法の周到ならざるは、これ即ち人類の弱点と称するの外なきのみ。

軍人禁酒の事項については、特に例証を外国に求むるを要せず、すでに吾が陸海軍に於いて、著明なる前例の吾人が目前に横たわる者は、陸軍に在っては、福島前中佐がシベリアの単騎遠征に一滴の酒類を用いず、海軍に於いては、三浦《みうら》［功《いさお》］大佐が富士艦廻航の際禁酒禁煙を実行したるが如きは、もしこの二将にして「アルコール」的飲料を些少たりとも使用したらんには、この空前の二大事業も如何なる結果に終わりたるか。思うて茲に至れば、余輩は戦慄の至りに不堪なり。

終に臨んで更に一言を添えんと欲する者は、元来吾邦が欧米に学ぶ所の趣意は、取長捨短に在りて、決して善意に不拘《かかわらず》、全然これを模倣するの謂にあらざるべし。果たして然らば軍法軍器の長所は、これを採用するも、飲酒の如き短所は、断然これを排斥すべきは、論を俟たざる事なれば、仮令《たと》い欧米諸国の陸海軍に於いて、到る処飲酒の風習が流行するあるも、吾邦はその顰《ひそみ》に倣い飲酒を奨励するの理由あるべからざるや明らかなり。況んや敵の短所は即ち我長所たる者なれば、我はよくその長所の地位に立ち、彼が海陸両軍中に飲酒の公行あらば、我は軍中一滴の酒類もその飲用を許さずして、全軍挙って清醒健強にして、精鋭の武器を揮い、熟練の軍略を運らし、以て彼の短所に乗ずべきなり。西哲の言に、凡て勝を競う者は節を謹むということあり。この語や千古《せんこ》不抜《ふばつ》の達見にして、吾人が日々目撃する所の事実なり。即ち腕力と競争する所の角力、撃剣、競馬競漕等より、精神上の文学技術の優劣を争う者に至るまで、未だ一人として、飲食動作を節へ謹まざる者無きは諸君の熟知する所なり。もし力士が土俵に登り、剣客が道場に立つに当たり、勇気を鼓舞する為めとて一盃を傾けんか、勝負の数は炳乎《へいこ》として火を見るよりも明らかなるべし。吾人が今日の敵は尋常の力士剣客にあらずして、確かに幕内の関取たり、免許皆伝家たれば、唯だこの一事にても、禁酒は諸君が熟考に値するに足るべきならん。これ余輩がこの際忌憚《きたん》を不顧《かえりみず》一言する所以なり。
雖然《しかりといえども》、吾が陸海軍の制規法令が、日に月に進歩改善の速やかなるは、余輩がしばしば驚服する所なれば、飲酒の取締りに於いても、早く已に十分の整備に及び、今日は毫も懸念の点なからん乎、前文に喋々《ちょうちょう》する所は、全く杞憂にして、国民の大慶何物かこれに過ぎん。余は唯だその過慮を悔るの外なきのみ。（明治三七・二）

名力士常陸山に与う

拝啓、陳者《のぶれば》昨日貴君の御一敗は、実に意外の椿事にして、独り満天下の贔負客をして失望せしめたるのみならず、遠く海外までにも日本無双の力士たる貴君の不名誉を伝播致せし感有之《これあり》吾人の遺憾不少《すくなからず》存《ぞんじ》候《そうろう》。固より一勝一敗は力士の常敢えて怪しむに不足義には候《そうら》え共《ども》、回顧すれば一昨年も同じ太刀山《たちやま》［峯右エ門《みねえもん》］に失敗せられたる節、東京毎日新聞に別紙の如き一項有之候《これありそうろう》に由り、或いは今回の御一敗も矢張り貴君の弱きにあらず、また太刀山の強きにあらずして、前夜もしくはその以前に於ける飲酒の結果には無之候《これなきそうろう》や、果たして然らば独り貴君一人の為のみならず、好角家《こうがくか》の、所謂《いわゆる》国技の為に、この点篤《とく》と御反省相成度《あいなりたく》、失礼ながら此段婆言。敬具《けいぐ》。

明治四十二年六月八日

日本禁酒同盟会長　安藤太郎

常陸山谷《ひたちやまたに》右《え》衛門《もん》殿

追《おっ》て禁酒会規則及《および》誓約書等相添《あいそえ》申《もうし》候《そうろう》

故広瀬中佐の精神を尊重せよ

来る二十九日、当市神田区内に於いて御挙行相成候《あいなりそうろう》の、広瀬《ひろせ》［武夫《たけお》］中佐の銅像除幕式の儀に付、昨今諸新聞に記載する所に拠れば、その儀式はすこぶる荘厳にして質素なる御準備の趣き、称讃致居候《いたしおりそうろう》は、近頃一快事と感激の至りに不堪候《たえずそうろう》。そもそも日露の戦役中、我が陸海軍人が忠勇義烈の行為を以て、日本特有の精神を発揮し、内外の耳目を聳動《しょうどう》したる者枚挙に遑《いとま》あらずといえども、故広瀬中佐の如きは、蓋しその最たるものにして、殊にその人格性行の高潔優美なる点に至りては、当時外人をして往々中佐に対し、深厚の敬意を払わしめたるは、世人の熟知する所にして、即ち中佐が年壮気鋭の身を以て、克く酒を断ち煙を禁じ、加うるに女色を遠ざけて、独身生活を営みたるが如き克己献身の精神は、今日なお外人の間に歓美の談柄として喧伝せられつつ有之《これあり》、斯かる内外稀有の烈士に対し、これが記念の銅像を帝都の中最も繁閙の地に建設し、またこれが除幕式を執行するに、質素にして厳粛なる方法を御採用被下為在候《くだされおりそうろう》は実に中佐の如き高潔の士を記念するに最も当を得たる義と敬服の至りに存知候《ぞんじそうろう》、就いては百尺《ひゃくしゃく》竿頭《かんとう》一歩を進め、中佐が生前に於いて飲用せざりし酒類の儀は、矢張り除幕式場に於いても飲用せられざる事、蓋し故人を記念するの本意に相適い可申《もうすべき》かと愚考被致候《いたされそうろう》。御承知の通り飲酒の身体を傷つけ、精神を乱し、延て文武の別なく、社会の各方面に禍害を加うる事は、今日専門家が学理上に於いて、充分なる研究を尽したる儀にして、已に大沢、片山等の医学博士が、或いはこれを国会に弁論し、またはこれを新聞紙書冊《しょさつ》に掲載して、丁寧説明至らざる所無之《これなき》は、今更茲《ここ》に喋々《ちょうちょう》するの必要有之《これある》間敷《まじく》存《ぞんじ》候《そうろう》。しかしもし新聞紙上に所謂《いわゆる》「一同鯣《するめ》と清酒くらいにて云々」の記事は全く誤報にして、酒類の代わりにサイダー、ラムネの如き酪酊物に無之《これなき》飲料を御使用相成る儀に候わば、中佐在天の霊は定めて満足せらるる可《べ》く、而して中佐の高風を欽慕する外人等にも、吾邦人が注意周到なる至当の設備に敬服するや不容疑義《ぎぎをいれざる》と存候《ぞんじそうろう》。右甚だ僭越《せんえつ》の至りに候得共《そうらえども》、聊《いささ》か鄙見開陳《ひけんかいちん》奉煩高慮《こうりよわずらわせたてまつり》候《そうろう》。謹言《きんげん》。

明治四十三年五月二十六日

日本禁酒同盟会長　安藤太郎

故広瀬中佐銅像建設委員長
海軍次官 海軍少将　財《たから》部《べ》彪《たけし》殿

大岡衆議院議長の英断を謝表す

粛啓仕《つかまつり》候《そうろう》。陳者《のぶれば》。本日発刊の朝日新聞紙上に「議員の禁酒」と題し、尊台《そんだい》の御発議にて、来議会に於いては、諒闇中《りょうあんちゅう》の廉《かど》を以て、同会食堂に於ける飲酒を厳禁せらたる趣き掲載有、一読近頃の一快事と感佩《かんぱい》の外無之候《ほかこれなきそうろう》、実はこれまで議員中に飲酒の結果、すこぶる見苦しき言動を議場に演じたる者無之《これなき》にあらずして、この度尊台《そんだい》の英断は、独り議会の神聖を保全するに有効なるのみならず、帝国の体面上に一段の光輝を添えたるの御所置と、実以て感銘の至りに存じ候。なお願わくはこの美挙が、議会に於いて永久不動の定例と相成候様《あいなりそうろうよう》希望に不堪候《たえずそうろう》。先は邦家《ほうか》の為め謝表《しやひよう》進呈如此《これのごとく》に候。敬具《けいぐ》。

大正元年十一月二十三日

衆議院議長　大岡育造《おおおかいくぞう》殿

日本禁酒同盟会長　安藤太郎

飲酒家の妻君に送る

前略、御申越《おもうしこし》の次第《しだい》切《せつ》に御同情申上候《もうしあげそうろう》。さてこの義に付ては亡妻が多年拙者へ対せる苦衷《くちゆう》の一、二を申述べ御参考に可供候《きようすべくそうろう》。拙者は元来非常なる強酒家にして、相手と時さえあれば、何時までも飲み続け候《そうろう》悪癖有之《あくへきこれあり》、またその頃は役人と云わず、実業家の論なく、勤務中にも飲酒致して、毫も意とせざる状態に有之《これあり》、さればこれが妻たる者は、大勢の然らしむる所、唯その成行《なりゆき》に任せ候外無之《そうろうほかこれなき》次第に候。然るに亡妻には拙者の独酌の折りは勿論、その他の場合に於いても、可成《なるべく》節減を主として一升は五合、五合は二合乃至一合と申す様な方針を取りたる事と相見え候《そうろう》。因って拙者はそれなれば全く止めろと云うのかと詰問《きつもん》すれば、左様ではないが成るだけ少なくせられたしと申し候《そうろう》。もしその頃今日の如き禁酒会の成立有之候《これありそうら》わば、それこそ早速にもその方に勧誘する方法を取りたるに相違無之《これなき》、然るに奈何《いかん》せん、禁酒のキの字も弁《わきま》えざる四十年前の事故、唯だ分量を節減するの一方にて飲酒の度毎《たびごと》口論に及び候処《そうろうところ》、その後ハワイへ参り、近所合壁《きんじよがつぺき》大概は禁酒家なるに、搗《か》てて加えて美山氏の如き遊説客に出逢い、遂に否応なしに禁酒を勧告せられたる次第に有之候《これありそうろう》。さて斯く手短かに申述ぶれば何事も無き様なれど、妻が多年間拙者に対し節減法を行わんとしたる苦心の程は実に、並大抵の事にはこれ無く、殆ど毎日の如き云い争いを致したる事約十四、五年間に及びしが、その間に立腹しながらも、五合は二、三合にて止りたる事も不少《すくなからず》、而してその都度、大酒は宜しく無き事を感悟致候《いたしそうろう》。

然るに今日は四十年前の昔とは全く別世界にして、世間にもこのくらいに禁酒会が成立致し居り、また普通の交際にても昔程に飲酒致さざる習慣と相成り居る事故《ことゆえ》、この際良人に禁酒を勧誘する事は比較的難事には有之間敷《これあるまじ》、固より強飲家に在りては、中々オイソレと右から左へ承諾は致す間敷候え《まじくそうら》共《ども》不思議な事には酒飲みなればなる程、酒害を充分に弁えて居るが、只だこれを止め切る勇気に乏しいだけである。されば禁酒の咄《はな》し、禁酒の刷物《すりもの》、禁酒の絵解《えとき》等凡てありとあらゆる禁酒関係の物件を間《ま》がな隙《すき》がな、良人の目に触れ、手の届く処にさし置き、不絶《たえず》注意を惹起すと同時に、また一方には禁酒会員の内懇意の者あれば、これに依頼し、時々説得を試むる等随分共《とも》方法は有之事《これあること》と存じ候えば、余り急激に焦らず、しかし熱心に、直接間接御誘導の程奉希望候《ほどきぼうたてまつりそうろう》。右亡妻苦心の一、二御参考までに申添え此段及貴答候《きとうにおよびそうろう》。敬具《けいぐ》。

（大正五・五）

警察官禁酒会を表彰す

謹啓、陳者《のぶれば》過般新聞紙上に於いて、一見致候《いたしそうろう》に、貴署に於いては昨今の物価騰貴《とうき》に際し、勤倹貯蓄実行と同時に、傍ら一般人民の模範《もはん》たらんとの企望を以て、禁酒会の組織相成りたる趣き拝承《はいしょう》、実以《じつもつ》て敬服の至りに存候《ぞんじそうろう》。そもそも禁酒事業の儀は目下世界の大勢と相成り、なかんずく米国に於いては已に禁酒実行の方は、土地にして八割、人口にして六割の多きに達し、数年内には四十八州全部禁酒を憲法とするの気運に遭遇致候《いたしそうろう》有様に付、吾邦に於いても早晩この大勢に不洩儀と推察致候《いたしそうろう》に付、貴署がこの際その首唱者と被成候《なされそうろう》は、誠に以て、国家の為めこの上も無き盛挙《せいきょ》と被存候《ぞんぜられそうろう》、聊《いささ》か微衷《びちゅう》を開陳《かいちん》し、祝意を表彰仕《つかまつ》り候。敬具《けいぐ》

大正七年五月十六日

日本禁酒同盟会長　安　藤　太　郎

古川麹町警察署長殿

電車内の醜広告を一掃せよ

謹啓、陳者《のぶれば》近頃電車中に、日本清酒、ビール、葡萄酒等各種の酒類販売の広告相掛け候《そうろう》者有之《ものこれあり》然るに御承知の通

り、欧洲大戦勃発以来、連合国にては飲酒を抑制若《も》しくは禁酒致し居候《おりそうろう》。なかんずく米国にては戦争の結果、食料貯蓄の為め、酒類製造販売を一切禁止致 候《いたしそうろう》趣きに有之候《これありそうら》えば、我国に於いても連合諸国の廉《かど》を以て、仮令《たと》い飲酒を禁止せざるも、これが飲用を奨励するが如き広告を掲ぐるは、この際宜《よろ》しく遠慮致すべき事と被存候間《ぞんぜられそうろうあいだ》、右等に類似の広告掲示の儀は至急御差止め相成度此段具申 仕 候《あいなりたくこのだんぐしんつかまつりそうろう》。敬具《けいぐ》

大正七年五月十六日

日本禁酒同盟会長　安　藤　太　郎

東京市長
法学博士　子爵　田尻稲次郎《たじりいなじろう》殿
警視総監　岡田《おかだ》　文次《ぶんじ》殿

日本最初の禁酒軍艦

未《いま》だ拝眉《はいび》の栄を得ざるも、卒爾《そつじ》ながら呈書 候《ていしょそうろう》次第《しだい》は、最近の報知新聞紙上に、貴下には本月九日より、貴艦内に於いて飲酒を一切禁止し、在庫品は全部商人に還附《かんぷ》せられたるが、日本軍艦に禁酒令を発せるは、これを以て嚆矢《こうし》となす旨掲載有之候《これありそうろう》、生等《せいら》これを読みて、実以て感喜に堪えざるが故に有之候《これありそうろう》。そもそも生等は飲酒の国家社会に多大の害毒を及ぼすを慨し、日本禁酒同盟会なる者を組織、多年間禁酒主義を社会の各方面に鼓吹 候処《こすいそうろうところ》、その内最も吾人の寒心《かんしん》に堪えざるものは、国家の干城を以て任ぜらるる海陸軍人にして、動《やや》もすればこの点に於いて注意を怠る

の嫌い有之《これある》の一事にしてこれまで幾回か海軍当局へ建言致したる義も有之《これあり》たる処、今日貴艦に於いて前古未曾有《ぜこみぞう》の感挙を行われたるは、痛快この上もなき次第にして、実に生等《せいら》が黙止《もくし》する能わず、敢えて一片の祝詞を奉呈し前途ますます本主義の他の艦艇にも拡張せられん事を希望して已《や》まざる所以に有之候《これありそうろう》。謹白。

大正八年二月十一日

日本禁酒同盟会長　安藤太郎

伊吹艦長海老原海軍大佐殿

陸軍大臣田中義一閣下に進言す

飲酒の弊害は輓近《ばんきん》全世界の悉知《しっち》する所にして、或いは全国禁酒制度を実行する者あり、または少なくともその飲酒の用量を節減して漸次禁酒の方法を講ぜんとするの状態なるは宇内の大勢に有之候《これありそうろう》。往昔《おうせき》軍中に於いて「カンチノン」の語を採用したる頃は酒類を以て滋養昂奮の能力ある者と為し、少量の飲用は身体精神の上にすこぶる有効なる者の如く思惟《しい》したる時代も有之《これあり》たる処、近来科学の進歩するに随い、これらの理由は一方の空想に過ぎることを発見し、極力これが抑制に勉むるの方針に出たるは多言を要せざる義と被存候《ぞんぜられそうろう》。仮りに些少《さしょう》の滋養興奮の能力之《これ》ありとするも、飲酒は兎角程度を超える傾向あるを以て、その結果衛生を害し、風紀を乱す事少なからざるは事例を以て示すことを得申候《えもうしそうろう》。衛生風紀を重んずる軍隊の生活上に於いては、これらの弊害に就いては最も注意を要すべき処に有之《これあり》、然れば欧米諸国に在りては、この点に於いては、極めて慎重に研究を尽し、既に欧洲の大戦以前、明治四十三年ドイツミューフイック海軍兵学校［Marineschule Mürwik］に於いて、前帝カイゼル［Wilhelm II］には、一場の禁酒大演説を試み、帝が少壮の時は豪飲を以て青年の能事と思惟したる時代ありしが、これらの思想は現代に於いて全く不適当なることを発見せり。そもそも将来の戦闘は健全なる神経を遅鈍にして、これに危害を加うるものなり。現今の砲術練習を目撃するに当たり、如何に健強なる神経と冷静なる頭脳を要するかを発見すべきなり。然れば将校たる者は、勉めて禁酒の美風を養成し、国家に貢献せざるべからず。学校の生徒にして、禁酒団を組織せんには、朕は欣んでその一員たるべしと言明して懇々禁酒の必要を警告する所あり。爾後《じご》露、英、仏、米共に軍中に於いて飲酒を警戒するに勉められたることは無論御承知の事と被存候《ぞんぜられそうろう》。近頃仄聞《そくぶん》する所に拠れば、軍隊内務書改正の義その筋に於いて御着手中の趣きに有之候《これありそうら》えば、この機を以て従来御使用相成り居り候《そうろう》酒保《しゅほ》なる文字を御廃止に相成り、これに対する他の適当なる語を御採用有之様《これあるよう》致度《いたしたく》奉存《ぞんじたてまつり》候《そうろう》。想うに当局に於いて飲酒の有害なる事は、疾くより御承知に被及《ひきゅう》必ずや適当の方法を以て抑制被致《いたされ》候《そうろう》事《こと》とは存候《ぞんじそうら》え共《ども》、酒保なる用語の存する限りは、一見如何《いか》にも飲酒を奨励するが如き観これ無きにあらずして、前独帝の所謂《いわゆ》る現代の思想と余りに懸隔《けんかく》するの嫌い有之《これある》を以て、軍隊の衛生風紀を完全に保持するの目的より、杞憂《きゆう》の余り忌憚《きたん》を顧みず鄙見《ひけん》具申《ぐしん》仕《つかまつり》候《そうろう》。謹言《きんげん》。

大正九年七月

日本禁酒同盟会長　安　藤　太　郎

陸軍大臣田中義一《たなかぎいち》閣下

日米両国親善のために

米国議員視察団長、ボーター閣下、予は日本禁酒同盟会を代表して、今回貴国議員視察団の一行が、親しく我が東京に立寄られたる機会に於いて、衷心より歓迎の意を表するを何より欣幸《きんこう》とするもの也。

我邦開国以来、六十有余年百事貴国の先輩の啓発指導に負う所の多大なるは、爰《ここ》に絮説《じょせつ》するまでもなし。我が日本禁酒同盟会の如きも今より三十余年前、貴国の禁酒事業を観て大いに感奮する所あり、その誘掖保護《ゆうえきほご》によりて、漸次、発達したるものにして、その勢力今尚甚だ微弱なりといえども、本年一月貴国が国を挙げて、絶対禁酒を断行せらるるに及んで、その影響感化更に著しきものあり。今や我国にありても、禁酒の運動あるを知らざるものなく、知識階級にして、禁酒の必要を語るもの漸く如わり、未成年禁酒法案の如きは、来る帝国議会に於いて必ず上下両院を通過すべく期待せらる。斯の如き機運を見るに至れるもの、蓋し一は貴国の啓発指導その宜しきを得たるによる大なりと謂わざるべからず。独り禁酒事業のみならず、およそ我国の文化事業、一として貴国先輩の扶掖助力に待たざるもの、幾んど之なしというも可なり。

されば、両国民の接触によりて、凡ゆる誤解を去り日米の親善を全うすることは、ただ我国及び東洋の現在並びに将来に利害得失の上より必要なりというに止まらず、日米の親善は、永年の間培い養いたる両国の密接なる清義を保全し、人類同胞の大義を実現するものと謂うべし。吾等は如上の意味に於いて、米国議員視察団の来訪に対して、我が国民が十分なる誠意を以て交歓するは、日米の国交上多大の効果を齎《もた》らすべきを信ずるものなり。これのみならず、貴下等の来訪は特に吾等禁酒会の立場より考うるも、また吾等の禁酒運動に対して絶好の機会を与えらるるものなるを感ぜざる可《べ》からず。そは貴下等を歓迎するに、我国の慣習として、朝野の有志相会し、宴を張り、酒精を含む飲料を供すること無しというべからず。さる場合は勿論その他如何なる時に於いても、貴下等は我国の慣習を顧慮することなく、本国の法律を厳に尊重する意を明らかにせらるると同時に、先進国としての好模範を示すために、酒類を堅く手にし給わざるは、今更言うまでもなきことならんと信ず。而してこの事たるや、貴下等にありては尋常鎖細《ささい》の事に属すべけれども、我国の有識階級をして大いに反省し覚醒する所あらしめ、延いて一般社会に及ぼす刺激印象の大なること真に驚異に値すべきものなくんばあらず。そは先年ブライアン氏来朝の際、歓迎会席上酒類を供するも、氏は断乎として酒盃を手にせず、公然禁酒を標榜して水を以て万歳を祝したるに、大いに朝野の注意を促がしたるを以ても察するに足る。今日貴下等の来訪に際して、わが国民が貴下等に学ばんとする所、一に足らず、貴下等の我国に寄与し給う所、また多々あるべしといえども、禁酒事業に関して、好箇の活ける模範を与えらるることは、貴下等の齎《もた》らし給うものの中、最も高貴なる価値あるものの一ならざるべからず。幸いに吾等の微意のある所を察し、これを容るるに吝《りん》ならざらんことを。

西暦一千九百二十八年八月［?　この書翰の内容から推測するに、未成年禁酒法案が成立した一九二二年と安藤太郎の没年一九二四年より前のものだと思われる。「本年一月」に米国で禁酒法施行、および米国議員団来日などから推測すると一九二〇年か］

日本禁酒同盟会長　安　藤　太　郎

米国議員視察団長ボーター閣下

編者言〔原書〕

一、本書の刊行は、故安藤太郎翁の、我国禁酒運動に於ける偉いなる功績を永く記念せんが為に、安藤記念禁酒会がこれを計画し、その実行を本同盟に依嘱されたものである。

一、本同盟に於いては、最近『日本禁酒運動史』の研究編集の意ありし折柄とて、悦んで受諾した次第であるが、これを機会として、今後引きつづき故伊藤一隆翁遺稿集、日本禁酒運動史等の編纂に従う予定である。

一、我国禁酒運動略史及び安藤翁著作年表の如きは、当然本書に挿入すべき筈であったが、後に刊行すべき日本禁酒運動史にゆずり、わざとこれを省略した。

一、本書の題字〔未収録〕は、禁酒矯風事業のために、翁と終且つ始相倶に働かれた根本正氏を煩わした。また根本、美山、藤田三氏の如き、翁と最も親しかりし、公私共に関係浅からざりし人々の序文を得たることは、本書の価値をして一層大ならしめたもので、衷心感謝の念に堪えない。

一、本書の材料は、藤田、根本、美山の三氏、安藤記念教会の飯久保牧師、米山伊作氏等の好意を受けたるもの極めて多し。茲に厚く謝意を表しておく。（昭和四・六・永田基）

［附録：『安藤太郎氏昇天記念』］

はしがき

安藤太郎氏大正十三年十七日永眠す。生前氏と親交ある諸氏、信仰を同じうせる士、禁酒主義を共にせる士にこの小誌を呈す。希《ねがわ》くはこの小誌の神の御栄光を現わさん事を。

大正十三年十二月

安藤記念教会

故安藤太郎氏略歴

故安藤太郎氏ハ安藤文沢《あんどうぶんたく》氏ノ長男、弘化三年四月八日ヲ以テ江戸四谷ニ生《うま》レマシタ。明治四年始《はじ》メテ大蔵省ニ出仕シ、同年更ニ外務省御雇《い》ヒトナツテ朝鮮ニ出張ヲ命ゼラレマシタ。同年十月特命全権大使岩倉具視《いわくらともみ》ニ随行《ずいこう》シテ欧米諸国ヲ遍歴《へんれき》シ、六年九月帰朝《きちょう》致シマシタ、其後《そのご》上海ニ香港ニ領事トシテ赴任ジ十八年「ハワイ」総領事トナリマシタ。帰朝後外務省通商局長ニ任ゼラレ、二十八年農商務省商工局長トナリ、官ニ在《あ》リシコト前後二十有六年、明治三十年ニ官ヲ辞シテ、閑散ノ身トナリマシタ。

氏ノ精神上ノ一大転機トモ言フ可《べ》キハ、「ハワイ」存勤中即チ明治二十年ニ基督教《キリスト》ニ改宗シタ事デアリマス。当時米国桑港《サンフランシスコ》ヨリ美山貫一《みやまかんいち》氏基督教宣伝ノ命ヲ帯ビテ「ハワイ」ニ来リ親シク日本人間ニ伝道ヲ試ミマシタガ安藤氏ハ最初左マデ美山氏ノ伝道ニ耳ヲ傾ケズニ居リマシタガ同氏ノ熱烈ナル信仰ノ力ハ遂ニ安藤氏及《およ》ビ令夫人ノ心ヲ動カシ領事館ノ人々ト偕《とも》ニ其《そ》ノ教《おしえ》ニ入リテ受洗《じゅせん》スルニ到リマシタ。当時ノ事情ハ安藤氏ノ筆ニ成リマシタ『受洗始末』ニ委《くわ》シク、記載サレテ世間ノ能《よ》ク知ル所デアリマス。安藤御夫婦ノ改信《かいしん》受洗ハ一面ヨリ見レバ個人的事件デ左マデ特筆大書ス可《べ》キ大事件デハアリマセンガ、ソレガ同胞ニ及《およぼ》シタル感化ノ偉大ナルヲ思《え》ヘバ極メテ重大ナル事件ト申サネバナリマセン。何トナレバ、コレガ禁酒事業ノ基トナツタカラデアリマス。当時逓信大臣榎本武揚《えのもとたけあき》氏等ヨリ安藤氏ニ贈リタル日本酒二樽ヲ令夫人ガ打チ破ツテ掃溜《はきだめ》ニ流シタト言《う》フ事ハ名高キ話トシテ世間ニ伝ツテ居リマスガ、コレガ安藤氏ヲシテ自ラ禁酒セシメタノミナラズ禁酒会ヲ創立セシメタ動機デアリマシタ。氏ハ官ヲ辞シテ以来畢生《ひっせい》ノ事業トシテ一身ヲ禁酒宣伝ニ献ゲ、或《あるい》ハ筆ニ、或ハ演説ニ、日夜宣伝ニ努《つと》メ国民ノ衛生ト風紀ニ大貢献ヲナシタノデアリマス。

安藤氏ノ背後ニアツテ常ニ陰然《いんぜん》其ノ事業ヲ助ケラレタル令夫人ハ大正四年ノ将《まさ》ニ暮レントスルノ際良人ニ先《さきだ》ツテ天ニ召サレマシタ。安藤氏ハ之《これ》ガ為ニ一時悲歎《ひたん》ニクレマシタガ天意ノ存スル処アルヲ知ルヤ更ニ勇ヲ奮ツテ既ニ夫人ト起画セシ禁酒宣伝ト両々相待ツ可《べ》キ福音宣伝ノ機関ヲ設置セント決心シマシタ。是レ即チ安藤記念教会設立ノ挙デアリマス。氏ハコノ教会ノ創立者デアルノミナラズ或ハ自ラ講壇ニ立チ教ヲ語リ或ハ日曜学校ヲ教へ、教会ヲ愛スル事我家庭ノ如ク、信者ヲ変スル事我家族ノ如クデアリマス。随ツテ信者モ亦《また》、父ノ如クニ慕フテ其教ユル処ヲ聴キ、又能《よ》ク其行ヲ模範ト致シマシタ。教会ノ集会ニハ親シク出席シテ信仰上ノ経験ヲ語リ、平易簡単ニ信者ヲ教フ《う》ル事懇篤《こんとく》ヲ極メタノデアリマス。

数年前脳溢血《のういっけつ》ニ罹《かか》リ一時危篤《きとく》ニ瀕《ひん》シタルモ暫次《ざんじ》其健康ヲ回復シ、多少歩行ヤ発言ニ不自由ヲ感ゼラレマシタガ、ソレニモ抱《かかわ》ラズ教会ニ出席シテ信者ノ奨励ニ尽サレマシタ本年六月下旬動脈硬化症腎臓萎縮症ニ罹リ病床ニ堪へ、財産ヲ教会ニ献ゲ万事ヲ天ニ委《まか》セ本月二十七日午后七時五十分従容トシテ逝カレマシタ。氏ニハ遺子無シト雖《いえど》モ其信仰ニ由リテ生ミタル子女甚ダ多クシテ、其計画シタル事業ノ万代ニ遺ルヲ思へ《え》バ氏ノ一生モ亦大成功デアツタト申サネバナリマセン。氏ハ最後マデモ信仰ノ軍ヲ戦ヒ《い》其走ル可《べ》キ道程ヲ尽シテ今ヤ義ノ冠ヲ頂イテ居ラレマス。今後モ尚氏ノ霊的感化ハ永久ニ又広ク世ニ普及シテ止ム時ガナカラ《ろ》ウ《う》ト信ジマス。氏ノ如キハ真ニ死シテ尚ホ《お》物言フ《う》モノト言フ《う》可《べ》キ人デアリマセウ《しょう》。

故安藤太郎氏葬儀執行順序

司会者　飯久保貞次
奏　楽　米山清次郎
式　文　飯久保貞次
讃美歌（三四一）　会衆一同
旧約聖書朗読　中川邦三郎
新約聖書朗読　小方仙之助
祈　禱　山田寅之助
讃美歌（一八九）　会衆一同
履歴朗読　米山伊作
独　唱　エドウイン・T・アイグルハート
説　教　美山貫一
祈　禱　同　人
弔　辞　鵜飼　猛
同　吉岡誠明

同　　和田剣之助
弔辞弔電披露　　早川喜八郎
頌　歌（四六二）　　会衆一同
祈　禱　　平岩愃保
挨　拶　　根本　正
　　藤田敏郎

大正十三年十月三十日
安藤記念教会

［讃美歌集はおそらく一九〇三年版『讃美歌』と思われる。もしこの讃美歌集を使っていたならば、讃美歌三四一は「真玉しらたま」（題目：天国、聖句：黙示録二一章一八）、讃美歌一八九は「たへなるめぐみや」（題目：信徒の生涯、聖句：黙示録二一章二五）、頌歌四六二は「父みこみたまの」（Ortonvile）となる］

説教

美山貫一

予言者「バラム」の申します言葉に、「義人の如く我死なん願《ねがわ》くは彼の終《おわ》りに我が終りも均しからん」〔民数記二三章一〇〕と祈りました言葉があります通り、私ども今日茲《ここ》につどいまして、私どもの最も敬愛する先輩、私どもの久しき友、教会の恩人である、安藤老兄の遺骸を神の御手へ還し奉らんとして居ります。この場合に於きまして私ども安藤老兄の過去現在の事が皆さんの考えの中に往来するであろうと信じます。

私はその生涯を考えます時に、如何にも兄弟の生涯の美しい、またその気高き清き事に付いて考えざるを得ない。願わくは義人の如くに我死なん願わくは彼の終りに我が終りも均しかれ、斯く祈る考えが今ボツボツと浮びまして、安藤兄弟の過去或いは現在の事に付きまして、私は色々に語りたい、また祈りたい事がありますが、今日はその時間を許されませぬ。唯私は兄弟の信者になられました時から今日に至りますまでの間の極めて簡略な自分の考えに今浮び来る所を申し上げて、皆さんとその偉大なる我等の先輩を送りたいと思います。安藤兄弟は全体過去の半生は日本人たる武人であります。その品性は極めて奇麗な義気《ぎき》の強い同情の深い、そうして同時に愛国精神の勃々《ぼつぼつ》とした方でありました。一つの例を挙げて見ますと、父君たる安藤文沢先生の遺業を継いで生計を立つると云うような事は余り好まれませぬ身を国家に捧げて軍人となりました。そうして猛烈な戦をして居ります。斯う云うような性質でありながら、洵《まこと》にやさしい所もあります。函館の戦が破れた後でありましょう、暫くの間捕虜の形になって居られました時に函館の或る町人の一人が非常に同情をして色々と面倒を見ました。紅屋某と云う人でありました。その後安藤兄弟は内地に帰り、また、官途に就かれました。追々出世して東京に住って居られまする時に、紅屋某は非常に落魄《らくはく》して東京へ出かけて来て、たまたま故安藤兄弟を尋ねて寄りました。その時にその顔を見ると、アアしめた、オオ好く来て呉《く》れた、と言って顔を見た時に泣かれました。何故だ、実に自分が青年で戦破れてさびしい孤立の時に親切にして呉れたその恩人はいつか逢いたい、何とかしてそれに報いたいと考えて居る所へ丁度這入って来たと云うので、しめた。これは実に率直な故安藤兄弟そのままで、その御話を聞いた時にその場を見るように感じた事があります。斯う云う風で実に色々な長い生涯の間に信者となられない前から世の中に貢献された事もありましたでしょうけれども、私は今日それを申し上げる場合でありませぬ。唯ハワイの領事として御出でになりまして、そこで悔い改めて信者になられました時から後の変化の結果に付いて申し上げたいのであります。

聖書は真理です。キリスト御自身にもし人新たに生まれずば神の国に入ること能わず［ヨハネ三：三］と仰せられた事は故安藤兄弟の上に実現されて居ります。ハワイで信者になられました、その事は神御自身がこの率直なこの愛国者、この親切なこの大なる霊に聖霊御自身働き玉《たま》うも大なる御事業を成さんと企て玉いました事が実現されたと思われるような考えもあります。色々なその行道はありますけれどもそれは措きまして、唯故安藤兄弟が悔い改めました時の一つの有様を申し上げますならば、当時は御承知の通り非常に日本の移住民の送られる時でありました。そうしてこれに付いて国家の恥辱となるような事の無いように能く取締って教化するようにと云う重き委托を受けて参られました。斯う云うような場合でありながら、唯一つの癖は飲酒の癖でありまして、どうも移住民教化、取締るなんと言う事は思うがままにいかない。丁度その時に殊更に心配して居った方は令夫人でありました。そう云う時でありますから、キリスト教の伝えられたと云う事は実に好機会で、茲にキリスト教は禁酒を主張するものであるのですから耳を傾けられた訳であります。そこへ御夫人が先に信仰を持たれました。そうでありますから、或る日奥さんは非常に熱心に恭しく、「私は何も今日まで貴方の仰せに背いた事はありませぬ。今後とてもそうであります。そうしてどんな場合でも生死を倶《とも》に致します。左《さ》りながら一つ私は御願がありまする。どうしても聴いて頂かなくちゃならない事がありますが、それはこの度榎本さんから贈られたこの酒は私頂戴したいのであります」「それは大変だ」という事からその晩、明治二十年の十二月頃であります。私よく覚えて居ります。或る一晩容《かたち》を改めて安藤さんの前に座して、「そのどう云う訳だと云うその訳は、貴方が御出立の時に特別に選抜されて、依頼を受けてこの島へ御出でになりました。これから沢山の日本人がここへ参ります。これを取締りこれを教訓しなくちゃならない務めを持って御出でになりますが、御酒召し上がったではいけませぬです。どうして御自身の行いを改めずに移住民の取締が出来るでしょうか」。斯う言う論法なのであります。そうして、「どうかこの榎本さんの御贈りになった酒を私は頂戴したい」と言いました。どうしても涙を流して唯々手を突いて熱心に諫めて御出でになると云うその有様に安藤さんは感じました。どうか皆さん安藤さんの性格に付いて御考えを願います。この時に一言も言わないで、「アア悪かった。今日までお前に心配を掛けた。今日までお前に苦労をさせた。宜しい、進《あ》げます」と言って安藤さんも決心をなさったのであります。この時に信仰の決心がやや附きましたけれども未だ信仰には少し間があったようですが、その後不思議な出来事がありました。私どもハワイへ、鵜飼先生を同行致しまして再渡致しました時に大変聖書の研究が始まりました。それは祈禱会が始まって色々と宗教の研究が始まりまして或る晩講義所の祈禱会に、安藤さんの家に居られました土屋お順さん［土屋順子］と云う方がありました。この方は一向宗の熱心な方でありましてナカナカキリスト教を信じ悪《にく》い、強い仏教信者でありましたが、鵜飼先生が勧めて、何としても誰か茲《ここ》に悔い改めさせなくちゃならぬと云う決心を以て非常に強く拳骨を固めてテーブルをスポッと叩いた。拍子に、その時に疑いも心配も総ての事が奇麗に絶たれて了《しま》って、「分かりました、分かりました、分かりました」と言った時にその婦人が悔い改めた時であります。その婦人の悔い改めは奥さんに非常な力を与えました。皆さん能く考えて御覧なさい。聖霊の力の驚くべき事ここで現われました。帰って「私は今晩キリストを信じます。奥さん私あやまります。誠に是まで悪いです」と言ってあやまった。総て皆その時から婦人の有様が変わって来た。賢い奥さんは、「そうかい、それは不思議だ。お前キリストさんを見たか」「見ました」「そうしてお前どんな考えか」「私はこれまで間違って居りました。私どもはキリストさんの御救いでこれより後正しい道を歩み、そうして忠実に御奉公をします積りであります」「それは本当かい」「本当です」と云う話。そこです。「我をばそう云う道を行きたいものだ」。奥さんは泣いた。「貴方様をこれまで私は羨んで居りましたが、今日は御気の毒に考えます。沢山な宝を持ち、好い御身分学問も持って御出でになります。が今日のままでは天国に這入れませぬ」奥さんも非常に驚いて、「そんな事があるものか不思議だ」と云うので御研究になる時が本当にキリスト教に這入る時でありました。斯う云うような有様で、御夫婦夜祈り朝祈り聖書の言葉を内々調べたという事である。その時に非常な神の恵みを被るようになった。一晩私どもの処へ御夫婦で御出でになった事があります。夜遅く、「安藤さま、何事です」「イヤ何事も何にも無い。私どもキリスト教が分かりました。自分の罪が分かりました。本当に悔い改めました。これから貴方の信者になりたいと思う。どうかそれに付て洗礼を願いたい」。斯う云う御話です。「それは誠に結構ですが、貴方は今日大切な役をして居る御方であって、そうして外国へ出張して御出でてある。時に外国で信者になったという事が貴方の御役所に関係はありませぬでしょうか」。その時に安藤さんの御言葉は誠実でありました。「美山さんそれはどう云う何です。私はこの世に何にも望む処はありませぬです。世界の何物が私を今支配するのです。永遠の生命を得んとするに何も官途の事や富や財宝は問題でありませぬです」「そうですか」。その決心さえ附けば誠に結構であります。その時が先生の御決心が附いた時であります。その後いよいよ洗礼を受けると云う時に丁度サンフランシスコからビショップＭ・Ｃ・ハリスと云う方が御出でになりまして、そこでいよいよ洗礼を受ける事にして「ハリス先生に御願いする事に致しましょう」と言った時に、安藤さんのその時の御話はどうも立派です。「結構です、結構ですが私はどうか我同胞の手よりして洗礼を受けたい」。斯う云う主張でありました。これは一向差し支えない訳でありますけれども、皆さん安藤さんの時代にあの青年の育ち方、あの時の日本人の青年の考えは斯う云うような主張が沢山ありました。そうでありますから厳重にそう云う答えをされたのでありますが、まず洗礼式が終わって聖餐式が済むと、その式はホノルルの組合教会の会堂を拝借して集まりをして非常に大きな集まりでした。その集まりの内でその式が終わって、そうして安藤さんの周囲にズーッと集まって来た方は皆外国の方です。殊にアメリカの兄弟や、姉妹でありました。その方々殊に御婦人方などは眼を拭きながら涙をハラハラとして、「アア難有《ありがた》い事だ。安藤さん信者になりましたか。感謝致します」と申しました。そして頭に手を載《の》っけられた時に安藤さんはコロッと国際上の或いは国家的の観念が奇麗に変わって了《しま》いました。「跡で話されて居る、キリスト教と云うものは斯う云う力を持ったものである。全世界の中の総ての国から超越して人類皆この如く一つの神に結ばれて本当に涙を出して兄弟と言って温い手を握ることが出来るものと云う事を今まで知らなかったのだ。実にどうも変わったものであります。難有《ありがた》い」と言われたのはこの時であります。この時から全く変わりました。それからモウ一つ不思議な事は、ここにはその当時御出になった兄弟の方々が御出でになりますが、実に盛大な集まりでありまして、その領事館が悉く信者とならぬ内は日曜と云うものも能く守られて居ませぬけれども、領事官一行皆信者となられまして、日曜日には今日日本で一般の教会が守るような事でありませぬ。実に厳粛に守られて第一に解放されたのは馬が一疋《いっぴき》も日曜日には馬車につけられませぬ。馬が自由を得た。一日の食事の調製方も時間が助かりました。これらは宗教の事でありますけれども、丁度、領事館の隣りのシャトレー方に住まって居りましたが、日曜で御夫婦顔を蹙《しじか》めて困ったと云う事は領事館では無い。ピアノの調子で歌う。その生活の有様が領事館に信仰の道が興《おこ》りまして、ピアノを歌われる歌が違います。日曜日が守られる。例えば、「天にたからつめる者はいとも幸福なるかな、今こそ不思議な喜悦、如何にしてかは述べん」あの歌などうたわれる時に隣の家の大審院長は嬉しくてたまらぬから夫婦で改めて御礼に来られた事がある。どうも難有《ありがと》う本当に快いと申しました。これはその領事館の内部の変わりました一例であります。

さてその後日本に御帰りになってからであります。殊に安藤さんの変わったのは奥さんに対しての態度であります。或る日先輩の方から、外務省で或る国の公使に行ってはどうだと云う交渉がありました。そうすると、直ぐに「左様ですか、そこが難有《ありがた》いですが、私は帰りまして家内に相談致して見ましょう」と答えた。「家内に相談して見ると云うのは妙だね」と言ったが、「兎に角家内に相談致しましょう」と言って帰られて、奥さんに「今日斯う云う相談を受けたがどうだ」と云う時に、賢夫人は徐かに答えられた。「アアそうですかそれは結構です。モウ御役目は御止しになったらどうです。私どもの残生は社会の為に、社会奉仕の為に矯風事業に尽しましては如何でしょう」「そうか、宜しい。それでは行って断わって来る」と言って、その足で外務省へ行って、「私は家内に相談致しましたが、もう御役目は止したらどうだと言うですが私もそう考えます。御免被ります」と言った。これは実に不思議な変化であります。その時に御夫婦で日本の禁酒運動をする事の決心がなお強くなったこと、私は思われます。

それから皆さんの御存じの通りに禁酒同盟会が出来て盛んに運動がありましたけれども、未だそればかりではありませぬ。安藤さんの最後の美しい事は奥さんの御亡りになりました時に、私はこれに手を触れたが、身体は冷たくなったが、未だ寝台の上に静かに眠って御出でになる時に、安藤君はピタリと跪いて最後の祈禱をやった。その時に安藤さんが泣いて「お前には長い間苦労をさしたが私は仕舞まで御前と約束した事がある」と申され、私がその席に這入りました時に「美山さん、家内は性癖は少しあるといえども私の恩人です」と言われた。これは安藤さんの正直な御話だ。この如く奥さんに対して敬意を表して御出でになりました。その後明治二十九年五月頃ですか、私は実は鎌倉へ隠退しようと考えて、御暇乞い旁々《かたがた》伺いました時に御夫婦で御話になりましたのが、「私どもは斯うして未だやって居りますが、早いか遅いか一人一人天国へ引取られます。しかし私どもの所有して居るこの財産は全く神の手に献げたいのであります。そうして永く私どもの遺志がこの世に行わるるようにしたい。この事は根本さんや或いは鵜飼さんなどにも御話し置くから、どうか覚え置ていて下さい」と云う事でありました。これは唯それまでの計画内部の御話ですが、故安藤さんが御病気に成られました時に改めて、氏「自分が永眠した後に自分の所有財産総てを教会に献げます。そうして自分の跡は廢滅致します。そうして教会の牧師に実行させます。もし神の御旨で未だ姑く生存えるならば御目に懸りましょう」この如き遺言が附られました。そうして安藤さん御自身に自分の妻に対して約束を実行する事と云った事を神に感謝します。それは即ち今日ここです。この立派な会堂です。そうしてこの如く美わしい安藤さんの告別の御集りを開くことになりました。

オオ皆さん、我々は沢山な友人を持ちます。皆さんも御同様であるけれども安藤さんの如く義人の如く我々は死たいものだと考える者がこの内に幾人あります。義人の如く我死なん、願わくは我の終わり彼の終わりの如くならん、この如く願う者は幾人ありますか。これが私の皆さんに訴える所であります。皆さんと私どもは御同様安藤さんと生前非常に親しくした、今日最も深い同情を以て御送り申して居る我々でありますが、そうして安藤さんの終わりを見まする時に如何にも美しい、如何にも麗わしいです。青年時代には国家に尽し、中年に至って官途に奉職し、終に悔い改めてキリストの信者となり、完全な模範を貽《のこ》すまでに美しい信者であって、そうして自分に在った有らゆる物を献げて、智慧も力も生命も財宝も皆神に献げて感謝して今日天国へ静かに帰られました。皆さん人間としましての最上最高の成功です。最上の成功ではありませぬか。これ以上の成功はありませぬ。もしも私どもこの世界に於いてその半分この世に於いて成功したと云うだけでも、それは人間だけの方面の成功です。国家に忠義と云うだけの事でありますれば、昔より今日に至るまで全世界にどのくらいの人間がその一方の忠義愛国的働きを以て終わって居るかも知れない。富を積んだだけが人間の最後の大成功とするならば、富を積んで居った人は幾らもありますけれども、自分の罪を悔い改めて自分の行いを妻に謝する。第一番に自分の過去の過ちを妻に対して悔いるのみならず、その約束を仕舞いまで実行し、そうして最後は信者となって自分の全部を神に献げて永遠に祈禱を以てこの世界を終わったと云うことは実に立派なものであると信じます。

オオ皆さん、どうかこれがこの一片の御式、唯一片の御式にならないで、義人の如く我死なん願わくは我が終わり、彼の終わりの如くあれと云う処まで行きたい。幾人の方がこの如き美しい終わりをするでありましょうか。どうかこの会堂は空しく唯一片の塊りの物と始終ならないで安藤さんが生きて今日まで働いて下さる魂となり、我日本帝国中の大なるリバイバル、ここが原動力となりますように希望して置くのであります。どうか今日の一片の告別式にならないようにして行くことを希望致します。（完）

弔辞

鵜飼猛

私は故安藤太郎君を社会事業の先覚者として敬い、その死を傷《いた》み、その霊を弔う者であります。三十七、八年の昔、世の人が多く社会事業を考えない時に、早くもハワイに於いて我が渡米移民の事を憂い、自ら禁酒を実行して範を移民に示し、更に禁酒会を起こした。そうして矯風制度と我同胞の発展に対しては、確かに社会事業の変化である。その明、その識、その決断感ずるに余りあると思う。而して斯人亡し。感慨無量であります。この意味に於いて故安藤太郎君の霊に対して弔意を表します。

第二に私は故安藤太郎君を以て模範的キリスト信者として敬い、その死を弔う者であります。一たび平生の議論を打ち捨て謙遜《へりくだ》り、心を虚うしてキリストの霊に従うと云う観念に依って三十有余年、いよいよ信仰の佳境に進まれ、信仰生活日々に深きを加え、実に永続した信仰生活なりと信ずるのであります。先年令夫人を失いまして孤独であり、寂寞でありました。殊に病まれましてから不自由を感じました。しかしながら如何なる場合にも一言の怨みは無い。一言の苦情も無い。常に神を信じて感謝希望に充ちて居られました。最近御目に懸った場合にもそうでありました。成程身体は衰え自由も利きませぬ。しかしながら、この間に在って、なおかつ神に信頼しキリストに帰依してその心に実に驚くべき物を認めて居った。確かに安藤さんは信仰生活の人の模範であります。斯人今や亡し。感慨無量であります。この意味に於いて安藤太郎君の死を弔う者であります。

第三に安藤さんは憂国の志士であります。榎本さんに従って函館に行かれし時から今日まで常に国を憂い、どうかして国を高め、国利を増し、民福を増したいと云う至情がありました。或いは禁酒事業と云い、或いは福音宣伝と云い、帰する所は神の思し召しに従って是非とも日本を高めて、そうして誇りに進ませたいと云う至誠に出でしものと信ずる。然るに今その人亡し。感慨無量であります。この意味に於きまして安藤太郎君の死を悼みます。これに対して弔意を表する次第であります。

第四に、私は安藤太郎君を畏敬する真の友人として、そうして今から三十七年前、何日かは忘れましたが御目に懸りました。爾来今日まで長い月日の間、時には戒め、時には叱り、時には励まし、時には労わり、公けの働きに於きましても、また私の事に於きましても、終始一貫渝《かわ》らぬ所の至誠を傾けて、私の如き小さい者をも懇ろにあしらって下さいました。染々《しみじみ》と安藤太郎君は本当に畏敬すべき真の友でありしと心に感ずるのであります。それは何時でも真心を以て交わる人でありました。而も長い月日の間に安藤太郎君の真心を尽して交わる事に答える事の出来ぬのは非常に恥るのであります。斯かる畏敬すべき真の友、今や亡し。感慨無量であります。

今日私どもが故人を偲ぶに付きまして、また故人に対して人生最後の大礼を尽くすこの場合、責めてはその信仰その精神を受け継ぎ、遺されし事業に対して今後出来得るだけの力を注ぎまして、今美山君の仰せの通り折角この事業が栄えまして、この仙台坂のこの場所から生命の泉広く世に流れ渡りまして、多くの魂を活かすこの事業の栄えんことをこれから祈るのであります。謹んで弔意を表します。(完)

挨拶

藤田　敏郎
根本　正
小林　敏
荒井　顕理

皆さん、今日は月末御忙しい所、御厭い無く御会葬下さいました事を本教会並びに親戚一同を代表致しまして厚く御礼を申し上げます（了）

弔電

我国禁酒会の恩人の御永逝を聞き謹んで哀悼の意を表すると共に、我等奮励努力して御意志を成就し、その霊を慰むの日あらん事を期す

長尾　半平

個人としては知己、事業に於いては恩人たる安藤大人の昇天を心から哀惜す

山室　軍平

安藤様の御永眠を深く御悼み申します禁酒の御働き永遠に遺ります

ヘーツ

尚左の諸氏及団体より弔電あり電文略す

岸　秀次　鵜崎庚午郎　浅井　卯吉　林　歌子
荒井　陸男　浜谷理吉郎　大久保直一郎　平田　平三
長島　与八　江指卯之助　成瀬才吉　波多野伝四郎
柳原吉兵衛　石田　良助　小川　渙三　木原　外七

稗　島
林　蓊
会田賀伊智
中友　一
山本千太郎
戸鳫　直文
南部小三郎
ベーツ
今井　信蔵
禁酒評論社
諏訪禁酒会
大日本紡績津守禁酒会
京城禁酒会
入間川禁酒会
筑北禁酒会

コーツ
吉田吉太郎
石坂亀治
内ヶ崎作三郎
大西　鍛
雨森　氏正
砂本　貞吉
中村平三郎
丹野　文成
常総禁酒会
甲府禁酒会
浜松禁酒会
神戸廃酒会
横浜禁酒会
那須禁酒会

河　本
三谷雅之助
飯沼　正己
三宅あい子
大西まさ子
加藤　万治
三戸吉太郎
西　村
齊藤　寿雄
京都禁酒会
土浦禁酒会
大坂禁酒会
函館禁酒会
倉敷禁酒会
宮　文助

二見　常吉
田中　義弘
清木　四郎
山鹿元次郎
善　積
荒本寅之助
赤沢　元造
浦浪　熊吉
岩本　義春
豊浦禁酒会
大坂矯風会
伊勢崎禁酒会
松本禁酒会
大館禁酒会

弔辞

先ノ日本禁酒同盟会長安藤太郎翁逝ク噫哀《ああかなし》イ哉《かな》

翁ハ夙《つと》ニ酒害ノ悪シキヲ暁《さと》リ己《おのれ》マヅ《ず》断然禁酒シテ躬行ノ範《はん》ヲ垂《た》レ明治二十一年任地布哇《ハワイ》ニ禁酒会ヲ創設シ次《つい》テ二十三年初メテ我邦ニ日本禁酒同盟会ヲ組織セラル凡《およ》ソ業ヲ創ムルコトノ難《かた》キハ言《げん》ヲ須《ま》タズ而シテ飲酒ノ悪習タルヤ因襲極《きわ》メテ久シキモノアリ之《これ》ヲ志《こころざ》スモノ未《いま》ダ甚《はなは》ダ多カラザルノ時ニアリテコノ排除ヲ企ツルガ如キハ決シテ容易ノ業ニアラザルナルニ然《し》カモ翁ハコノ嶮難《けんなん》ヲ冒《おか》シ敢然《かんぜん》起ツテ禁酒運動ノ陣呉《ちんご》トナリ日夜悪戦苦闘遂《つい》ニヨクソノ基礎ヲ据《す》エ爾来《じらい》大正九年ニ到ル三十有余年終始一貫同盟会長トシテ斯会ニ尽瘁《じんすい》セラルソノ功績ノ大ナル誠ニ感謝ノ至リニ堪《た》ヘ《え》ズ本同盟ノ今日アルハ偏《ひと》ヘニ翁ノ力ニヨル我等果《はた》シテ何ヲ以テカ報ヒ《い》ン然ルニ翁卒《にわ》カニ逝《ゆ》イテ亡シ哀イ哉《かな》嗚呼《ああ》今ヤ国歩《こくほ》艱難《かんなん》ニシテ世人亦《また》漸《ようや》ク禁酒運動ノ緊切《きんせつ》ナルヲ知ル我等ハ既ニ翁ノ先見ニ服スルモノ今ハ只《ただ》ソノ遺業ヲ守リ益々コレガ拡充ヲ計リ以テ一日モ迅《すみや》カニソノ素志《そし》ノ達セラレンコトヲ期ス

在天ノ霊願《ねがわ》ハクハ不易ノ冥護《めいご》ヲ垂レヨ

大正十三年十月三十日

財団法人　日本国民禁酒同盟会

伊藤　一隆

弔辞

キリスト教婦人矯風会創立の当時にあたりて、常に会を指導し、また援助して会の目的貫徹に力を借されし先輩安藤太郎氏の光栄ある奮闘の御生涯を憶いここに謹んで追悼の意を表します。

大正十三年十月三十日

キリスト教婦人矯風会

小崎　千代

弔辞

前青山学院財団法人理事安藤太郎君、茲に七十有九歳の長寿を以て溘焉《こうえん》として長逝せらる君官途に在り民間に処して国家社会の為めに尽されし事業功績は世人の周知せる所なり。而してまた我が青山学院の為めその財団法人理事として多年の間陰に陽に学院の発展隆興に参画尽力せられしこと数うるに勝るべからず今君の長逝せらるに当たり悼惜《とうせき》の情禁ずる能わざるものあり茲《ここ》に謹んで哀悼の意を表す

大正十三年十月三十日

青山学院長

石坂　正信

安藤先生ノ御永眠ヲ哀悼ス

大正十三年十月三十日

安藤記念教会日曜学校
生徒一同

安藤先生ノ御永眠ヲ哀悼ス
大正十三年十月三十日

安藤記念教会
幼稚園園児一同

安藤先生ガキリスト教ニ深キ信仰ヲ持タレ誠ニ立派ナ御精神ヲ以テ幼稚園ヲ御建テ下サイマシタコトハ私共ノ深ク感謝スル次第デアリマス
幼稚園ノ事業ハ営利ノ事業デハアリマセン社会ノタメ幼キ児供等ノタメマタ児ヲ持ツ親ノタメデアリマス
私共ハココニ園児ノ保護者トシテ安藤幼稚園創立者タル安藤太郎先生ノ霊ニ深ク感謝ノ意ヲ表シ弔詞トスル次第デアリマス
大正十三年十月三十日

安藤記念教会幼稚園

保護者一同

時茲大正十三年十月三十日安藤太郎君ノ葬儀ニ当《あた》リ君ト最モ関係ノ深カリシ我日本メソヂスト銀座教会々友一同ハ謹ンデ深厚ナル哀悼ノ誠意ヲ表シ奉《たてまつ》ル

明治二十三年銀座メソヂスト教会ノ創立ニ際シ君ハ其創立者ノ一人トシテ大《おお》いニ尽瘁《じんすい》セラレ爾来《じらい》安藤記念教会ノ建設ニ至ルマデ二十有余年間一身ヲ禁酒矯風ノ為ニ又福音宣伝ノ為ニ捧ゲ神ト人トニ奉仕ヲ全《う》フセラル

日本ニ禁酒事業ノ今日アルハ実ニ君ニ負フ所ノモノ大ナリ、君又明治四十四年我銀座教会堂ノ建築ニ際シ故令夫人ト共ニ多大ノ犠牲ヲ以テ其建築資金ノ募集ニ当ラレタルノミナラズ自ラ巨額ノ資ヲ投ジテ之ガ完成ニ寄与セラレタルガ如キ実ニ吾人ノ模範トシテ敬慕措ク能ハザル所ナリ、君数年前ヨリ病ヲ獲テ活動旧時ノ如クナラザリシト雖《いえど》モ其母教会タル銀座教会大成運動ノ為メ多大ノ同情ト資力トヲ捧ゲ我等会友ヲ鼓舞奨励セラレタルコトハ吾人ノ感謝ニ堪エザル所ナリ

今ヤ君ハ長逝《ちょうせい》セラレタリト雖《いえど》モ君ノ遺サレシ福音禁酒ノ基礎ハ君ノ霊ト共ニ永ク記念セラレ、神ノ祝福ニ由リ其事業ノ愈《いよいよ》発展進歩ヲ見ルベキヤ疑ハ《わ》サル所ナリ君幸《さいわい》ニシテ冥《めい》セテレンコトヲ

大正十三年十月三十日

日本メソヂスト銀座教会

幹事長
和田剣之助

先の東京禁酒会々長安藤太郎翁逝《い》く噫《ああ》哀《かなし》い哉
翁は明治二十三年より本会の会長として実に三十年間慈父の如く我等を指導せられ終始一貫その目的に向て邁進《まいしん》せられたるは我等の今尚怠る能《あた》わざる処なり今や永く翁により代表せらるる我禁酒会は正に大いに奮起せざるべからざるの機運に遭遇せり我等は翁の遺志を承けその初志を達せんが為め更に一層の努力を致さん事を期す爰《ここ》に謹んで弔意を表す

大正十三年十月三十日

東京禁酒会
村上　幸多

日本メソヂスト教会伝道局ハ我教会ニ多大ノ奉仕ヲナセル安藤太郎君ノ永眠ニ対シ謹ンデ哀悼ノ意ヲ表ス
大正十三年十月三十日
日本メソヂスト教会

日本メソヂスト教会社会事業委員ハ本邦禁酒矯風事業ノ為メ一身ヲ捧ゲテ尽瘁《じんすい》セラレタル安藤太郎先生ノ長逝《ちょうせい》ヲ悼《いた》ミ

伝道局長 波多野伝四郎

謹《つつし》ンデ哀辞ヲ呈ス

大正十三年十月三十日

日本メソヂスト教会

社会事業委員長 P・G・プライス

故安藤太郎君ハ我日本メソヂスト教会総会議員トシテ又矯風委員長トシテ多年本教会ノ為メニ尽力セラル本教会ノ今日アルハ君ニ負フ所甚ダ大ナリ君今ヤ天ニ帰ル哀悼ニ堪ヘズ謹ンデ茲ニ弔意ヲ表ス

大正十三年十月三十日

日本メソヂスト教会

総会特別委員長 鵜崎庚午郎

安藤太郎先生

先生は真に日本帝国の為め全力を濺《そそ》ぎ禁酒事業に尽力せられたるは周知のことにして、世を利益せし事大也と謂うべし。先生の生涯を三分する時は最初の二十六ヶ年間は研学と旧幕に奉仕し幼年には安井息軒先生の塾にありて漢学を勉強し、当時塾中の神童として賞讃せられたりと、当時同塾せし昔年神奈川県権令たりし山東直砥氏の証言たり。また英語を学び、維新の時にありては早稲田にありたる英学校、第一の校長は林董氏第二は山東直砥氏、第三の学校長は安藤太郎氏たりしとす。間もなく慶喜公に召されて騎兵士官に選任せられ、慶喜公の召されたる乗馬の鞍温なる時、公より安藤この馬に乗れとの御意もありたる程なりと云う。幕末に際しては榎本大人《うし》と函館の戦争にありて、右の手に重傷を受けたる痕あるを見ても如何に勇壮活発の武士たりしを知るに足る。

先生の第二期と云うべき明治四年、二十六歳の時、朝廷に召され、外務省書記官に選抜せられ、直に岩倉全権大使の一行として欧洲に渡航し、重要なる通訳の大任に当たりたるは、克く青年にして和漢洋の三学に通じたる賜なりとす。爾来在官二十六ヶ年間、香港その他外国に在留し、ハワイ移民創設者とし、国家に利益せし事は、彼のハワイに於いて禁酒事業を開始し、榎本逓信大臣、森岡郵船社長より伊丹樽二つ年始の美酒として寄贈せられたるを、文子賢夫人には全部破棄放流せしめ、酒害の大なるを数千の移民に実地教訓し、爾来先生も夫人と共に熱心なる禁酒鼓吹者として献身犠牲の仁となりたり。

第三期の二十六ヶ年間は在野の人となり、自ら筆を執り、雑誌『国の光』を発行し、挙家一致雇人の男女に至るまで禁酒事業に奉仕し、斯の如き大事業を成就するに至りたるは、安藤太郎先生の父文沢先生の教育宜しきに出てたる事をも忘るべからず。文沢先生は旧幕時代の名医にして、早く蘭学に志し、長崎に研精を重ね、日本に於ける種痘は文沢先生に依りて夙に開始せられたるものなりと江原素六《えばらそろく》先生の常に賞讃せられたる処なり。また母君は馬場家に生まれ、十分の教育を受け賢母の実を挙げたりしとは、その親戚たる小林敏夫人の語る所なり。先生は常に克く西賢の語を記憶し「正直は最上の政策なり」「ジョージ・ワシントン」との真理を実行せり。何事に就いても用意周到、万事に注意深く両三年前より昇天の今日あるを理解せしものにあらん。先年より所有の財産を処分し、安藤記念教会のため一万五千円を建築事業に献出し、且つ土地屋敷を始め全部の財産を日本メソヂスト教会本部に上げ、永眠の前には更に一万五千円の公債券を同本部に納め、その他幼稚園にも五千円、親戚その他の親知をも記憶せり青山墓地（墓地下電車停留場より二丁東側）には既に安藤太郎文子之墓と自筆にて立派に出来上り居りたるを見ても如何に自営自活共存共立及び共栄の三大主義を実行したる真に潜伏偉人として敬慕すべき仁なり。もし先生にして最後の二十七ヶ年間禁酒の人とならざりしなば、万世不変の教会を建設し忠君愛国の偉人たることを得べけんや。

先生は誠に幼年時代に於いて神童と呼ばれたる。名実共に終始一貫、世に模範を垂れ、無限の生命を得、大いに天下に幸福を与えたる偉人として敬服せざるを得ず。

大正十三年十一月十九日

キリスト教青年会に於ける

日本国民禁酒同盟会安藤先生追悼会に於いて

根本　正

禁酒は宇内の大勢なり

日本と欧米との文明の程度を比較して見る時は、成る点に於いては競争上優劣が分明せざる程に日本が進歩して居る処もあるが、多くの場合に於いて、まだ中々欧米列強と相並んで衡《くびき》を中原《ちゆうげん》に争うと云うまでに発達しては居らぬ。殊に形而上の文明、即ち倫理道徳矯風正俗等の点に至っては、日本の状態は甚だ幼稚にして、到底比較に相成らぬ程度である。然るに欧洲の戦乱より、列強がこの矯風正俗の点に於いて更に一層の覚醒を為して、古今未曽有の大改革を創始し、米国またこれを望んで我劣らじと一斉に奮起して、全米に一大革命を引き起こさんとするの形勢である。これは何かと言えば即ち現今宇内《うだい》の大勢となりたる禁酒事業である。

そもそも禁酒事業は早くより欧米に開始《はじめ》られて居りたるが、言わば有志者の企業に属する者にして、時の政府は多くこれを度外視したるの傾《かたむ》き無きにあらざりしが、今回の大戦乱以来ロシアが第一に全国に禁酒令を発布して、一滴の酒類もその版図内に販売するを許さず、次に英国は皇室に於いて禁酒を実行してその範を全国の臣民に示し、仏国もまた大統領を会長に戴きたる禁酒団体起こりて戦地及び国内に禁酒を奨励し、ドイツは已に数ヶ年前に於いて皇帝が海軍学校に禁酒演説を為したる程なれば、その他は推して知るべしである。斯かる状況を目撃したる北米合衆国に於いては年来の禁酒運動になお一層の熾烈を加え、遂に今日に至りては四十八州中十九州は全く禁酒州と一変し、自余の諸州に於いても地方制度を以て禁酒を実行するが故に、米国の面積から言えば八割を計上し、人口から算すれば六千万となる。左れば全体の六割五分は禁酒と為ったのである。それから近々禁酒州と為るべき者はサウスダコタ、カリフォルニア、ネブラスカ、モンタナ、ミシガン、ミズーリ、アイダホの諸州で、その勢い火の原野を燎《や》くの趣きがある。

さてこの米国が何故にまた斯かる大奮発に及びたるかと云えば、固《もと》より多くの人民中には種々の目的もあるべしといえども、多数の国民が目的とする所は、即ち今後欧洲の戦乱に次いで開かるべき第二の世界的平和戦争に後れを取らざるの準備に外ならぬのである。それはまた如何なる訳かと言えば、今日の戦乱が終局するや否や必ず第二の平和的戦争が突発するに相違わない。それでその戦場は世界到る処に開かるべしといえども、まず第一にはアジア大陸にして、即ち支那地方が欧米列強の競争場と成る事は火を観るよりも明らかである。さてその節に至り、欧洲諸国が禁酒制度に由って養成したる商工業者が、清醒にして謹恪《きんかく》に勤勉にして質素なる態度を見て腕に撚《より》を掛けて出陣された日には、米国人はこの一点に於いて正しく敗北するに相違はない。即ちこの掛念が米国識者の脳裏に刻み込まれて居るに疑いない事が分かるのである。左ればこの機会を逸せず、一日も早く一刻も速やかに米国に禁酒制度を布いて衡を中原に争わんとする準備を為すのである。

一体日本に於いては、禁酒事業の如きこれを米国等に比するに、彼が大人なれば日本は生まれ立ての赤子に異ならず、否な、まだ出生しない胎児の状態であるから、今日禁酒を勧告するには酒害を説いて、これを飲めば身体の害になるとか、家庭の平和を敗るとか、経済を紊乱《びんらん》させるとか、風俗を破壊するなど、重《おも》に飲酒の害毒の方面に向いて運動するのであるが、米国辺に至ると、酒害も説かざるにあらざるも、重なる点は禁酒の利益にして、第一禁酒に由って能率を増進するのである。飲酒して居る者が一日いくらいくらの仕事を為したる者が禁酒に由《よっ》ていくらいくらの仕事の増率を見るに至る。左ある時は雇主が利益を得るのみならず、職工労働者の利益となる。職工労働者の利益は取りも直さず国家社会の利益となるのであるという点から禁酒を勧告して居るが、なお米国の日本より進んで居る事はこの方で、酒を飲む個人に対するの禁酒運動であるけれども、米国ではその様な時代はとっくの昔に過ぎ去って今日では酒類を製造販売する所の酒屋排斥運動に掛かって過半以上の成功を奏して居る。已に今夏その酒屋排斥運動同盟会が大会を米国のインディアナポリスと称する一大市に開いて、その決議に、欧洲の戦乱が済み次第可成《なるべく》は欧洲のその講和会議の在る場処に於いて万国酒屋排斥大会を開設せんとの事に決し、その次第を我が同盟会本部へ通知になったのである。さて右は今日禁酒が世界の大勢と為って居るほんの概要とその大勢の由来する所と、またその大勢の目的とを示したまでの事であるが、然るに日本は斯かる大勢がその門前にまで押し掛けて来てコツコツ戸を叩いて警告を与えて居るという有様であるのに、内に居る所の吾々には欧米の禁酒事情は勿論、中間には禁酒の何物たるをも解せず、一切無頓着にて悠々閑々と済まして居る者が有ったとしたら、如何にも国家前途の為め不安心至極の次第ではあるまいか。元来日本人は負ける事の嫌な国民であって、夙に欧米の物質的文明を咀嚼《そしゃく》し、近頃に至っては何国で何万トンの戦艦を製造したと聞けばこれに匹敵する戦艦を製造し、また何国で飛行機または潜航艇を製造したりと聞けばこれを模倣するなど寸分も抜目なく立廻って居るに拘わらず、今日世界の大勢となりたる禁酒の事に至りては茫乎《ぼうこ》として関する所なく、第二の平和的戦争の突発に対しては懸念する者あるも、商工業の能率増進如何の点に至りては一顧を値せざるの観あるは実以て遺憾千万と謂わざるを得ず。また或る者は日本の酒飲みは強酒を飲まず、また割合に欧米人よりも小量である。しかし欧米人は強酒を日本人よりも過度に飲用するが故に禁酒するは当然であると云うが、それは恰度大泥棒と小泥棒とありて、大泥棒はその罪に服し悔い改めをして全く真人間と生まれ変わりたるのに、小泥棒は自分の罪はそれ程でないから宜いと言って矢張り布着切りや板の間を働いて居るのに異ならず、泥棒をして居る間には大小の差別はあるが、一方が止めたのに一方は止めないで居るときは全く比較にはならないのである。

茲に比喩としては甚だ些細なる事柄であるが、しかし拡める時は以て大いに喩うべき一事のあるは、化粧品製造店にクラブと称する者があって、クラブ歯磨、クラブ洗粉、またクラブ香水など云うのがあるその店主は中山太一と称して全国に偉大なる広告を為して居る処、一日この中山という人に面会し、毎月何程くらいの広告料を仕払うかと尋ねたら少ない月で二万円くらいとの事である。因って如何にして斯くも広大なる営業を為すまでに至りしやと質せしに、自分が最初大阪に来てこの業務を始めた時、同地の同業者を見渡した処、皆相応の身代にて事務に熟練した連中である到底並大抵の事では競争する事が出来ない。ソコデ何ぞこれらの人達に欠点と言えば語弊があるが、この商売向き必要な事柄で居てそれをやらずに居る事はあるまいかとなお細密に調べて見たら、これらの同業者が大底酒を飲み煙草を吸い、また夜分も二次会三次会などやるという事が分かった。この事を承知した当人はこれぞ着眼の為し処とて、それからまず酒を禁じ煙草を禁じなおその外に独身主義を守って奮戦苦闘した結果、遂に今日を為したのであると語った事は無論些細であるが、これを拡張する時は吾邦今日の形勢に酷似して居る処がある。吾等は今日世界を見渡すに列強は執れも国富み兵強く殊に学識経験に富みたる人民を以て社会を組織して居るから並大抵な競争では到底決勝点に先着する事は不可能と云わねば成らぬ。然るに、もし列強が飲酒喫煙等の点に於いて欠る所あれば、吾等は禁酒禁煙を以ってこれに乗ずるの機会もあるなれども、この禁酒すら彼等は実行して居るからには何等の欠点も吾等には遺してないのである。しかし吾等は大奮発を以て進行するに於いては未だ遅くないのであるから今日は一日片時も速やかに全国挙って禁酒主義を採用し、これが実行に勉めぬば成らぬ。

在布哇受洗の始末

安藤太郎君演述

私が今日皆様の御耳を煩《わずれ》わして申し上げようという話は、私が先年ハワイ国に於いて「キリスト」信者に成りました次第であります。元より近来「キリスト」信者が随分沢山にありますから、私如きが信者に成りましたとて格別珍《めずら》敷《しく》もない訳でありますが、しかし私を善く御承知の御方はあの男が「キリスト」信者に成ったとは実に驚き入った次第だ。何んでも職掌上《しょくしょうじょう》一時の方便か、左《さ》なくば、世間にままある不平かまたは物好きから宗教を玩弄《がんろう》するの類であろうなどと悪口を御ききになる人達も随分ありますし、またこれまで世間一般の無神論者に「キリスト」教を説きますと、その教理を善くも聞きませんで反対論を唱えます。廉々《かどかど》が誠に善く私が未信者の時と同感でありますから、これや彼やに付き、何か人様の御参考にもと存じ一と通り御話し致しましょう。元来私はこれぞと申す学問も何もありません。年が年ですから、見まね聞きかじりて漢洋哲学の小理屈は随分《ずいぶん》共に脳髄に染み込んで居ります上に、品行の一条に至りましても、肉体の欲情には兎角束縛《とかくそくばく》を蒙り勝ちにて、克己復礼《こっきふくれい》などの嗜《たしなみ》みは更に無之《これなき》人物でしたから、宗教類は一切不得意であります内、なかんずく「キリスト」教は極々嫌でありました。何故またそう極嫌でしたかと申すに、種々原由もありますが、その重なる一は、私はこれまで久敷《ひさしく》海外に居りましたが、その際欧米人が動《やや》ともすれば我々アジア人を指して偶像《ぐうぞう》宗の人民と称し、自分達を「キリスト」教の国民と唱えます処、その実彼等の所謂偶像宗とは野蛮の異名で「キリスト教」とは開化の別号でありますから、何分にも小癪《こしゃく》に障《さわ》りて溜《た》まりません。殊に御承知の通り、欧米人と申した処が、中間には金や智慧こそ我々より沢山ありましても、道徳の点に至りましては随分我々の眼にも甚しいと見ゆる者もありますので、それらが無闇に「キリスト」「キリスト」と唱えますから、いよいよますます「キリスト」教が嫌に成りまして、後には彼等より足下の宗旨は何んだと尋ねますと、何やら向こう面が張り度《たく》成りまして、平常不沙汰な仏法を担ぎ出して、拙者は真宗と申す一派の信者であるなどと返答して、矢《や》たらに仏徳を称揚致した事が毎々ありました。右の次第ですから、宣教師等より宗教の勧めなどに与かりますのは悪寒《さむけ》の出るほど嫌でありまして、一度でも勧めをした人には最早二度と再び面会致しませんでした。今から考えて見ますと実に笑《おか》しくありますが、およそ文明の人間世界に何が不幸だと申して宣教師ほど不幸至極な生涯はありますまいと存じたくらいですから、余は大概御推察が出来ましょう。然るに斯かる耶蘇《やそ》嫌いの私が如何なる次第より公然外国の寺院に於いて洗礼を受け信者の一人と成りましたかと申すに、御承知の通り、私には明治十九年ハワイ在勤の総領事を拝命いたし、同地に赴き三ヶ年半余も滞在致して居りましたが、さて私の参りました頃にも既に我国の出稼人は三千人程も居りまして、その行状はどうだと申すに、男子は飲酒に溺れ博奕《ばくち》に耽《ふけ》り、また女子は種々の乱りがましき所行を致し、行々は御国の御外聞にも相成る様な勢いも見えまして、何分捨て置き難くありましたから、或いは説諭を致したり、または布告を出したりして種々取締向《とりしまりむき》に着手致して見ました処、悪風はいよいよますます増長致しまして、如何とも致し方なく当感を極めて居りました。その折柄、米国サンフランシスコよりキリスト宣教師で美山貫一と申す人が参られまして数千人の出稼人の間を処々方々と駈け廻り、熱心に風俗矯正の為め説教しました処が、博奕打ちは骨子を投げ出し、酒飲みは「コップ」を打ち毀《こわ》すなど、不良の者どもが一時に悔い改めまして、その当座は領事館の手数も余程減りましたくらいですから、流石耶蘇《やそ》嫌いの私もこれには実に辟易しましてこれ程までにも「キリスト」教と申す者は風俗矯正に効能の有る物か、成程愚民には至極宜しい者だと始めて注意する気に成りました。即ちこれが私の「キリスト」信者に成りました原因でありました。乍併《しかしながら》、この時はまだ俗に申す賛成者だけの事で、信仰はさて置き、聖書さえも調べる気が出ませんでしたが、右の美山氏も一度説教して直にサンフランシスコに帰りました。然るにそのまま捨て置いた日には、所謂一日これを暖めて十日これを凍やすの譬《たとえ》で、また候《そうろう》以前どおりの乱暴に成りますは必定ですから、何卒して不絶《たえず》人民等に説教致させ、十分取締りの道を立てたいと存じ、その筋の人々とも相談致しまして、再び美山氏夫婦その他の宣教師を米国より招き、いよいよハワイの都「ホノルル」へ日本人のキリスト教会堂を取立ました処、そう成って見ると不思議な物で、美山氏が如何程《いかほど》説教が上手でも、落語や軍談と違いまして、根が銘々の好きな酒だの博奕だのを止めろと申す御談義の事ですから、後には聞き手も自然足が遠くなる様子に見えましたゆえ、これでは成らぬと存じ、私には先達と相成り、毎安息日には務めて会堂に出席致し、説教聴問に及びましたが、云わばほんの御附合《おつきあい》一遍の事ですから何分にも退屈至極でありました。さりとて、私が中途で止めましたらそれこそ聞き手に差《さ》し響《ひび》きを起こしますは必定《ひつじょう》ですから、これには甚だ当惑致しました。この折思い当たりましたは善くこれまで我々が欧米士君子中宗教に熱心なる人を見ますと、彼は政略だのこれは虚喝《きょかつ》だのと口癖に申した者でありましたが、信者と申し名目だけで済ませる事ならイザ不知《しらず》、信者の義務を満足に尽しますには、その人が真面目《しんめんもく》でなければ決して出来る者でないと申す事を発明致しました。さてこの困難の場合に際し段々考えて見ました処、これまでは例の怪力乱神《かいりょくらんしん》を不語《かたらず》［『論語』］だの、仏《ぶつ》は夷狄《いてき》の一法［『論仏骨表』］だのと申す儒者理屈や、または欧洲進化主義に化せられて、所謂喰わず嫌いで新約全書一遍の素読も致さず、唯一概に宗教と云えば不問に措きましたが、右は我ながら甚以て偏屈の至りで、また風俗改良には至極結構なる者と気が付きながら、自身には更にこれを研究せずして唯他人にのみ無暗に勧めるのを甚謂われなき次第何ぞと申すと、愚民愚民と一口に申しますけれど、私はその愚民と如何程の相異がありますか。僅に縦文字横文字の数を少々ばかり余計に心得て居るくらいの事にて、善々穿鑿《よくよくせんさく》致したらその愚民殿に恥入るべき事柄が幾許ありますか分かりません。殊に愚民どころか欧米文明諸国に於いて、上《かみ》は王公《おうこう》より下《しも》商人に至るまで十字架の下に誰一人として膝折り屈め礼拝致さぬ者はありません。尤《もっと》もこれは宗教上から出た一遍の風俗だけの事だと見ました。ところが、彼等の内世界に何人と指を屈する立派な学者大人達が熱心に尊信致して居りますではないか。またその上に文明帝国の歴史の根原《こんげん》も詩文の原由《げんゆう》も法律の精神もなかんずく道徳の基本と云うも尽く旧新両約書より出たる趣は争い難き事実で、何とも以て不思議千万なる書物でありますから、私ども苟《いやしく》も泰西《たいせい》の文明開化を学びまする以上はこの書物を是非とも一と通りは調べて見ないでは相成るまいと存じ付きましたから、そこで漸《ようや》くマタイ伝の一章からポツポツ読み始めましたが、まず第一に耶蘇《やそ》の系図の片仮名の沢山なるにはすこぶる閉口致しましたるに続いて、「ヨセフ」の夢物語から、東方の博士が星に誘《いざな》われて救い主の降誕を尋ねに出掛けるなどの処は漢土古代《からこだい》の歴史中創業の天子などの降誕には版行《はんこう》で押したような極《き》まり文句に誠に善く似て居りますから、成程少し気の利いた人間はいやがる筈《はず》だと考えながら、まずまず辛抱致して段々読んで参りますと、最早堪忍袋の緒が切れましたは耶蘇《いえす》が舟に乗り後れて浪の上を歩み、又は五つのパンを以て五千人を養ったなどの奇蹟でとても聖書を我慢にも手に取る気に成らなく成りました。実にその時嘆息致しましたは嗚呼惜しい事だ、もしこの馬鹿げた奇蹟さえ無ければ、孰《いずれ》も修身斉家《しゅうしんせいか》に必要なる教理の事ゆえ、如何な私でも一と通りは素読も出来そうな者を、さてもさてもと一時は総て中絶致しましたが、さりとてこれまで研究致そうと決心したに半途で止めますのは何とも残念でありますし、また一つには半分職掌とも可申《もうすべき》場合に成っても居りますから、種々勘考《かんこう》致した上で米人の或る宣教師に事の次第を話しまして、聖書を読む気に成るに何か善き書物はあるまいかと尋ねましたら、無名氏［〝An American Citizen〟の書として公開されたもの。実際はJames Barr Walker］作で救魂の理論とでも申しますか英語でPhilosophy of the Plan of Salvationという一小冊を貸して呉《く》れました

さてこの書物は御承知の方も有りましょうが、その論説は中々沢山に有りまして、今茲《ここ》で一々申し上げる訳には参

りません。しかしその大意と申すは、詰《つ》まりキリストの救いは何故我々人類に必要なるやの理由を説きましたる者で、第一に人間は宗教的の活物であるから何か拝まずには居られないと説いてありました。モーそうすると直に私は同を拝まずとも差し支えは無いと申す了簡《りようけん》が浮んで参りましたが、それでは一も二もないと存じ、まず辛抱して読んで行きますと、そもそも礼拝なる者は敬慕の意より起こる者にて、人もし何物なりともこれを敬慕する時はこれを礼拝してその性質に倣わんとするに至るは自然の人情なり。左れば手本とも成るべき礼拝の目的物が泥や木にて造られたる資性不完全なる偶像にては甚不都合には無之《これなき》や故に、苟も万物の霊たる我々人類が礼拝せんとする者は即ち完全無欠慈愛無量なる天地万物の造り主たる真神《しんしん》の外は他に一物も有之《これある》間敷《まじく》云々と説き始めて有りました。左れどもこれだけの事では中々以て得心が出来ませんでしたが、追々進んで無神論者に有神の証拠を懇々《こんこん》説明致す一段に至りましては、余程理屈も綿密で有りましたから、これには大分感心いたしました。一体私とても、神とこそ申しませんが、霊妙不思議な一種の自然力がこの宇宙間に存在して居りまして、万物を創造し、且つこれを発育《はついく》致します事は以前より固く承知いたして居まして、何となく気には掛かって居りました。またこれまで世の中の学者連中が如何程込み入りたる議論をしてもこの自然力の出処の取調方に至りますと、ギックリ詰まっていずれも不満足なる弁論を以て遣い払いを済ませる様に見えました。然るにもしこの場合に於いて宗教上から慥《たしか》に神ありと見定めが付きました日には、それこそ一切何ものも神の力と極める事が出来ますから、如何《いか》なる六ケ敷《むつかし》き問題もスラスラ滞りなく分かって仕舞うに相違ありません。その有様を譬えましたらトント広大至極に込み入りたる蒸気機械へ一と吹きの蒸気が吹き入るや否や、有りとあらゆる諸道具が隅から隅までガッタガッタと運転し始める様な塩梅《あんばい》でありましょう。然るにその一切を神の力と極めるには唯神ありと信ずるばかりでなく、神は全智全能なる者、形なくして何処にもいまさざる事なき者、慈愛に富める者、潔白にして正直なる者などと云う神の性質は、申すに不及《およばず》聖書の黙示、則ち神が預言者なる者を通して我々に示されたる法律訓誨その他の託宣《たくせん》とも孰れも異論なく信用致さねば、矢張り種々の難題もスラスラ氷解する場合には決して参りません処、聖書で最も肝心と申す所の奇蹟、則ち理外の理が何分にも邪魔に成りまして、右の神性も黙示もこれが為めに中中《なかなか》信用致す訳に行きませんでした。さてその邪魔と成ります奇蹟の事に付きても右の書物は段々合点の行くように論じてありましたが、その内で一番成程尤だと感じましたのは、我々動《やや》ともすると神の行い給う奇蹟の事に付き、これは理屈に合わぬとか、彼は奇怪千万だとか申して、果ては無神論の極端に走る者あれども、これは畢竟《ひっきょう》我々動物と神との働きにそれぞれの区域有る事を承知不致《いたさざる》より起こりたる誤りと可申《もうすべき》なり。その次第はおよそこの天地間に動作を為す者何万種あるも、これを大別すれば人類とその他の動物の二種に外ならざるべし。因って茲に動作の範囲を三段に分かち、下段を動物の範囲と定め、その内には鳥獣虫魚一切の動物を含蓄し、それより中段を人類の動作範囲とし、上段を即ち神の区域と定め、その内には鳥獣虫魚一切の動物を含畜し、それより中段を人類の動作範囲とし、上段を即ち神の区域と定めたる処で、さて今下段なる動物より中段なる人類の動作を仰望したらんには必ずや事々物々《じじぶつぶつ》鳥獣等の眼には奇怪至極不条理千万なる者ならん。既に同じ人類の内ですら文明人の蒸気電信の作用を野蛮人が始めて見た時は魔法だと思った事は珍しからぬ話であるくらい、然るに右鳥獣等の怪してする人物を人類の範囲内に立入りそれぞれ取調ぶる時は、孰れも理屈に叶い筋道合い少しも不足怪《あやしむにたらぬ》なり。それより順繰《じゅんぐ》りにこの度は中段の人類より上段を望んで神の働作を窺《のぞ》いたらば如何あるべき。即ちここが邪魔に成るべき奇蹟の顕るる場合にして、事々物々我等の眼に不条理至極と見ゆる所なり。実にこれは尤も千万なる次第にして、如何程似て居ても猿は猿にして万物の霊たる人間の挙動の彼等に判るべき筈なし。それと同様、如何程文明開化の学者連中でも根が五官の助けを仮《かり》ざれば何事も通知する能わざる、不完全至極なる人類の身を以て全智全能なる神の働作を一々人間界の理屈に合して測り知るべき謂れなし。然るにその不理屈なる奇蹟も、もし一歩を進めて神の働作範囲内に踏み入り取調べたらんには、かの鳥獣等の奇とする人間の働作が奇ならざると同様、神の所謂奇跡なる者も神の区域内に於いては孰れも理屈に恊《そ》いて更に奇とする所なかるべし云々と説いてありました。元より根が無形の事柄故、議論を始めた日には際限は有りませんが、私にはこの説が至極理屈に合って尤も千万に聞えましたから、それよりあれやこれやの書物に引合わせて勘考しました処、始めて人智は神力を測るに不足《たらず》と申す事が判然合点が行きました。その合点と同時に再び聖書を手に取る気になりました。それからはこれまで邪魔になりました奇蹟が追々目に障らなく成りまして、遂にはこの奇跡があるので聖書の聖書たる所以を発明する様に成りました。しかしこの発明は余程後日の事で、中々急には左様参りませんでした。さて前にも御話致した通り何分読む気に成りませんでした聖書が再び手に着く様に成りまして、まず神だけは有ると見認めが付きましたが、これよりなお一層困難を極めましたは、耶蘇《イエス》は神の子か、但しは唯の人間かの一問題でありました。元来如何なる耶蘇《イエス》教の反対者でも、耶蘇《イエス》は豪傑とか、または聖人で孔子や釈迦と併立する者だくらいの事は通例明言して居る様ですから人間と見て誉め立てます分は何の雑作もありませんが、もし人を神の子と見認むる段に成りますと、耶蘇《イエス》と我々の身の上に容易ならざる関係が出来致して参ります。その次第は、まず我々の先祖は神に罪を犯したるより我々は子々孫々神の罪人と生まれ来りて、孰れも神より至当の刑罰を受けねばならぬ訳であります処、慈愛に富める神はこれを罰するに忍び玉わず、兼て我々の教祖に約束し玉いし通りその独り子なる耶蘇《イエス》を自今《じこん》一千八百九十年前ユダヤ国「ナザレ」の処女「マリヤ」に降誕せしめたり。左れば耶蘇《イエス》は三十三年間この世に在りて人々に悔い改めの道を教えたる後、予言の通り我々の罪に代わり身を十字架に懸け、死後三日目にして甦り人々に出現したる末、昇天に及び、父なる神の右に坐し、彼所《かしこ》より生ける人と死せる人とを裁判せんが為めに来り玉わんとす。故に我々には今日この試みの世の中にある間、一刻も早く自身の罪過を悔い改め、聖霊の洗礼を受け「キリスト」の救いを仰ぐべし。不然時《しからざるとき》は、独りこの現世に於いて禍難憂苦を蒙るのみならず、未来に於いても永遠無限の刑罰に陥いるべしと申すに、「キリスト」信者たらん者の第一番に篤《とく》と心得べき眼目たるは、私が今更喋々するまでもない事と存じます。然るに一と通り神有りと見認めました者にも、これらの箇条は何分にも右から左へ得心致されませんでした。まずその次第を申しますれば、第一に神は全智全能にして何事でも出来ざる事なき者でありますのに、何故人類を造るに善ばかり為して決して悪を行わざる様には造り玉わざりしや不審千万なりとの疑いが起こりました。また、我々を凡べ罪人なりと判断せらるれども、他人は不知《しらず》、私にはこれまで人殺し火附け窃盗の如き公罪は勿論、苟も良心に恥ずべき所業は決して振舞いたる覚え無之《これなし》と自身で無罪宣告に及びました。ソコデ肝心なる「キリスト」の救いが一向必要でなくなりました。それより霊魂の不滅と未来の裁判の点に至りましては、書生の頃より仏法の地獄極楽を馬鹿に致した癖が何処が何処まで附いて廻わりまして、何分にもその道理を研究する了簡に成りませんでした故、折角例の冊子に丁寧《ていねい》反覆して説いてありました箇条も一向読む気に成りませんで、再び福音書の研究を中絶致さんとしましたが、さりとてこれ程までに辛抱して調べて参った「キリスト」教を今更半途で見限りますのは如何にも残念ですから、また種々雑多の書物を引出し、段々吟味して見ました処、霊魂の不滅と未来の裁判が第一番の故障で、これさえ分かれば外は格別六ケ敷くない様に見えまして、さて前にも申した通り、一旦神ありと見認めの付きました以上には、まず以て神が我々人類の身体精神を如何様に造られしや、またその周囲の万物を人類の為めに如何様に組立たるやを取調べて見ますのは、この際必要の事だと存じ、それからそれへと考えて見ました処、神の我々人類の都合を謀り注意を加えらるる事は実に何とも譬うるに詞なき次第でありました。然るに斯くまで人類の為めには抜目なく世話せらるる神が、如何なれば人類に取って最も肝心なる道徳の一点に於いては善を為すも賞する事なく、悪を行うも罰する事なくして、唯一条のみは不完全なる人智の教育や法律にのみ打ち任せ、更に不顧《かえりみず》と申す道理がありましょうか。甚だ以て辻褄《つじつま》の不合《あわぬ》次第柄であります。もし、またいよいよ人類はこの世限りの物にて、善人も間が悪いと艱難辛苦のその上に、短命で相果ててもそれ切り、及び悪人といえども、時運次第では富貴歓楽心のままにて天年を全くしてもそれ切りにて、如何程全智全能なる神でもこれだけは致し方なき者である日には、人間の社会ほど恐ろしき者はなく、また人類たる銘々ほど哀われな動物はないと思われます。しかし、先程も申します通り、斯くまで人類に深切なる全智全能の神が決して我々をその様な恐ろしき哀われなる有様に捨置かるる筈が無いと明白に分かって居りますから、そうして見ますと、霊魂の不滅は即ち人類の他の動物に異なる要点にして、未来の裁判は万不可止《まんやむべからざる》の事実と慥に合点が行きました。実にこの二ヶ条は私に取っては「キリスト」教諸難問の鍵また謎の題とも可申者《もうすべきもの》でありまして、これが分明に解けますと、一度に前に述べましたる我々が罪人なる事も、神が人類を造るに善悪を選ぶの自由を与え玉う事も、「キリスト」の救いの必要なる事も、また引き続いて「キリスト」は神の子たるべき事も尽く氷解いたし、露ほどの不容疑様《うたがいをいれざるよう》に成って参りました。そうすると何やら夢でも醒めたる様な心地が致して、遂に洗礼を受けましたは、即ち一昨年七月十五日の事でありました。さて右は私が洗礼を受けるまでに決心の出ました由来の荒増《あらまし》であります。元より今日から考えて見ますと、論説の立て方が随分とも迂濶な上に、誤解の廉も不少様《すくなからぬよう》に存じますが、それでもこれが神ありと信じ、「キリスト」を救い主と認めました根本で、私に取っては余程の幸福でありました。然るにマタイ伝第五章に心の貧しき者は福なり天国は即ちその人の有《もの》なればなりと申す通り、もし私がそれこそ一丁字《いちていじ》も不知《しらず》して心が真に赤貧空虚で小児の如くでありましたなら、「キリスト」教の真理は一も二もなく会得する事が出来たでしょうが、何を申すも御覧の通り心の庫には我羅苦多《がらくた》道具が例の変則で乱雑に推し込んでありましたから、何分その庫内へ真理の入るべき寸隙もありませんでした。それゆえ、これまでは聖書や説教が庫の戸口に音《おと》ずれましても、庫番は皆断りを申して通行を許しませんでした。然る処この度は断り切れぬ場合と成り、暫時真理を庫の戸口に待たせ居き、庫の内より例の雑物を段々取出して、その跡へ案内致したと申す訳合ります。それでもまだ幸いな事には、私の庫の雑物は御承知の通り孰れも手軽な品物故、運び出す段に成ります時も格別手間も掛りませんでしたが、世間の方々の心の庫には貫目の有る品物がシカモ正則で隅から隅までギッシリ詰め込んであるのが沢山にありましょうから、それで真理が如何程音ずれましても、庫番は一向耳にも不掛《かけず》、またはケンモホロロの挨拶で拒絶致しますのが一般である様に存ぜられます。しかし「キリスト」教の真理に付いては論より証拠が沢山にありますから、皆様の内もし未信者の方がありますなら、何卒御庫の貨物を何程か御運出しなされまして真理に場処を御与え下さるるよう失礼ながら御注意申します。

解題『増補版　安藤太郎文集』

伊東　裕起

「恰も一身にして二生を経るが如く一人にして両身あるが如し」とは福沢諭吉の言葉だが、同じく幕末に生まれ、明治以降の日本の近代化の時代を生きた安藤太郎にも、同じことが言えるだろう。

安藤太郎は一八四六年（安政の大獄の十年前）に種痘の先駆者である安藤文沢《あんどうぶんたく》の子として生まれ、横浜に留学し、横浜英学所で宣教師のディビッド・タムソン（アメリカ合衆国長老教会）およびサミュエル・ロビンス・ブラウン（アメリカ・オランダ改革派教会）から英語を学んだ。また、安井息軒《やすいそっけん》から漢学を、大村益次郎《おおむらますじろう》と坪井為春《つぼいいしゅん》から蘭学を、箕作秋坪《みつくりしゅうへい》および荒井郁之助《あらいいくのすけ》から英学を学んだ。築地の海軍操練所および陸軍伝習所に入り、箱館戦争では江戸幕府軍の海軍二等見習士官として回天丸に乗船、宮古湾海戦で戦い右腕を負傷した。この時の体験は彼の「美家古廼波奈誌《みやこのはなし》」にまとめられている。五稜郭でも戦い、そして降伏。一年間の禁固の後、明治政府の外務省翻訳官に任官され、通訳官（四等書記官）として岩倉使節団に参加。この時から彼の外交官時代が始まる。香港領事を経てハワイ総領事となり、メソジスト教会の美山貫一より受洗し、禁酒運動家となった。その後、外務省通商局長や農商務省商工局長を歴任した後に退官し、東京禁酒会および日本禁酒同盟を設立し、初代会長を務め、「禁酒の使徒」と称えられた。安藤太郎の生涯の前半生は幕府のため、後半生は新しい国としての日本の近代化（そこには禁酒も含まれる）のための奉仕だったということができよう。

『安藤太郎文集』は、その「禁酒の使徒」・安藤太郎の遺稿を日本禁酒同盟の盟友がまとめたものであり、本書はそれに増補改訂を施したものである。『安藤太郎文集』には、彼がかつて共に戦い、あるいは敵対し、或いはすれ違った幕末の英傑たちとのエピソードや、または明治以降の禁酒運動とその盟友について、および彼のキリスト教の信仰に関する興味深い記事が収められている。本書に言及されている人物は、錚々《そうそう》たるものである。すべては挙げられないが、幕末からの上司であった榎本武揚から始まり、岩倉具視、伊藤博文、西郷隆盛、木戸孝允、大久保利通、三条実美、井上馨、勝海舟、坂本龍馬、山岡鉄舟、高杉晋作、大隈重信、福沢諭吉などの元勲や志士たち、岩崎弥太郎、吉川泰二郎、佐久間貞一などの実業家、後藤新平、林董、島田三郎などの政治家、乃木希典、児玉源太郎、伊東祐亨、広瀬武夫、福島安正などの軍人、そして美山貫一、根本正、伊藤一隆、藤田敏郎、鵜飼猛などの禁酒運動家と、偉人たちの名が並ぶ。そのすべてと直接面識があったわけでないようだが、それでも安藤太郎の交友関係の広さをうかがい知ることができる。

それに加え、本書は「増補版」の附録として、安藤記念教会がまとめた追悼文集『安藤太郎昇天記念』が収められていることも有難い。弔電などにより彼の交友関係をさらに正確に把握できるだけでなく、彼の葬儀では誰が司式したのか、どのような讃美歌が歌われたのか、どのような説教が行われたのか、その主題聖句は何だったのかなど、彼の信仰面に迫る資料が多いことも、資料的な価値を高めている。

中でも、附録に収めた「在布哇《ハワイ》受洗の始末」は、特に安藤の信仰の歩みを視る上で重要な資料である。安藤が禁酒運動に目覚めたエピソードとして、榎本武揚と森岡昌純から届いた日本酒二樽を文子夫人が破棄した話が有名だが、彼の回心のきっかけはそれだけではない。この告白文を『安藤太郎文集』に収められた多くの文章と照らせ合わせることによって、彼の禁酒運動を彼の信仰の面から捉えなおすこともできる。

「在布哇受洗の始末」には、彼が最初はキリスト教を嫌っていたこと、人知を超えたものの存在は信じるものの、奇跡は信じられなかったこと、そしてそれゆえに聖書を読み進めることができなかったことが記されている。また当時、ハワイ在住の日本移民の間の飲酒癖と其の悪評ゆえに日本の国際的地位さえも危ぶまれており、それを強く危惧していたこと、禁酒矯風にはキリスト教が力を持っていることと、そしてそれに期待しつつも受洗をためらっていたことが記されている。彼はまず、彼が当初抱いていた、欧米人に対する不信感から話を始める。

なかんずく「キリスト」教は極々嫌でありました。何故またそう極嫌でしたかと申すに、種々原由《げんゆ》もありますが、その重なる一は、私はこれまで久敷《ひさしく》海外に居りましたが、その際欧米人が動《やや》ともすれば我々アジア人を指して偶像《ぐうぞう》宗の人民と称し、自分達を「キリスト」教の国民と唱えます処、その実彼等の所謂偶像宗とは野蛮の異名で「キリスト教」とは開化の別号でありますから、何分にも小癪《こしゃく》に障《さわ》りて溜《た》まりません。殊に御承知の通り、欧米人と申した処が、中間には金や智慧こそ我々より沢山ありましても、道徳の点に至りましては随分我々の眼にも甚しいと見ゆる者もありますので、それらが無闇に「キリスト」「キリスト」と唱えますから、いよいよますます「キリスト」教が嫌に成りまして……（本書二三七頁）

これは正直な告白であろう。このように、キリスト教を「欧米人」のものだととらえ、その「欧米人」に不信感を抱いたが故にキリスト教にも不信感を抱くというのは、今日にもみられる現象である。また、美山貫一が安藤の葬儀の説教の際に語っているが、安藤は外国人であるからという理由でM・Cハリスからの受洗を断り、「どうか我同胞の手よりして洗礼を受けたい」と述べて日本人である美山に洗礼を依頼したという（本書二一六頁）。それについて美山は「皆さん安藤さんの時代にあの青年の育ち方、あの時の日本人の青年の考えは斯う云うような主張が沢山ありました」（本書二一四頁）と述べている。彼は安藤を「愛国精神の勃々《ぼつぼつ》とした方」（本書二一二頁）「率直なこの愛国者」（本書二一三頁）とも評しているが、おそらくその通りなのだろう。安藤の禁酒運動も、彼の愛国心の延長線上にあるとも言える。

安藤がハワイ総領事を務めていた頃、ハワイやアメリカ西海岸などで日本人移民排斥運動が起きていた。当時日本人移民には飲酒癖や売春が多く、それらが風紀を乱すとして日本人移民への差別が正当化され、それは延いては日本全体の国際的地位の低下につながっていた。日本と日本人の名誉を挽回するため、安藤は一刻も早く禁酒矯風の運動を行なう必要があったのだ。そしてそれは、明治日本が達成しなければならなかった、不平等条約の改正とも関係していた。安藤は言う。

> 而してこれらの［欧米の］士君子《しくんし》間に、斯かる傾向を生じたる原因は、要するに、「日本人は果たして欧米の文明に真正の開化をなし得べき国民なるや否や」の疑点に在るが如し。
> 彼等が所謂、真正の開化とは如何なるものなるやを考うるに、敢えて陸海軍の拡張にもあらず、また政治、経済、文学、技芸の進歩発達にもあらず、渡米すべき日本国民の風教徳性が、果たして能く欧米国民のそれらと化成同体の性質を有し、以てその移住国に於ける、真正の福利を進長するに足るべきや否やを意味するや疑いなかるべし。（本書六九頁）

そのように禁酒矯風の必要性を感じていた安藤のもとに現れたのが、メソジスト教会の美山貫一であった。美山は短期間で禁酒運動に大きな成果を上げた。安藤は「これ程までにも『キリスト』教と申す者は風俗矯正に効能の有る物か」（本書二三八頁）と深い感銘を受けた。また安藤は美山らの禁酒運動の成果だけでなく、運動に携わる姿勢を見て、キリスト教に対する考えを少し変える。

これまで我々が欧米士君子中宗教に熱心なる人を見ますと、彼は政略だのこれは虚喝《きょかつ》だのと口癖に申した者でありましたが、信者と申し名目だけで済ませる事ならイザ不知《しらず》、信者の義務を満足に尽しますには、その人が真面目《しんめんもく》でなければ決して出来る者でないと申す事を発明致しました。（本書二三九頁）

ここで安藤が「政略」や「虚喝」という言葉を用いていることからも、彼が列強の帝国主義に対して強い警戒感をもっていたことがうかがえる。「吾邦は今日文明世界の競争場裡に乗り出して、列強国を相手に、一国の独立を安全に維持して行こうと言うのには、（中略）非常の勇気と忍耐とを以て、進行して参らねばなりません」（本書三九頁）などと頻繁に檄を飛ばしていたように、彼は日本の主権の喪失と植民地支配を恐れていた。そしてそのような心の壁を壊したのは、信仰者たちの「真面目」な姿だった。宗教者の仕事には打算度外視のものが多いが、おそらく安藤もそのような働きを目にしたのだろう。そのように安藤の中の不信感は少しずつ取り除かれていったが、それだけではまだ安藤はキリスト教を信じるには至らなかった。

安藤はどうしても聖書にしるされている奇跡を信じることができなかった。彼はかつて儒学を修めた身として、「怪力乱神《かいりょくらんしん》を不語《かたらず》」（『論語』）として、神秘から距離を置こうとした（本書二三九頁）。理性的に同意できるものでなければ信じないという安藤のその姿勢は、ある意味において近代的な懐疑主義や不可知論、あるいは合理主義に通じるものもある。

安藤のそのような疑念を打ち破ったのは、ひとつの近代的な神学であった。彼の疑念は、神学者ジェイムズ・

バー・ウォーカーが匿名で著した名著 The Philosophy of the Plan of Salvation を読んだことにより消え、理性的同意と共に聖書を読めるようになってきたという。ウォーカーはオベリン・カレッジ（桜美林大学の名前の由来となったリベラル・アーツ・カレッジ）やシカゴ神学校（奴隷解放運動など、「社会的福音」を重視した神学校）などで、科学と宗教の調和についての講座を担当していた神学者・牧師である。また同書は奴隷解放運動で有名なストウ夫人ことハリエット・ビーチャー・ストウの夫、カルヴィン・エリス・ストウの手によって世に出た本である。ウォーカーやストウ夫妻が主に関わった社会運動は奴隷解放運動であったが、ハリエット・ストウは禁酒運動でも名高い社会活動家でもあった。同書は十九世紀のアメリカでベストセラーとなった本だが、奇跡を否定せず、同時に理性の働きを否定せず、信仰を社会の改良のために用いようとする神学は安藤に大きな影響を与えたに違いない。

ここで一つ指摘しておきたいことがある。「怪力乱神を不語」とする儒教的な懐疑主義あるいは不可知論が、安藤のキリスト教の受容の障害ともなったが、同時にその道徳性が受容に役に立ったという側面である。先に引いたように、安藤はキリスト教を「風俗矯正に効能の有る物」として高く評価し、「修身斉家に必要なる教理」（本書二四〇頁）と見ていた。もちろん、そのようなキリスト教観は一面的な見方であり、道具主義的でもあるが、明治期の日本のキリスト者に多くみられる姿勢でもある。

また、よく指摘されることでもあるが、日本の明治期のキリスト教徒、特にプロテスタントには佐幕派の藩出身の士族階級が多い。その理由として、佐幕派の藩士たちは漢学や蘭学・英学などの素養を持つエリートながらも、維新後の藩閥政治の中で出世を阻害されており、また仕えるべき主君を失っていた。そんな彼らが四書五経を聖書に置き換え、主君への忠誠心を神への敬虔さに置き換えのではないか、という推測がなされている。福沢諭吉のように信仰心を持たなかった人物も多く、また信仰心を単純に図式化することもできないが、少なくともプロテスタント宣教師たちの学校やそのネットワークが、旧佐幕派士族の側にあったことは否定できない。語学力を生かしつつ西洋の近代的な文物を吸収し、禁欲主義的道徳を以って（「修身」、「斉家」）、社会や国家を改善しよう（「治国」、「平天下」）とした儒教的キリスト者、その系譜に安藤太郎も位置付けることができるだろう。

最後に、「禁酒の使徒」安藤太郎を記念するにあたって、鵜飼猛による彼の葬儀の弔辞から引用する。

今日私どもが故人を偲ぶに付きまして、また故人に対して人生最後の大礼を尽くすこの場合、責めてはその信仰その精神を受け継ぎ、遺されし事業に対して今後出来得るだけの力を注ぎまして、今美山君の仰せの通り折角この事業が栄えまして、この仙台坂のこの場所［安藤太郎の自宅を献堂した安藤記念教会］から生命の泉広く世に流れ渡りまして、多くの魂を活かすこの事業の栄えんことをこれから祈るのであります。（本書二三二頁）

[著者]：安藤 太郎（あんどう・たろう）
種痘の先駆者である鳥羽藩の藩医・安藤文沢の子として生まれ、横浜に留学し、横浜英学所にて宣教師のディビッド・タムソンおよびサミュエル・ロビンス・ブラウンから英語を学び、後、安井息軒から漢学を、大村益次郎と坪井為春から蘭学を、箕作秋坪および荒井郁之助から英学を学ぶ。海軍操練所および陸軍伝習所に入り、江戸幕府の騎兵指南役および海軍二等見習士官となる。函館戦争時は榎本武揚のもと回天丸に乗船し、宮古湾海戦で負傷。五稜郭の戦いで投降し禁固一年の後、明治政府の外務省翻訳官に任官され、通訳官（四等書記官）として岩倉使節団に参加。香港領事を経てハワイ総領事となり、美山貫一より受洗。禁酒運動家となる。外務省通商局長、農商務省商工局長を歴任した後、東京禁酒会および日本禁酒同盟会の初代会長を務めた。自宅を日本メソジスト銀座教会安藤記念講義所として献堂。同講義所は後に「安藤記念教会」（現・日本基督教団安藤記念教会）となった。（1846 ～ 1924）

[編者]：日高 彪（ひだか・たけし）
昭和 44 年 5 月 28 日、名古屋市に生まれる。文学・歴史研究家。東海中学・東海高校（浄土宗）に学ぶ。平成 6 年 3 月、早稲田大学第一文学部文学科日本文学専修卒業。出版社勤務を経て現在に至る。

[解題]：伊東 裕起（いとう・ゆうき）
昭和 58 年熊本市に生まれる。東海大学、熊本学園大学などで非常勤講師を務め、熊本大学にて博士（文学）取得。現在、東洋大学非常勤講師。共訳に Kaneko Tohta: Four Volumes Series (Red Moon Press, 2011-2012)、共著に『Grammar Discovery ：そうだったんだ！ 英語のルール』（センゲージラーニング、2013）など。

日本禁酒《にほんきんしゆ》・断酒《だんしゆ》・排酒運動叢書《はいしゆうんどうそうしよ》　2

増補版《ぞうほばん》安藤太郎文集《あんどうたろうぶんしゆう》

平成29年5月26日初版第一刷発行
著　者：安藤《あんどう》 太郎《たろう》
編　者：日高《ひだか》 彪《たけし》
解　題：伊東《いとう》 裕起《ゆうき》
発行者：中野　淳
発行所：株式会社 慧文社《けいぶんしや》
〒174-0063
東京都板橋区前野町4-49-3
〈TEL〉03-5392-6069
〈FAX〉03-5392-6078
E-mail:info@keibunsha.jp
http://www.keibunsha.jp/
印刷所：慧文社印刷部
製本所：東和製本株式会社
ISBN978-4-86330-181-8